LES IMPOTS

EN FRANCE

TOURS. — IMPRIMERIE ERNEST MAZÉREAU

11, rue Richelieu, 11

LES IMPOTS EN FRANCE

TRAITÉ

À L'USAGE DES CONTRIBUABLES

ET DES ASPIRANTS A LA PERCEPTION

Par M. Edmond OTT

PERCEPTEUR D'ARTANNES (Indre-et-Loire)

Décoré de la médaille militaire, de médailles d'honneur de l'Empire français
et de Pie IX;
Membre de la Société d'Agriculture, des Arts, Sciences et Belles-lettres
du département d'Indre-et-Loire;
Membre honoraire des Sociétés de sauvetage de Tours et de Paris.

TOURS	PARIS
Ernest MAZEREAU, imprimeur-libraire	*Librairie internationale*
11, rue Richelieu, 11	LACROIX, VERBŒCKHOVEN & Cie
Près la rue Royale	15, boulevard Montmartre, 15
	Maison à Bruxelles, Leipsig et Livourne

1869

PRÉFACE.

Labor improbus omnia vincit.

Au milieu de mes études à travers tous les différents ouvrages qui traitent de la perception, je crus
m'apercevoir que personne jusqu'ici n'avait fait un
travail à la portée de TOUT LE MONDE, c'est-à-dire
un livre pouvant en quelques lignes donner la clef
de bien des choses.

Notre Histoire nationale, notre Code de l'Empire
français, le Bulletin des lois, le Mémorial des Percepteurs, l'Instruction Générale annotée par M. Jules
Petetin, le Dictionnaire de la Perception de M. Paul
Dupont, et le Guide de M. Isoard, étaient mes
maîtres, et c'est en étudiant ces différents ouvrages
que j'ai puisé chez eux les notions de cette comptabilité si sérieuse dans son étude, si belle dans son
application, si loyale dans sa pratique : comptabilité
que toutes les puissances de l'Europe nous envient,
qu'elles ont cherché à imiter, et que pas une d'elles
n'a pu égaler jusqu'ici.

Quand je fus convaincu que j'étais bien maître du
sujet de mes études, je jetai d'abord mes notes sur
le papier, puis, après avoir bien des fois mis en pra-

tique ce conseil donné par Boileau dans son *Art poétique* :

> Vingt fois sur le métier remettez votre ouvrage,
> Polissez-le sans cesse et le repolissez.....

je me suis senti l'audace d'écrire ce livre.

Cet ouvrage, je le présente sans crainte; car son but est utile et honnête.

Notre administration financière a toujours eu trop à cœur de voir la lumière éclairer ses actes pour se montrer mécontente de sa publication; car il n'a pour but que de l'honorer, tout en facilitant aux contribuables les moyens de se rendre aisément compte de leurs impôts et en aidant les premiers pas des débutants dans notre carrière administrative.

Pour résumer cette préface, je dirai donc que le but de ce livre est celui-ci :

1° Donner l'origine historique et l'explication des différents impôts compris dans la catégorie des contributions directes;

2° Faire connaître les différents décrets, articles de lois, circulaires ministérielles et arrêts du conseil d'État qui s'y rattachent;

3° Indiquer la marche à suivre pour tous les travaux de la perception, ainsi que toutes les écritures qui y ont trait;

4° Expliquer le travail des percepteurs;

5° Détailler les diverses catégories de taxes;

6° Offrir le moyen à tout contribuable de se rendre compte de ses impôts;

7° Montrer à tout contribuable ou patentable les moyens qu'il doit employer s'il se croit fondé à adresser une réclamation;

8° Présenter différents modèles de pétitions pour tous les cas compris dans la catégorie des contributions directes.

Tel est l'ouvrage que j'offre au public.

Nous vivons à une époque de fiévreuse activité d'intelligence : jamais la soif d'apprendre, le désir de savoir, d'examiner, de juger, ne s'était plus impérieusement emparé des esprits.

C'est parce que je crois qu'il est du devoir de tous d'apporter sa pierre au couronnement de l'édifice social que j'ai écrit ces pages.

Quelle que soit la destinée de ce livre, je puis toujours dire comme Montaigne :

« Cecy est un livre de bonne foy. »

Artannes, ce 1ᵉʳ juillet 1869.

G.-Éd. OTT.

UN MOT

SUR LES IMPOTS D'AUTREFOIS

ET

SUR CEUX D'AUJOURD'HUI

Redevances.

Au temps de la féodalité on appelait ainsi les charges annuelles qui étaient imposées en échange de concessions de terres.

Les redevances étaient de plusieurs sortes : les unes en argent, les autres en denrées, quelques-unes en corvées et d'autres en devoirs personnels.

Prébendes.

Avant la Révolution Française, on appelait ainsi les droits, possédés soit par des ecclésiastiques, soit par des personnes laïques de haute lignée, de percevoir certains revenus des églises collégiales ou des monastères.

Tailles.

On appelait ainsi jadis les impôts dont les rois de France frappaient leurs sujets roturiers, vilains ou manants.

La noblesse, le clergé, la maison militaire du souverain en étaient exempts.

On distinguait deux sortes de tailles :

La taille réelle qui atteignait sans distinction tous les biens-fonds roturiers.

La taille personnelle qui n'atteignait que la roture.

L'origine de ce nom est attribuée, dit-on, aux coches que le peuple (dénué alors de toute instruction) faisait sur une taille de bois pour établir ses comptes. Ce moyen n'est plus guère employé aujourd'hui que par les boulangers.

Capitation.

La capitation ou taxe par tête fut établie par les États-Généraux de 1356, sous le règne de Jean II.

Cet impôt qui se levait sur chaque personne avait été établi afin de venir en aide aux pressants besoins d'alors.

Elle fut abolie en 1698 et rétablie en 1701.

La Révolution Française la supprima complétement.

La contribution personnelle mobilière fut établie en son lieu et place.

Corvées.

Aux temps féodaux, on appelait ainsi les travaux corporels gratuits et forcés que les tenanciers ou paysans devaient alors à leurs seigneurs.

Ce travail corvéable était alors fourni partie en journées corporelles, partie en journées de bœufs, de chevaux et de mulets.

Louis XVI, d'après les conseils de Turgot, en adoucit singulièrement la dureté.

L'Assemblée Constituante, d'abord (1790), et la Convention ensuite (le 17 juillet 1792), abolirent complétement cette institution infâme.

Ce mot est encore appliqué quelquefois aujourd'hui pour les prestations en nature.

Impôts.

On appelle impôt les sommes payées, à notre époque, par tous les citoyens, pour contribuer à subvenir aux charges de l'État.

Le mot impôt a été remplacé généralement par celui de contribution.

Les impôts actuels sont réglés par des budgets.

Les budgets comprennent l'aperçu des dépenses et des recettes qui est définitivement arrêté et réglé par l'autorité compétente.

Les principaux budgets sont :

1° Le budget de l'État dont les prescriptions sont résumées dans l'ordonnance du 31 mai 1838.

Necker, en 1781, eut la première idée du budget, et son célèbre compte rendu en fournit la preuve.

Louis XVI, en 1789, promit aux États-Généraux de leur faire sanctionner toutes les recettes et dépenses de l'État.

Le premier budget français fut réellement établi en 1802 par Napoléon premier consul.

Notre législation actuelle donne le moyen de solder un budget en déficit : c'est à l'aide d'emprunts ou de bons du Trésor.

2° Le budget des communes dont les prescriptions sont établies dans la loi du 25 mars 1852.

Les budgets des établissements publics forment une catégorie complétement en dehors des limites de ce présent ouvrage.

DES CONTRIBUTIONS.

Il y a deux sortes de contributions :

Les contributions directes ;

Les contributions indirectes.

Les contributions directes ont seules trait aux fonctions de percepteur.

Elles sont régies par les lois du 3 frimaire an VII, du 5 floréal an XI, du 23 juillet 1820, du 15 septembre 1807, du 18 juillet 1836, du 28 septembre 1814, du 5 mai 1818, du 31 juillet 1821, du 19 ventôse an XI.

Les contributions indirectes ont été réunies à la régie des douanes, sous le titre de *Direction des Douanes et des Contributions indirectes*, par décret du 27 décembre 1851.

Ces contributions, régies par les lois du 22 frimaire an VII, du 25 ventôse an XII, du 28 avril 1816, et par les décrets du 5 germinal an XII, du 1er germinal et du 28 floréal an XIII, ne seront pas traitées dans cet ouvrage.

Des Contributions directes.

Les contribuables ne doivent les impôts que lorsqu'ils sont établis par une loi. D'après notre législation actuelle, ils ne peuvent être votés que pour un an par le Corps législatif : ils prennent le nom de budget.

Tout le monde doit obéir et se prêter aux mesures qui ont pour objet de soumettre tous les biens à l'impôt, et d'assurer son égale répartition entre tous les citoyens, proportionnellement à leurs propriétés ou à leurs moyens d'existence.

Il existe quatre espèces de contributions directes :

1° La contribution foncière ;

2° La contribution des portes et fenêtres ;

3° La contribution personnelle et mobilière ;

4° La contribution des patentes.

Il y a en outre deux contributions communales qui font également partie des contributions directes :

1° La taxe des prestations ;

2° La taxe sur les chiens.

Les quatre premières contributions profitent à la fois à l'État, aux départements et aux communes ;

La taxe des prestations et celles sur les chiens ne profitent qu'aux communes; ce sont leurs ressources.

Les quatre contributions directes proprement dites se divisent en deux catégories :

Les impôts de répartition;

Les impôts de quotité.

Les impôts de répartition permettent de porter au budget de l'État une somme qui doit être nécessairement perçue; leur produit est prévu et déterminé à l'avance; fixée par une loi des finances' pour tous les départements, la répartition se fait au prorata entre les arrondissements, les communes et les citoyens.

Une loi annuelle établit par département l'impôt de répartition, qui est ensuite subdivisé ainsi :

Pour chaque arrondissement, par le conseil général ;

Pour chaque commune, par le conseil d'arrondissement ;

Pour chaque citoyen, par les répartiteurs.

Les impôts de quotité ne comprennent que les patentés; leurs produits sont éventuels et en raison directe des diverses phases du commerce et de l'industrie.

Quant aux contributions des communes, ou taxes municipales, elles sont, comme les impôts de quotité, sujettes, parfois, à d'importantes variations.

Des centimes additionnels peuvent être ajoutés au montant principal de l'impôt.

On les divise en deux catégories :

Centimes ordinaires et centimes extraordinaires, selon qu'ils doivent servir à payer des dépenses obligatoires ou facultatives.

Les centimes additionnels *ordinaires* regardent l'État; lui seul en est juge.

Les centimes additionnels *extraordinaires* sont votés :

1° Ou par le conseil général, et on les appelle centimes généraux. (Ils profitent à l'État, et c'est avec eux que l'on constitue un fonds de secours pour les communes dévastées par les épidémies, les inondations et désastres de tout genre.)

2° Ou par le conseil d'arrondissement, et on les appelle centimes départementaux. (Ils servent à augmenter le bien-être et l'aisance des populations, soit en ouvrant des routes nouvelles, soit en instituant des établissements d'utilité publique.)

3° Ou par le conseil municipal, et on les appelle alors centimes communaux. (La commune seule s'en sert et en tire un profit.)

L'utilité des centimes additionnels est incontestable ; sans eux, comment les communes pourraient-elles parer aux éventualités, et faire marcher leur bien-être de concert avec les idées de progrès actuel ?

DES PERCEPTEURS.

—

Les percepteurs sont des fonctionnaires préposés à la recette des impôts.

Ils sont nommés par le ministre des finances après deux ans au moins de surnumérariat. Sont dispensées de la condition du surnumérariat les personnes qui justifient de sept ans, au moins, de services administratifs ou militaires, ou que des blessures reçues dans un service commandé ont mis hors d'état de continuer leur carrière, et les employés des administrations publiques dont les fonctions ont cessé par suite de suppression d'emploi.

Les perceptions se divisent en cinq classes :

1re classe : supérieure à huit mille francs ;

2e classe : de cinq mille un à huit mille francs ;

3e classe : de trois mille six cent un à cinq mille francs ;

4e classe : de deux mille quatre cent un à trois mille six cents ;

5e classe : de deux mille quatre cent un et au-dessous.

Les percepteurs sont *receveurs municipaux* des communes de leur circonscription et des établissements de bienfaisance, lorsque les revenus ordinaires ne dépassent pas trente mille francs.

Quand le revenu des communes excède trente mille francs, le conseil municipal des communes peut demander qu'un receveur spécial soit affecté à ce service. (Consulter à cet effet le *Mémorial des percepteurs,* année 1847, page 180.)

Les cautionnements à fournir par les percepteurs et les receveurs municipaux sont déterminés dans chaque titre de nomination, et le dépôt doit en être effectué à la recette générale.

Les percepteurs n'ayant pas, jusqu'ici, de traitement fixe, le ministre des finances fixe le taux de leurs remises.

Ils sont soumis aux retenues établies par les lois sur les pensions civiles.

Il existe un fonds de secours pour les agents de la perception, leurs veuves et leurs orphelins.

Ces secours ne peuvent excéder le cinquième des revenus de la dernière année d'activité.

Les secours accordés aux veuves et aux orphelins ne peuvent dépasser le maximum de trois cents francs. Ils ne sont alloués que pour un an, et ne sont renouvelés qu'autant que la demande et la proposition en sont faites chaque année.

Les percepteurs sont sous la surveillance immédiate des trésoriers-payeurs généraux.

Les percepteurs-receveurs ne peuvent, dans toute l'étendue du ressort de leurs communes, cumuler avec leurs fonctions celles de maire ou adjoint, de membre du conseil de préfecture, de conseiller municipal et autres, qui font exercer une surveillance sur leurs travaux.

Avant d'entrer en fonctions, et leur cautionnement déposé, les percepteurs sont tenus de prêter serment. L'acte de leur prestation de serment est enregistré.

En cas de vol, les percepteurs doivent justifier qu'il est l'effet d'une force majeure, et qu'ils ont pris les précautions voulues; ils sont de droit responsables s'ils n'ont pas fait leur déclaration à l'autorité locale dans les vingt-quatre heures.

Les percepteurs-receveurs sont tenus de résider au chef-lieu de leur arrondissement de perception, sauf dans le cas d'une autorisation toute spéciale.

Les autorisations de résidence sont personnelles aux percepteurs qui les ont obtenues.

Ils ne peuvent s'absenter qu'en vertu d'un congé régulier, et alors leur service est confié, en leur absence, à un percepteur surnuméraire ou à leur fondé de pouvoirs, qui doit être alors, dans ce cas, agréé par la recette générale et accrédité par la préfecture.

Les percepteurs des contributions directes étant des agents du gouvernement dans le sens de l'article 75 de la Constitution de l'an VIII, l'on ne peut exercer contre eux de poursuites et prononcer des condamnations pour des faits relatifs à leurs fonctions sans l'autorisation du Conseil d'État.

CONTRIBUTIONS DIRECTES.

PREMIÈRE PARTIE.

—

Des Contributions publiques.

De l'Impôt direct et de l'Impôt indirect.

On divise les contributions et revenus publics en *Contributions directes*, en *Impôts* et *revenus indirects* et en *Produits divers* et *accidentels*.

On appelle *Contributions directes* toute imposition directement assise sur les personnes et sur les propriétés. Cette imposition se perçoit en vertu de rôles nominatifs de cotisations : ces rôles passent immédiatement des contribuables cotisés aux fonctionnaires publics qui doivent les percevoir et que l'on appelle *Percepteurs*.

On appelle *Contributions indirectes* toute imposition reposant, en général, sur des objets de consommation ou sur des services rendus. Ces impôts ne sont payés dès lors qu'indirectement par le consommateur, ou par celui qui use des services frappés de l'impôt.

Tels sont :

1° Les impôts reposant sur les importations et sur les

exportations ; la fabrication, la vente, le transport et l'entrée des objets de consommation ;

2° Le prix de vente des tabacs et des poudres ;

3° Les droits d'enregistrement, d'hypothèque, de greffe,
de timbre et de poste.

Les percepteurs, sous la direction du trésorier-payeur
général, sont chargés de recouvrer les contributions directes ainsi que les diverses taxes assimilées à ces contributions.

Les receveurs de l'enregistrement et du timbre, les
receveurs des douanes, des contributions indirectes, et des
postes, sont chargés de recouvrer les revenus et impôts
indirects.

Après avoir achevé les paiements qu'ils sont appelés à
effectuer, ces différents fonctionnaires déposent les fonds
libres aux caisses des trésoriers-payeurs généraux ; mais
ces dépôts sont considérés seulement comme mouvements
de fonds ou opérations de la *Trésorerie*.

———

Du Cadastre.

L'impôt assis sur les revenus de la terre se trouve au fond
de toutes les sociétés établies sur des bases sérieuses.

Le but de l'institution du cadastre sous des formes et des
noms divers, se retrouve même chez les peuples les plus anciens.

Les Hébreux en eurent un aperçu en établissant la dîme.

Les Romains songèrent à l'établir dès leur origine, et
l'histoire nous montre le roi Servius Tullius faisant établir
le recensement de la propriété (voyez Denys d'Halicarnasse).

Cependant ce premier recensement ordonné par un des
premiers rois de Rome eut lieu sur de simples déclarations
(ceux qui cherchaient alors à tromper dans leurs déclarations

étaient privés de leurs biens et vendus comme esclaves); et ce fut plutôt un répertoire de la répartition de la fortune de tous qu'un cadastre proprement dit.

Sous les empereurs, ce répertoire devint une sorte de cadastre, sous le nom de Cens, et les titres de propriétés avec l'étendue et la qualité des biens-fonds furent rigoureusement contrôlés par des employés proposés à cet effet, qui inscrivaient sur des tables d'airain (registres publics d'alors) les opérations géographiques.

Ce sont ces tables qui servirent plus tard aux rois francs, bourguignons et visigoths pour partager les terres qu'ils venaient de conquérir.

Sous nos premiers rois, le tribut public existait, ainsi que des recensements et des livres de taille, et, si l'on en croit l'historien Grégoire de Tours, la reine Frédégonde brûla les livres de l'impôt.

Dans les premiers temps de la féodalité, les grands feudataires faisaient cadastrer leurs domaines afin de pouvoir recueillir plus facilement les redevances de leurs vassaux, et l'histoire du moyen âge nous fait connaître les cadastres partiels appelés *Compoix Terriers*.

Sous saint Louis, afin de généraliser cette mesure, on procéda à l'estimation des biens meubles et immeubles, et l'on institua ainsi le *Livre des Estimes*, qui subsista jusqu'en 1491.

Le cadastre est l'ensemble des opérations par lesquelles on recherche la contenance des biens-fonds d'un pays et les revenus qu'ils produisent, afin d'établir l'impôt foncier et de pouvoir le répartir convenablement.

La première idée de ces opérations remonte à Charles VII, qui, le premier, chercha à se rendre compte des propriétés territoriales de la couronne de France.

Le célèbre ministre Colbert en fit un essai qui ne fut suivi d'aucune réussite.

Les Assemblées électorales demandèrent impérieusement son établissement en 1789; il fut décrété en 1791 par l'Assemblée constituante; mais à cette époque les débuts en furent naturellement très-lents.

Napoléon, premier consul, voulut reprendre ce travail et le faire établir sur de nouvelles bases; mais, après de nombreux essais, l'on fut obligé de revenir à l'ancien projet de la Constituante, projet rectifié par Delambre (loi du 15 septembre 1807).

Il fallut un travail continu pour que cette forte entreprise, commencée en 1807, pût être terminée en 1821.

Depuis 1822, les opérations cadastrales consistent simplement à effectuer des mutations.

Aujourd'hui, la révision du cadastre est demandée par tout le monde; mais c'est une œuvre si gigantesque qu'il faudra encore attendre probablement longtemps avant que cette opération se fasse dans toute la France.

Les opérations du cadastre se divisent en quatre parties :

1° La partie d'art, qui est la spécialité des géomètres;

2° La partie de l'expertise, qui se fait avec le concours de propriétaires que le conseil municipal de chaque commune charge de ce soin;

3° La répartition individuelle, travail spécialement affecté à la direction des contributions directes, pour appliquer à chaque parcelle le tarif qui lui appartient et pour former la matrice cadastrale;

4° Les mutations, travail qui est du ressort des contrôleurs des contributions directes. Les percepteurs en sont chargés dans les communes rurales.

Une loi, en date du 7 août 1850, a autorisé la révision du cadastre dans toute commune cadastrée depuis trente ans au moins : il faut pour cela une demande du conseil municipal de la commune se trouvant dans cette condition, demande qui doit être approuvée par le conseil général du département.

Quand une révision de ce genre a lieu dans une commune, les jours ayant été portés par le maire à la connaissance de tous les habitants (jours indiquant sur quelle portion de la commune doit porter chaque étude), il est indispensable que tous les propriétaires, leurs fermiers, leurs régisseurs ou leurs représentants y assistent.

Cette mesure a pour but de rendre plus facile les opérations d'arpentage des propriétés; eux seuls pouvant, souvent, à l'aide de leurs titres, fournir les renseignements indispensables.

Au fur et à mesure qu'une parcelle a été mesurée par les soins du géomètre arpenteur et qu'il en a levé le plan, un bulletin comprenant sa contenance métrique composée sous son nom est remis au propriétaire. A un jour déterminé, tous les propriétaires exposent leurs observations, s'ils se croient en droit d'en émettre, et signent ensuite le bulletin qu'ils ont reçus.

Une fois la minute des plans terminée, il est loisible à chaque propriétaire, moyennant un certain tarif, de se faire remettre un relevé du plan de sa propriété.

Le travail des mutations a lieu tous les ans ; il est fait, dans les communes rurales, par les percepteurs qui, leur travail terminé, le remettent aux mains du contrôleur à l'époque de sa tournée annuelle.

Ce travail consiste d'abord à établir sur des feuilles *ad hoc* l'indication des changements de propriétaires et les translations de propriétés.

Ces feuilles sont ensuite reportées, par les soins de la direction, sur les registres ou matrices cadastrales des communes.

Quand la tournée des contrôleurs doit avoir lieu dans les communes rurales, les maires, qui ont été avisés en temps opportun par la préfecture ou la sous-préfecture, en donnent avis à leurs administrés, par publications verbales et affiches, dix jours au moins à l'avance.

Les contribuables ont ainsi la possibilité de pouvoir, au jour fixé, donner eux-mêmes les explications nécessaires au contrôleur.

Quant aux réclamations qu'ils pourraient avoir à adresser,

soit contre le classement cadastral, soit pour erreurs commises
à leur préjudice, erreurs ayant pour causes des faits postérieurs et étrangers, tels que destruction des propriétés clas-
sées, ils doivent les adresser au préfet, dans un mémoire (sur
papier libre, s'il s'agit d'une cote inférieure à 30 francs, et
sur papier timbré pour les cotes supérieures); c'est le conseil
de préfecture qui décide et prononce à ce sujet. (Loi du
24 avril 1832, art. 28.)

Matrice cadastrale.

La matrice cadastrale est établie en deux parties :

L'une, qui réunit par ordre alphabétique de canton les
propriétés bâties ou non bâties : *les Plans.*

L'autre, qui réunit sous le nom de chaque propriétaire les
propriétés qu'ils possèdent dans la même commune : *les
Rôles.*

Plans et matrice des rôles sont un dépôt confié à la mairie
de chaque commune sous la responsabilité directe des
maires; ils ne doivent être déplacés qu'en vertu d'une
autorisation préfectorale et pour l'intérêt d'un service public.

Plans et matrices doivent être communiqués à chaque in-
téressé qui désire y puiser des renseignements en présence
du secrétaire de la mairie, *mais sans déplacement;* et l'on
veillera scrupuleusement à ce qu'aucune altération ni aucune
annotation n'y soient faites.

Répartiteurs.

Les répartiteurs sont des contribuables qui doivent
aider de leurs lumières le contrôleur assisté du percepteur
dans le travail qui a pour but de répartir chaque année,
entre tous les contribuables de chaque commune, les

contributions foncières, personnelles, mobilières et des portes et fenêtres.

Les répartiteurs sont ainsi composés : le maire, l'adjoint et cinq contribuables fonciers, dont deux non domiciliés dans la commune. Quand ils se réunissent pour leurs travaux, ils forment la *Commission de répartition*.

Les répartiteurs sont nommés par le sous-préfet ou par le préfet, sur l'avis des maires, qui en désignent dix, maire et adjoint non compris.

Leurs fonctions durent un an ; elles ne cessent que quand sont nommés ceux qui doivent les remplacer. Outre les cinq titulaires, il y a cinq répartiteurs suppléants.

Une décision du Ministre des Finances, en date du 28 mars 1814, prescrit que les répartiteurs titulaires qui seraient empêchés pour cause majeure doivent être aussitôt remplacés par les répartiteurs suppléants.

Pour qu'un citoyen puisse se récuser d'être nommé répartiteur, il faut :

1° Des infirmités graves et avérées ;

2° Avoir dépassé soixante ans ;

3° La certitude d'un voyage important ou d'une longue absence ;

4° Exercer des fonctions soit administratives, soit judiciaires ;

5° Être lié par le service militaire ou par tout autre service quelconque.

Pour que ces motifs soient pris en considération, il faut qu'ils soient exposés par écrit dans les dix jours qui suivent leur lettre d'avis.

Dans le cas où les motifs ne sont pas admis par la préfecture, le répartiteur reste investi de cette fonction durant toute l'année (Loi du 3 frimaire an VII et arrêté du 19 floréal an VIII).

Les répartiteurs ne doivent donner leur avis sur les états

des cotes irrécouvrables qu'alors que le contrôleur les a soumis à leur appréciation.

Ils n'ont aucun avis à émettre sur les patentes : le maire est seul appelé pour l'établissement de cette contribution.

Dans les villes, les fonctions de répartiteur sont peu difficiles à remplir quant à l'assiette des contributions personnelle et mobilière, car elles procèdent de données presque tout simplement mathématiques. Ils ont seulement besoin de savoir si les contribuables sur lesquels on appelle leur attention sont indigents ou non, ou le chiffre de leur loyer s'ils sont locataires, ou la valeur du logement s'ils en sont propriétaires.

Dans les campagnes, dans les communes rurales, les fonctions de répartiteur sont bien plus sérieuses que l'on ne le suppose généralement, et il serait à désirer que tous arrivassent à bien comprendre ce qu'il leur faut apporter de tact et de sagesse pour, en même temps, respecter la loi et ne pas froisser l'égalité proportionnelle, qui est la base de tout le système de l'impôt mobilier.

En effet, ici, généralement, point de baux à loyer à consulter pour l'établissement des bases légales.

Dans la contribution mobilière, le devoir des répartiteurs pour l'établissement de cet impôt consiste à ne taxer les contribuables qu'en raison de la valeur locative du logement qu'ils occupent, sans se préoccuper de l'importance de leurs propriétés, de la somme de leurs revenus, du prix que peut atteindre leur mobilier ; en un mot, de toutes leurs facultés présumées.

Toute autre manière de voir que celle exposée ci-dessus tomberait dans l'illégalité et ferait croire à un esprit de coterie, deux choses que tout homme d'honneur doit éviter en remplissant un mandat.

Règle générale : Il faut que chaque logement, eu égard à la fonction de la contribution mobilière, soit apprécié et estimé comme vide de meubles et que toute considération se rapportant à la fortune ou aux charges des contribuables soit soigneusement écartée.

Les répartiteurs sont en droit de n'imposer qu'à la taxe personnelle, en les dispensant de la cote mobilière, les contribuables réputés comme peu fortunés et qu'ils reconnaissent tels. (Les indigents sont exempts de toute cotisation. On comprend, en général, comme indigente, toute personne ne possédant rien et gagnant tout au plus chaque jour le pain nécessaire à sa famille et à elle-même.)

En résumé les fonctions de répartiteur sont celles-ci :

1° Concours à la répartition des contributions foncières, personnelles mobilières et des portes et fenêtres;

2° Concours à l'établissement de l'état-matrice pour l'impôt des chevaux et voitures. (*Cet impôt n'existe plus*);

3° Concours à l'établissement de l'état-matrice des prestations en nature;

4° Concours à l'établissement de la taxe annuelle sur les biens de main-morte;

5° Concours à la formation ou à la réserve des états d'exploitation relatifs aux redevances sur les mines;

6° Concours à la formation de l'état-matrice de la taxe municipale sur les chiens.

Contribution foncière.

La contribution foncière frappe, par égalité proportionnelle, tout ce que l'on nomme immeuble ou propriété foncière, bâtie ou non bâtie : les terres, les vignes, les bois, les prés, les maisons, les moulins, les fabriques de toute nature. Elle frappe à raison du revenu net imposable, c'est-à-dire ce qui reste au propriétaire, déduction faite sur la valeur locative des immeubles (valeur calculée sur un nombre d'années déterminé) de la somme nécessaire pour l'indemniser du dépérissement et des frais d'entretien et de réparation.

Cette déduction est du quart pour les locaux d'habita

tion et de commerce, elle est du tiers de leur valeur locative pour les usines. (Loi du 3 frimaire an VII.)

Les maisons, fabriques, manufactures, usines et tous autres édifices nouvellement construits ou reconstruits, ne sont imposables que la troisième année après leur construction ou leur reconstruction (l'exemption de l'impôt n'est, par le fait, que de deux ans).

Les constructions et terrains appartenant aux hospices, les propriétés de l'État, ses forêts, ses bois, les propriétés non productives de revenus appartenant aux départements ou aux communes ne sont pas soumis à la contribution foncière (1).

Contribution personnelle mobilière,

La contribution personnelle mobilière est due par chaque citoyen français et par chaque habitant étranger, de tout sexe, jouissant de ses droits et non réputé indigent.

(1) La cotisation des marais qui viennent à être desséchés ne peut être augmentée durant les vingt-cinq années qui suivent le desséchement.

La cotisation des terrains vains et vagues depuis quinze ans au moins, et que l'on met en culture, ne peut être augmentée durant les dix années qui suivent le défrichement.

La cotisation des terrains depuis dix ans au moins en friche et que l'on sème ou plante en bois, ne peut être augmentée durant les trente années qui suivent la plantation ou le semis.

Pour pouvoir jouir des avantages ci-dessus, il faut, avant de procéder à leur amélioration, que les propriétaires des terrains dont il vient d'être parlé fassent, avant de commencer ces travaux, une déclaration à l'administration municipale, déclaration indiquant les parcelles qu'ils veulent améliorer. Cette déclaration, enregistrée sur un registre *ad hoc*, sera signée par le déclarant ou son représentant et le maire la transmet à la sous-préfecture, où inscription en est faite sur un registre relatif aux réclamations pour contributions.

A toutes les époques, en cas de surtaxe, de démolition totale ou partielle de leurs bâtiments, les contribuables peuvent formuler des réclamations, quand il s'agit de l'évaluation de leurs propriétés bâties.

Sont considérés comme jouissant de leurs droits : les veuves, les femmes légalement séparées de leur mari, les garçons et les filles, majeurs ou mineurs, possédant des moyens suffisants d'existence, soit par leur travail, soit autrement. (Loi du 21 avril 1832, art. 12.)

La taxe personnelle comporte trois journées de travail dont le prix moyen est fixé, pour chaque commune, par le conseil général du département, sur la proposition du préfet, sans pouvoir néanmoins être au-dessous de cinquante centimes, ni au-dessus de un franc cinquante centimes. (Loi du 21 avril 1832, art. 10.)

On prélève d'abord sur le contingent personnel mobilier le montant de cette taxe, que l'on multiplie par le nombre des individus qui y sont soumis; on répartit ensuite en cotes mobilières, au centime le franc des loyers d'habitation attribués aux divers contribuables, le surplus du contingent.

La somme à payer dans la commune (1) est ainsi formée

(1) C'est à partir de vingt-et-un ans, et avant cet âge si l'on est émancipé ou si l'on exerce pour son compte une profession lucrative, qu'on doit être considéré comme jouissant de ses droits.

Le fils ou la fille, majeur ou mineur, qui habite avec son père ou sa mère, tuteur ou curateur, et ayant un établissement distinct, est soumis à la contribution personnelle.

Sont considérés comme jouissant de leurs droits, relativement à l'imposition, les garçons et filles ayant un revenu personnel, ou bien exerçant une profession, lorsqu'ils ont un établissement distinct de celui de leurs père et mère ou s'ils sont sujets à la patente. Il en est de même pour les veuves et les femmes séparées de leur mari. (*Commentaire du règlement sur les poursuites*, art. 1er.)

Un avocat habitant avec ses parents est soumis à la taxe personnelle.

Un juge auditeur, un juge suppléant, ou surnuméraire d'une administration, habitant avec ses parents, est imposable à la taxe personnelle.

Sont également imposables à la taxe personnelle les nouveaux

avec ces cotes mobilières que complète la taxe personnelle.

La taxe personnelle est due dans la commune du domicile réel. En cas de double habitation, elle doit être payée

mariés habitant avec leurs père et mère et travaillant avec eux.
(*Dictionnaire national du droit français.*)

Les mineurs ayant même moins de dix-huit ans, dès lors qu'ils
ont des droits acquis à la succession des auteurs de leurs jours et
qu'ils ne sont pas réputés indigents, bien qu'ils habitent avec
leurs père ou mère, tuteur ou curateur, sont imposables à la taxe
personnelle.

Sont également imposables à cette taxe et à la cote mobilière
les précepteurs, les dames de compagnie, les hommes d'affaires ou
régisseurs, les concierges, les gardes particuliers qui, quoique
logés, nourris et gagés, ne sauraient être considérés comme dans
un état de domesticité, bien qu'ils occupent des logements pour
raison desquels le propriétaire qui les emploie n'est pas déjà cotisé
lui-même.

Les domestiques des deux sexes, quand ils sont logés et nourris chez leurs maîtres et exclusivement consacrés au service de la
personne, du ménage ou de l'exploitation rurale, ne sont point
imposables, ni à la contribution personnelle ni à la contribution
mobilière.

Ils sont imposables à l'une et à l'autre contribution s'ils ont en
propriété ou en location une habitation, un logement particulier
pour eux ou pour leur famille.

Les personnes qui n'occupent que des logements meublés ne
sont assujetties à la contribution mobilière qu'en raison de la
valeur locative de leur logement considéré comme non meublé; ils
paient toujours la cote personnelle.

Les apprentis des deux sexes ou commis non rétribués ne sont
point imposables : ils ne le deviennent que lorsqu'ils jouissent
d'une fortune personnelle, d'un traitement en argent ou de la
table et du logement.

Sont imposés d'après la valeur locative de l'habitation personnelle (évaluée par comparaison avec le loyer connu des autres
habitants) les fonctionnaires, les ecclésiastiques et les employés
civils ou militaires logés gratuitement dans les bâtiments de l'État,
du département ou des communes.

Les curés et desservants doivent la contribution mobilière sur

dans la commune où l'on réside plus habituellement, où l'on a sa principale habitation et où l'on exerce une profession quelconque.

La taxe mobilière est établie sur la valeur locative de

la valeur locative de la maison presbytériale. (*Commentaire du règlement sur les poursuites.*)

La partie des bâtiments consacrée à l'habitation doit seule être comprise dans les valeurs locatives qui forment la base de la contribution mobilière.

Les magasins, boutiques, auberges, usines et ateliers, en raison desquels sont payées les patentes ne doivent également pas être imposés.

Il en est de même pour les bâtiments qui servent aux exploitations rurales, les locaux destinés à l'habitation des élèves des écoles et pensionnats, ainsi que les bureaux des fonctionnaires publics. (Loi du 26 mars 1831, art. 8.)

Doivent être imposés pour la totalité de la valeur locative les châteaux meublés dont le logement du concierge est seul habité.

Doivent supporter une taxe mobilière les pavillons établis dans des jardins séparés des corps d'habitation, lorsqu'ils sont meublés.

Quant aux grandes célébrités médicales qui divisent leur appartement en différents cabinets de réception, dont l'entrée est subordonnée à la fortune du client, une déduction leur sera faite pour le cabinet de leurs opérations : il en sera de même pour les chirurgiens-dentistes quant à leur cabinet de consultation.

Le contribuable qui a des maisons d'habitation meublées dans plusieurs communes doit la taxe mobilière dans chacune de ces communes. (Loi du 21 avril 1832.)

Il est dû autant de cotes mobilières qu'on a de locaux meublés dans la même commune.

Les notaires, avoués, avocats et huissiers doivent être imposés sur la valeur locative de leur habitation, déduction faite de celle de leur étude. En résumé, la taxe mobilière est imposée sur tous les locaux faisant partie de l'habitation personnelle.

Les différents locaux où les percepteurs établissent leur bureau de recette, lors de leurs tournées dans chacune des communes de leur perception, ne peuvent pas plus être imposés à la cote mobilière que les bureaux de la commune de leur résidence.

Les locaux servant aux cercles, sociétés littéraires, chambres de notaires, avoués, huissiers, avocats, loges maçonniques et autres établissements de même nature, donnent lieu à une cote mobil'habitation et elle est due pour tous les locaux meublés.

La contribution personnelle-mobilière est établie au premier janvier pour l'année entière.

La contribution personnelle et mobilière est imposable

lière. Cette cote est ouverte au nom collectif des fondateurs ou sociétaires, et comprend également la valeur locative du logement concédé aux concierges ou aux gardiens, s'il y en existe.

La disposition portant que la taxe mobilière sera due dans toutes les communes où les contribuables auront des habitations s'appliquera même aux maisons qui resteraient inhabitées pendant toute l'année, s'il s'agit de maisons meublées que les locataires ou propriétaires tiennent à leur disposition.

La taxe mobilière doit être établie sur la totalité de la valeur locative, quand un propriétaire possède une grande maison dont quelques pièces seulement sont meublées et qu'il ne loue pas le reste habituellement.

Les gardes d'artillerie et du génie sont imposables à la contribution personnelle et mobilière.

L'héritier d'une personne décédée doit la contribution personnelle et mobilière imposée au nom de cette personne, si le décès est postérieur au 1er janvier de l'année pour laquelle la cotisation est établie. Il la doit, même dans ce cas, bien que la maison soit démeublée aussitôt après le décès ; mais si le décès était antérieur au 1er janvier, il ne devrait que la taxe mobilière, encore faudrait-il, pour qu'il en fût ainsi, que l'habitation fût restée meublée à sa disposition postérieurement au 1er janvier. (*Guide du contribuable*, par ISOARD.)

Les officiers de terre et de mer, les officiers sans troupes, les officiers d'état-major, de gendarmerie ou de recrutement, ayant des habitations particulières, soit pour eux, soit pour leur famille, sont, ainsi que tous les autres contribuables, imposables à la contribution personnelle-mobilière.

Les officiers avec troupes et sans résidences fixes, occupant cependant un logement particulier, sont exempts de la contribution : Il faut pour cela que ce logement ne soit pas plus important que celui qu'on leur eût concédé dans les bâtiments de l'État, ou qu'il ne dépasse pas l'indemnité de logement que le gouvernement leur alloue au prorata de leur grade.

Un général de division, un général de brigade, un officier de l'état-major, du génie ou de l'artillerie, à résidence fixe, un officier d'état-major dans les mêmes conditions, un officier attaché à la surveillance d'une école militaire, un officier de marine en nonau nom de la personne qui occupe l'habitation, et non à celui de la personne pour laquelle le bail a été consenti.

activité, lorsqu'ils habitent une habitation meublée, sont imposables à la contribution personnelle-mobilière. (Circulaire ministérielle de 1852.)

Les officiers en disponibilité étant considérés comme officiers sans troupes, sont imposables comme ces derniers. (Décision ministérielle de 1865.)

Les officiers étrangers, réfugiés ou non, qui viennent résider en France, sont rangés dans la même catégorie d'impôt que les citoyens français. (Arrêt du 7 décembre 1854.)

Ne sont point soumis à la contribution personnelle et mobilière les religieux ou religieuses se vouant complétement, soit à des œuvres de charité, soit à l'instruction des classes indigentes.

Sont, au contraire, imposables, les religieux et religieuses qui vivent de leurs propres revenus ou qui reçoivent, soit des parents, soit des communes, une rétribution quelconque pour l'instruction de leurs élèves.

Un contribuable qui change de résidence avant le 1er janvier, mais après la confection des rôles, et qui ne justifie pas de son inscription sur le rôle de la commune où il va résider, doit être maintenu sur le rôle de la première commune, et cela alors même que, dans la seconde commune, ce contribuable habiterait la maison de son fils, lequel est imposé à la contribution personnelle et mobilière pour la totalité de l'imposition. (Art. 12 de la loi du 21 mai 1832. — Arrêt de la Cour de cassation du 13 mars 1862.)

Le contribuable changeant de commune, même postérieurement au 1er janvier, n'est point en droit de réclamer une réduction sur sa cote mobilière, prétextant que, dans sa nouvelle résidence, son habitation serait moins importante que son ancienne, et cela alors même qu'il existerait une différence très-notable; la contribution étant établie au 1er janvier pour toute l'année.

Le contribuable qui a quitté une commune avant l'époque du travail des répartiteurs peut demander décharge de la taxe personnelle-mobilière, sans être tenu de justifier de son imposition au lieu de son nouveau domicile. (Arrêts des 9 mai 1855, 28 février et 10 juin 1856, 25 mai 1864.)

Lorsqu'un contribuable viendra à décéder dans le courant de l'année, la contribution personnelle et mobilière étant établie pour l'année entière, ses héritiers seront tenus d'acquitter le montant de la cote. (Loi du 21 mai 1832, art. 21.)

De même, un fonctionnaire, quel qu'il soit, qui, avant le 1er janvier, donne sa démission ou est mis soit à la retraite, soit en dispo-

Contribution des portes et fenêtres.

La contribution des portes et fenêtres est établie sur les portes et fenêtres donnant sur les rues, cours et jardins des maisons et usines. (Loi du 4 frimaire an VII.)

Cette contribution comporte, en général, toutes les ouvertures extérieures qui donnent l'air et le jour tant aux maisons qu'aux bâtiments destinés à l'habitation humaine. Cette contribution frappe également les ouvertures des ateliers, boutiques, chantiers, hangars, magasins, quelles que soient leur dimension, fermeture et forme.

Sont imposables :

1° Les portes et fenêtres donnant sur une cour intérieure recouverte de vitraux. (Arrêt du Conseil d'Etat du 25 août 1865.)

2° Les portes et fenêtres d'une chapelle particulière. (Arrêt du Conseil d'Etat du 25 mai 1864.)

3° Les ouvertures d'une maison particulière d'instruction. (Arrêt du Conseil d'Etat du 27 juin 1855.)

Il en est de même pour les ouvertures servant à éclairer l'escalier d'une maison ; pour les ouvertures pratiquées dans la toiture d'une maison, mais servant à éclairer l'escalier ; les ouvertures d'un grenier servant de magasin ; les ouvertures d'une maison restée habitable et convertie momentanément en bâtiment rural ; la porte d'un jardin renfermant une maison d'habitation. (Arrêts du Conseil d'Etat de 1855, 1864 et 1865.)

La répartition de la contribution des portes et fenêtres

nibilité, ou même serait révoqué de ses fonctions, et venant alors à changer d'habitation, doit, pour l'année entière, la contribution personnelle et mobilière ainsi qu'elle a été établie par rapport aux locaux qu'il occupait au 1er janvier.

est faite suivant un tarif que fixe la loi en raison de la population des villes et des communes, du nombre et de la nature des ouvertures de maison, sauf les modifications proportionnelles qu'il serait utile de faire subir à ce tarif pour remplir les contingents. (Lois du 4 frimaire an VII, du 13 floréal an X, du 4 germinal an XI et du 21 avril 1832.)

La contribution des portes et fenêtres (1) est à la charge

(1) *Énumération des cas où les portes et fenêtres ne sont pas imposables.*

Ne sont pas imposables les portes et fenêtres servant à éclairer ou à aérer les granges, bergeries, étables, laiteries, châlets, serres et orangeries. Il en est de même pour tous les locaux servant exclusivement à l'agriculture.

Ne sont également point imposables les remises ne donnant point accès à des locaux d'habitation ou de commerce, les caves non considérées comme magasins ou comme tout ou partie d'habitation (exemple : Vouvray, Indre-et-Loire), les pressoirs particuliers, les greniers qui ne servent pas de magasins pour le commerce. (Loi du 4 frimaire an VII, art. 5).

Il en est de même pour les embrasures pratiquées dans un mur de clôture n'éclairant pas de locaux habitables, les portes communiquant intérieurement d'une cour dans une autre cour, une porte conduisant à un jardin où il n'y a pas de logement habitable, les vitraux placés au-dessus des portes, l'œil de bœuf n'éclairant pas de locaux habitables.

Cette exemption s'applique également aux portes et fenêtres des monts-de-piété.

Les portes intermédiaires existant entre celles d'un parc et de la maison d'habitation ne sont également point imposables.

Rentrent dans cette catégorie, les portes des appartements qui donnent sur une galerie fermée, galerie à laquelle on parvient par un escalier extérieur formé par une porte ; cette porte est seule imposable.

Les portes qui donnent sur des galeries établies aux étages supérieurs des habitations sont également exemptes de l'impôt, quand ces dites galeries ne possèdent pas d'issues extérieures.

Les portes et fenêtres des bâtiments publics, civils, religieux ou militaires, d'éducation ou d'hospices, ne sont point assujéties à l'impôt. Cette règle n'empêche pas les fonctionnaires, à quelque catégorie qu'ils appartiennent, gratuitement logés dans les bâti-

des locataires, en raison des locaux occupés par eux ; mais ceux-ci ne figurent pas au rôle : ce sont les propriétaires ou les usufruitiers qui y sont nominativement imposés. Aussi le percepteur a-t-il le droit de poursuivre sur ces

ments de l'État, des départements, des communes ou des hospices, de payer l'impôt des portes et fenêtres pour les locaux affectés, soit à leur habitation proprement dite, soit à leur représentation. (Loi du 4 frimaire an VII.) Cette exemption s'applique aux maisons particulières louées pour un service public quelconque. (Loi du 4 germinal an XI.)

La taxe est admise en non-valeur sur la demande des propriétaires.

Les ouvertures des temples et synagogues, comme celles des églises, ne doivent pas être recensées; les ouvertures des habitations des desservants de tous les cultes, indistinctement, doivent être imposées au nom des propriétaires, sauf le recours de ces derniers contre les desservants (à moins qu'ils ne soient logés dans des bâtiments publics, auquel cas la contribution est inscrite à leur nom). (Décision ministérielle du 30 septembre 1831).

Observations sur les cas où elles sont imposables.

Les ouvertures des bains et moulins, sur rivière, sont imposables, ainsi que celles des bains et moulins flottants.

La porte où la fenêtre éclairant à la fois différents locaux est imposable pour autant d'ouvertures qu'il y a de locaux distincts.

Les vitrages qui existent à la devanture des boutiques, magasins ou ateliers sont comptés pour deux ouvertures quand la porte est sur le côté, ils sont comptés pour trois ouvertures, quand la porte se trouve au milieu. (*Guide au contribuable,* par Isoard.)

Les portes charretières doivent être assimilées aux portes cochères et soumises à l'impôt dans les communes rurales comme dans les villes. (Arrêt du Conseil d'État du 11 août 1833.)

Les portes des magasins et les barrières servant de fermeture aux habitations sont soumises à l'impôt, dans les communes rurales comme dans les villes, étant assimilées aux portes cochères. (Arrêts du Conseil d'État des 11 octobre 1833 et 28 février 1834.)

Doivent être taxées comme portes cochères et par conséquent imposables comme telles :

1° Les portes d'entrée des maisons qu'occupent en entier les

derniers le recouvrement de la totalité de la cote, sauf leur recours sur le locataire. Ceux-ci, au surplus, sont également soumis aux poursuites des percepteurs, chacun jusqu'à concurrence des sommes qu'il doit pour la portion des locaux qu'il occupe. (Loi du 4 frimaire an VII.)

courtiers ou commissionnaires en marchandises, les marchands ou négociants en gros, les agents de change ou banquiers ;

2° La porte principale des magasins ou maisons ci-dessus désignés s'ils sont situés au rez-de-chaussée, et si cette porte donne accès soit sur la cour soit sur la voie publique.

Ne doivent pas être taxées comme portes cochères ou charretières, mais comme portes ordinaires, bien qu'ayant les dimensions convenables et ne pouvant cependant livrer passage aux voitures, les portes ci-dessus désignées, soit parce que un ou plusieurs degrés les séparent du sol, soit parce quelles donnent accès à un vestibule où ne peut s'engager une voiture, soit parce que des plantations les obstruent.

Une loi spéciale du 4 germinal an XI exempte de l'impôt les portes et fenêtres des manufactures ou grands établissements industriels dans lesquels les produits se fabriquent à la main.

L'exemption accordée par la loi du 4 germinal an XI doit s'étendre aux tanneries, aux brasseries, et en général à tous les établissements industriels que désigne la loi du 25 mars 1817, art. 64.

Toutefois, si l'industriel vend directement au consommateur les produits de sa fabrique ou de sa manufacture, les ouvertures des magasins ou boutiques ou des locaux affectés à cette vente, doivent êtres imposées. (Commentaire sur le règlement des poursuites.)

Lorsqu'une porte cochère ou ordinaire est commune à deux propriétaires, et qu'elle sert à l'un pour entrer dans son habitation, à l'autre pour arriver à des bâtiments ruraux, elle est imposable au nom du propriétaire de l'habitation. (Instruction ministérielle du 30 septembre 1831.)

Si une porte cochère ou ordinaire est commune à divers propriétaires, et qu'elle serve aux uns et aux autres pour arriver à des bâtiments qui ne sont pas exempts de la contribution des portes et fenêtres, la taxe de ladite porte doit être répartie entre chacun d'eux, proportionnellement à la contribution foncière assise sur lesdits bâtiments. (Arrêt du Conseil d'État du 10 février 1833.)

Une barrière à claire-voie, retenue par un piquet auquel elle

Tarif de la loi du 24 avril 1832.

POPULATION des VILLES et COMMUNES.	POUR LES MAISONS à										POUR LES MAISONS à 6 ouvertures et au-dessus.					
	1 ouverture.		2 ouvertures.		3 ouvertures.		4 ouvertures.		5 ouvertures.		Portes cochères, charretières, et de magasins.		Portes et fenêtres du rez-de-chaus. 1er et 2e étages.		Fenêtres du 3e étage et des étag. supérieurs.	
	F.	C.	F.	C.	F.	C.	F.	C.	F.	C.	F.	C.	F.	C.	F.	C.
Au-dessous de 5,000 âmes.	»	30	»	45	»	90	1	60	2	50	1	60	»	60	»	60
De 5,000 à 10,000. . .	»	40	»	60	1	35	2	20	3	25	3	50	»	75	»	75
De 10,000 à 25,000.. .	»	50	»	80	1	80	2	80	4	»	7	40	»	90	»	75
De 25,000 à 50,000.. .	»	60	1	»	2	70	4	»	5	50	11	20	1	20	»	75
De 50,000 à 100,000. .	»	80	1	20	3	60	5	20	7	»	15	»	1	50	»	75
Au-dessus de 100,000.	1	»	1	50	4	50	6	40	8	50	18,80		1	80	»	75

L'exemption accordée par la loi du 3 frimaire an VII en faveur des bâtiments nouvellement construits ou reconstruits n'est pas applicable aux portes et fenêtres de ces mêmes bâtiments : elles sont imposables pour l'année qui suit celle où lesdits bâtiments ont été habitables.

est attachée par un brin d'osier et qui donne passage à des voitures et accès à l'habitation, doit être taxée comme porte cochère. (Arrêt du Conseil d'État du 8 mars 1847.)

Cessent d'être imposables : les ouvertures des maisons démolies ou converties en bâtiments ruraux. Il en est de même pour celles d'une usine dont l'état de délabrement est tel qu'il ne permet plus de l'employer à sa destination primitive. (Arrêt du Conseil d'État du 30 décembre 1852.) Le tout sur la réclamation des intéressés.

Contributions des patentes.

On appelait jadis patentes les lettres de commission accordées par le roi, par des corporations, par des universités, portant une déclaration destinée à être rendue publique.

Ce mot se dit spécialement aujourd'hui de l'impôt auquel sont assujétis tous ceux qui exercent une industrie, ou certaine profession déterminée par la loi : c'est une des quatre contributions directes.

Une loi du 17 mars 1791 institua cette contribution après la suppression des *maîtrises* et des *jurandes*.

Cet impôt fut supprimé en 1793 et rétabli ensuite au commencement de l'an III de la République.

Les lois du 1er brumaire, an VII (22 octobre 1798), du 25 avril 1844 et du 18 mai 1850 maintinrent et régularisèrent cet impôt.

I. Tout individu, français ou étranger, qui exerce en France un commerce, une industrie, une profession, non compris dans les exemptions déterminées par la présente loi, est assujéti à la contribution des patentes. (Loi du 4 juin 1858, art. 8.)

II. La contribution des patentes se compose d'un droit fixe et d'un droit proportionnel. (Loi du 25 avril 1844. — Bulletin des lois, 9e série, n° 11,262.)

La contribution des patentes étant un impôt de quotité, la loi des finances n'en présente le montant que par approximation et sauf l'application du tarif dans chaque département. (Instruction générale du 20 juin 1859, art. 21.)

Droit fixe. Tous les patentables doivent le droit fixe, sauf ceux qui sont compris aux tableaux D et G annexés aux lois des 25 avril 1844 et 18 mai 1850, c'est-à-dire les officiers ministériels et ceux qui exercent des professions dites *libérales*.

Cet impôt est basé sur des tarifs que la loi détermine et d'après les classes où sont rangées les diverses professions.

La population des communes sert de règle pour l'établissement des tarifs ; cependant certaines professions supportent un tarif tout spécial, sans avoir égard à la population, quelle qu'elle soit.

Droit proportionnel. Le droit proportionnel est établi sur la valeur locative, tant de la maison d'habitation que des magasins, boutiques, usines, ateliers, hangars, remises, chantiers, et autres locaux servant à l'exercice des professions imposables ; il est dû, lors même que le logement et les locaux occupés sont concédés à titre gratuit. La valeur locative est déterminée, soit au moyen de baux authentiques, soit par comparaison avec d'autres locaux dont le loyer aura été régulièrement constaté ou sera notoirement connu, et, à défaut de ces bases, par voie d'appréciation. Le droit proportionnel pour les usines et les établissements industriels est calculé sur la valeur locative de ces établissements pris dans leur ensemble et munis de tous leurs moyens matériels de production. (Loi du 25 avril 1844, art. 9.) Il est du vingtième des valeurs locatives pour toutes les professions imposables, sauf les exceptions énumérées au tableau D annexé à la présente loi. (Loi du 25 avril 1844, art. 8, et du 18 mai 1850, art. 16.)

La contribution des patentes est due, pour l'année entière, par tous les individus exerçant au mois de janvier une profession imposable. En cas de cession d'établissement, la patente sera, sur la demande du cédant, transférée à son successeur ; la mutation de cote sera réglée par un arrêté du préfet.

En cas de fermeture des magasins, boutiques et ateliers, par suite de décès ou de faillites déclarées, les droits ne seront dus que pour le passé et le mois courant. Sur la réclamation des parties intéressées, il sera accordé décharge du surplus de la taxe. Ceux qui entreprennent, après le mois de janvier, une profession sujette à patente, ne doivent la contribution qu'à partir du 1er du mois dans lequel ils ont commencé d'exercer, à moins que, par sa nature, la profession ne puisse pas être exercée pendant toute l'année. Dans ce cas, la contribution sera due pour l'année entière, quelle que soit l'époque à laquelle la profession aura été entreprise. Les patentés qui, dans le cours de l'année, entreprennent une profession d'une classe supérieure à celle qu'ils exerçaient d'abord, ou qui transportent leur établissement dans une commune d'une plus forte population, sont tenus de payer, au prorata, un supplément de droit fixe. Il est également dû un supplément de droit proportionnel par les patentables qui prennent des maisons ou locaux d'une valeur locative supérieure à celle des maisons ou locaux pour lesquels ils ont été primitivement imposés, et par ceux qui entreprennent une profession passible d'un droit proportionnel plus élevé. Les suppléments seront dus à compter du 1er du mois dans lequel les changements prévus par les deux derniers paragraphes auront été opérés. (Loi du 25 avril 1844, art. 23.)

La contribution des patentes est payable par douzièmes et le recouvrement en est poursuivi comme celui des contributions directes (1) : néanmoins les marchands forains,

(1) Le patentable ayant plusieurs établissements, boutiques ou magasins de même espèce ou d'espèces différentes est, quelle que

les colporteurs, les directeurs de troupes ambulantes, les entrepreneurs d'amusements et jeux publics non sédentaires et tous autres patentables dont la profession n'est pas exercée à demeure fixe, sont tenus d'acquitter le montant total de leur cote au moment où la patente leur est délivrée.

soit sa classe ou sa catégorie comme patentable, imposable au droit entier pour l'établissement, la boutique ou le magasin donnant lieu au droit fixe le plus élevé, soit en raison de la population, soit en raison de la nature du commerce, de l'industrie ou de la profession. Il est imposable pour chacun des autres établissements, boutiques ou magasins, à la moitié du droit fixe afférent au commerce ou à l'industrie qui y sont exercés. Les droits et demi-droits fixés sont imposables dans les communes où sont situés les établissements, boutiques ou magasins qui y donnent lieu. (Loi du 4 juin 1858, art. 9. — Bulletin des lois, 11e série, no 5,664.)

Dans les établissements à raison desquels le droit fixe de patente est réglé d'après le nombre des ouvriers, les individus au-dessous de seize ans et au-dessus de soixante-cinq ne seront comptés dans les éléments de cotisation que pour la moitié de leur nombre. (Art. 10 de la même loi).

Le droit proportionnel est payé dans toutes les communes où sont situés les magasins, boutiques, usines, ateliers, hangars, remises, chantiers et autres locaux servant à l'exercice de professions imposables. Si, indépendamment de la maison où il fait sa résidence habituelle et principale, et qui, dans tous les cas, sauf l'exception ci-après, doit être soumise au droit proportionnel, le patentable possède, soit dans la même commune, soit dans des communes différentes, une ou plusieurs maisons d'habitation, il ne paie le droit proportionnel que pour la maison qui sert à l'exercice de sa profession. Si l'industrie pour laquelle il est assujéti à la patente ne constitue pas sa profession principale, et s'il ne l'exerce pas par lui-même, il ne paie le droit proportionnel que sur la maison d'habitation de l'agent préposé à l'exploitation. (Loi du 25 avril 1844, art. 10.)

Le patentable qui exerce dans un même local, ou dans des locaux non distincts, plusieurs industries ou professions passibles d'un droit proportionnel différent paie ce droit d'après le taux applicable à la profession pour laquelle il est assujéti au droit fixe. Dans le cas où les locaux sont distincts, il ne paie pour chaque local que le droit proportionnel attribué à l'industrie ou à la profession qui y est spécialement exercée. Dans ce dernier cas, le droit proportionnel n'en demeure pas moins établi sur la maison

Dans le cas où le rôle n'est émis que postérieurement au 1er mars, les douzièmes échus ne sont pas immédiatement exigibles, le recouvrement en est fait par portions égales, en même temps que celui des douzièmes non échus. (Loi du 25 avril 1844, art. 24.)

En cas de déménagement hors du ressort de la per-

d'habitation d'après le taux applicable à la profession pour laquelle le patentable est imposé au droit fixe. (Loi du 25 avril 1844, art. 11.)

Dans les communes dont la population est inférieure à vingt mille âmes, mais qui, en vertu d'un nouveau dénombrement, passent dans la catégorie des communes de vingt mille âmes et au-dessus, les patentables des septième et huitième classes ne seront soumis au droit proportionnel que dans le cas où une seconde ordonnance de dénombrement aura maintenu lesdites communes dans la même catégorie. (Même loi, art. 12.)

Ne sont pas assujétis à la patente : 1º Les fonctionnaires et employés salariés soit par l'État, soit par les administrations départementales ou communales, en ce qui concerne seulement l'exercice de leurs fonctions ;

2º Les notaires, les avoués, les avocats au conseil, les greffiers, les commissaires-priseurs, les huissiers (modifié voir ci-après) ;

3º Les avocats, les docteurs en médecine ou en chirurgie, les officiers de santé, les sages-femmes et les vétérinaires (modifié, voir ci-après) ; les peintres, sculpteurs, graveurs, dessinateurs considérés comme artistes, et ne vendant que le produit de leur art ; les architectes considérés comme artistes, ne se livrant pas, même accidentellement, à des entreprises de constructions ; les professeurs de belles-lettres, sciences et arts d'agréments ; les chefs d'institution, les maîtres de pension, les instituteurs primaires ; les éditeurs de feuilles périodiques ; les artistes dramatiques ;

4º Les laboureurs et cultivateurs, seulement pour la vente et la manipulation des récoltes et fruits provenant des terrains qui leur appartiennent ou par eux exploités, et pour le bétail qu'ils y élèvent, qu'ils y entretiennent ou qu'ils y engraissent ; les concessionnaires de mines pour le seul fait de l'extraction et de la vente des matières par eux extraites ; les propriétaires ou fermiers des marais salants ; les propriétaires ou locataires louant accidentellement une partie de leur habitation personnelle ; les pêcheurs, même lorsque la barque qu'ils montent leur appartient ;

5º Les associés en commandite, les caisses d'épargne et de pré-

ception, comme en cas de vente volontaire ou forcée, la contribution des patentes sera immédiatement exigible en totalité. Les propriétaires, et, à leur place, les principaux locataires, qui n'auront pas, un mois avant le terme fixé par le bail ou par les conventions verbales, donné avis au

voyance administrées gratuitement, les assurances mutuelles régulièrement autorisées ;

6o Les capitaines de navire de commerce ne naviguant pas pour leur compte ; les cantiniers attachés à l'armée ; les écrivains publics ; les commis et toutes les personnes travaillant à gages, à façon et à la journée, dans les maisons, ateliers et boutiques des personnes de leur profession, ainsi que les ouvriers travaillant chez eux ou chez les particuliers, sans compagnons, apprentis, enseigne ni boutique. (Voir ci-après, loi du 2 juillet 1862, art. 3.) Ne sont point considérés comme compagnons ou apprentis, la femme travaillant avec son mari, ni les enfants non mariés travaillant avec leurs père et mère, ni le simple manœuvre dont le concours est indispensable à l'exercice de la profession ; les personnes qui vendent en ambulance dans les rues, dans les lieux de passage et dans les marchés, soit des fleurs, de l'amadou, des balais, des statues et figures en plâtre, soit des fruits, des légumes, des poissons, du beurre, des œufs, du fromage et autres menus comestibles ; les savetiers, les chiffonniers au crochet, les porteurs d'eau à la bretelle ou avec voiture à bras, les rémouleurs ambulants, les garde-malade. (Article 13, loi du 25 avril 1844.—Bulletin des lois, 9e série, no 11,262).

Professions assujéties seulement au droit proportionnel (le droit proportionnel au 15e) :

Architectes, avocats inscrits au tableau des cours et tribunaux, avocats au Conseil d'État et à la Cour de cassation, avoués, chirurgiens dentistes, commissaires-priseurs, docteurs en chirurgie, docteurs en médecine, greffiers, huissiers, mandataires agréés près les tribunaux de commerce, notaires, officiers de santé, référendaires au sceau, vétérinaires, chefs d'institution, maîtres de pension. (Les locaux affectés au logement et à l'instruction des élèves ne seront pas compris dans l'estimation de la valeur locative.)

Loi du 2 juillet 1862, art. 3 : Les dispositions du paragraphe 6 de l'article 13 de la loi du 25 avril 1844 et de l'article 11 de la loi du 4 juin 1858, relatives aux exemptions de patente prononcées en faveur des ouvriers, seront désormais appliquées aux ouvriers ayant

percepteur du déménagement de leurs locataires seront responsables des sommes dues par ceux-ci pour la contribution des patentes. Dans le cas de déménagement furtif, les propriétaires, et, à leur place, les principaux loca-

une enseigne ou une boutique, comme à ceux qui n'ent ont point, si d'ailleurs ces ouvriers réunissent les autres conditions d'exemption énoncées aux paragraphes et aux articles précités.

Art. 15. Les mari et femme séparés de biens ne doivent qu'une patente, à moins qu'ils n'aient des établissements distincts, auquel cas chacun d'eux doit avoir sa patente et payer séparément les droits fixes et proportionnels.

Art. 18. Tout individu transportant des marchandises de commune en commune, lors même qu'il vend pour le compte de marchands ou fabricants, est tenu d'avoir une patente personnelle, qui est, selon les cas, celle du colporteur avec balles, avec bêtes de somme ou avec voiture.

Loi du 15 mai 1850, article 18 : Ne sont point considérés comme donnant lieu à l'exemption de patente prévue par l'article 13 de la loi du 25 avril 1844, les transformations des récoltes et fruits pratiquées au moyen d'agents chimiques, de machines ou ustensiles autres que ceux servant aux travaux habituels de l'agriculture.

Tout patentable est tenu d'exhiber sa patente lorsqu'il en est requis par les maires, adjoints, juges de paix, et tous autres officiers ou agents de police judiciaire. (Article 27 de la loi du 25 avril 1844.)

Tout patentable doit être muni d'une feuille à patente, titre légal de l'exercice des professions. Elles sont envoyées, par l'entremise des percepteurs, par le directeur des contributions directes. Elles sont visées par le maire et revêtues du sceau de la mairie. Lesdites formules sont exemptes du timbre. (Art. 12 de la loi du 4 juin 1858.)

Les marchandises mises en vente par les individus non munis de patentes, et vendant hors de leur domicile, seront saisies ou séquestrées aux frais du vendeur, à moins qu'il ne donne caution suffisante jusqu'à la présentation de la patente ou la production de la preuve que la patente a été délivrée. Si l'individu non muni de patente exerce au lieu de son domicile, il sera dressé un procès-verbal qui sera transmis immédiatement aux agents des contributions directes.

Le patenté qui aura égaré sa patente ou qui sera dans le cas d'en

taires deviendront responsables de la contribution de leurs locataires, s'ils n'ont pas, dans les trois jours, donné avis du déménagement au percepteur. La part de la contribution laissée à la charge des propriétaires ou principaux locataires par les paragraphes précédents comprendra seulement le dernier douzième échu et le dou-

justifier hors de son domicile pourra se faire délivrer un certificat par le directeur ou par le contrôleur des contributions directes. Ce certificat fera mention des motifs qui obligent le patenté à le réclamer, et devra être sur papier timbré.

Les patentes sont personnelles, et ne peuvent servir qu'à ceux à qui elles sont délivrées. En conséquence, les associés en nom collectif sont tous assujétis à la patente. Toutefois, l'associé principal paie seul le droit fixe en entier : les autres associés ne sont imposés qu'à la moitié de ce droit, même quand ils ne résident pas tous dans la même commune que l'associé principal. Le droit proportionnel est établi sur la maison d'habitation de l'associé principal, et sur tous les locaux qui servent à la société pour l'exercice de son industrie. La maison d'habitation de chacun des autres associés est affranchie du droit proportionnel, à moins qu'elle ne serve à l'exercice de l'industrie sociale. (Modifié par la loi du 26 juillet 1860, art. 19) : A partir de 1861, le droit de patente des associés, dans les sociétés en nom collectif, sera réglé ainsi qu'il suit : L'associé principal continuera à être assujéti à la totalité du droit fixe afférent à la profession, conformément à l'article 16 de la loi du 21 avril 1844. Le même droit sera divisé en autant de parts égales qu'il y aura d'associés en nom collectif, et une de ces parts sera imposée à chaque associé secondaire. Toutefois, cette part ne devra jamais, dans les cas prévus par l'article 23 de la loi du 18 mai 1850, dépasser le vingtième du droit fixe imposable au nom de l'associé principal.

Lorsque plusieurs usines concourent à la fabrication du même produit industriel, on ne peut considérer comme des établissements distincts, dans le sens de la loi du 4 juin 1858, celles de ces usines qui ne sont pas munies de tous leurs moyens de production et dont les produits sont achevés dans d'autres établissements. (Arrêt du Conseil d'État du 19 janvier 1866.)

On doit imposer les moteurs hydrauliques ou à vapeur, non pour toute la force qu'ils sont susceptibles de produire, mais seulement réellement employée. (Arrêt du Conseil d'État du 22 juillet 1848.)

zième courant dus par le patentable. (Loi du 25 avril 1844, art. 25.)

Les agents des contributions directes peuvent, sur la demande qui leur en est faite, délivrer des patentes avant l'émission du rôle, après toutefois que les requérants ont acquitté entre les mains du percepteur les douzièmes échus, s'il s'agit d'individus domiciliés dans le ressort de la perception, ou la totalité des droits, s'il s'agit de patentables marchands forains, colporteurs, directeurs de troupes ambulantes, entrepreneurs d'amusements et jeux publics non sédentaires, et ceux dont la profession n'est pas exercée à demeure fixe, ou d'individus étrangers au ressort de la perception. (Loi du 25 avril 1844, art. 30.)

Chambre de commerce.

On appelle ainsi l'assemblée des principaux négociants d'une ville, réunis pour traiter en commun les affaires de leur compétence et fournir à l'État les renseignements voulus sur le commerce.

Marseille est le berceau de cette institution. L'histoire indique que cette cité commerçante possédait une assemblée de ce nom au xive siècle.

Les principales villes de France eurent des chambres de commerce en 1701.

Supprimées en 1791, elles furent rétablies le 3 nivose an XI.

Un décret du 3 septembre 1851 a réglé leur organisation actuelle ; elles sont reconnues, depuis lors, établissements d'utilité publique.

Les membres des tribunaux de commerce sont élus dans une assemblée composée de commerçants notables, et principalement des chefs des maisons les plus anciennes et les plus recommandables par la probité, l'esprit d'ordre et d'économie. (Code du commerce, art. 618, et décret du 2 mars 1852.)

Les fonctions des juges de commerce sont toutes honorifiques. (Code du commerce, art. 628.)

Les tribunaux de commerce sont dans les attributions et sous la surveillance du ministre de la justice. (Code du commerce, art. 630.)

Cette taxe est établie pour subvenir aux dépenses des bourses et chambres de commerce. Elle ne porte que sur les trois premières classes de patentables.

Le rôle de cette contribution spéciale est rendu exécutoire par le préfet, et les percepteurs en opèrent le recouvrement comme celui des contributions directes. Pour les cotes au-dessous d'un franc, il n'est pas délivré d'avertissements aux patentables.

Taxes des biens de main-morte.

(La signification de main-morte est puissance-morte, incapable.)

Au temps de la féodalité, c'était l'état auquel étaient soumis les vassaux. Astreints à la servitude personnelle, ils ne pouvaient disposer de leurs biens par testament; quand ils mouraient sans enfants légitimes leur seigneur entrait seul en jouissance de ce qu'ils possédaient.

Louis XVI abolit dans ses domaines le droit de main-morte, par un édit du mois d'août 1779.

Le 28 mars 1790, l'Assemblée constituante étendit ce droit à toute la France.

Avant la révolution, l'on nommait gens de main-morte les communautés qui se perpétuaient et qui, par une subrogation successive de personnes étant sensées être toujours les mêmes, ne pouvaient disposer de leurs biens sans l'autorisation du roi ou du prince.

De nos jours, les communautés religieuses, les hospices et autres établissements publics, se trouvent encore dans ce cas.

Loi relative à l'application de l'impôt des mutations aux biens de main-morte (20 février 1849. — Bulletin des lois, 10ᵉ série, nᵒ 1109).

Art. 1ᵉʳ. Il sera établi à partir du 1ᵉʳ janvier 1849, sur· les biens immeubles passibles de la contribution foncière appartenant aux départements, communes, hospices, séminaires, fabriques, congrégations religieuses, consistoires, établissements de charité, bureaux de bienfaisance, sociétés anonymes, et tous établissements publics légalement autorisés, une taxe annuelle représentative des droits de transmission entre vifs et par décès. Cette taxe sera calculée à raison de soixante-deux centimes et demi pour franc du principal de la contribution foncière.

Art. 2. Les formes prescrites pour l'assiette et le recouvrement de la contribution foncière seront suivies pour l'établissement et la perception de la nouvelle taxe.

Art. 3. La taxe annuelle établie par la présente loi sera à la charge du propriétaire seul, pendant la durée des baux actuels, nonobstant toute stipulation contraire.

Sont exempts de la taxe :

1° Les immeubles qui ne donneraient pas lieu à une cote supérieure à quinze centimes.

2° Les chemins de fer et celles de leurs dépendances qui doivent faire retour à l'Etat, et font, dès lors, comme les chemins eux-mêmes, partie du domaine public.

3° Les canaux de navigation, comme étant affectés à un service public perpétuel à raison et par suite duquel ils ont le caractère des biens dépendants du domaine public, quels que soient d'ailleurs les termes dans lesquels la concession a été faite. (Circulaires de l'administration des contributions directes des 10 mars 1849, 31 mai 1850 et 14 avril 1851 ; circulaires de la comptabilité générale des Finances des 5 avril et 14 décembre 1849.)

La taxe des biens de main-morte étant établie selon les règles voulues pour l'assiette et le recouvrement de la contribution foncière, les rôles sont homologués par le préfet, transmis aux trésoriers-payeurs généraux et de là aux percepteurs des contributions directes, qui les recouvrent comme ceux des autres contributions.

Les dépenses relatives à la taxe des biens de main-morte se composent :

1° Des remises allouées aux percepteurs au taux de 3 0/0 ;

2° Des frais de premiers avertissements aux contribuables ;

3° Des frais d'impression et de confection de relevés, matrices, rôles et autres cadres, alloués au Directeur des contributions directes à raison de 15 centimes par article ;

4° Des non-valeurs. (Instruction générale du 20 juin 1859, art. 253.)

Les remises aux percepteurs et les frais des premiers avertissements (portés à deux centimes par article) forment pour ces comptables une allocation semblable à celle des contributions directes.

Les remises des percepteurs (formant un seul décompte avec celles qui leur sont attribuées sur les redevances des mines et sur la vérification des poids et mesures) font l'objet d'un seul décompte ; l'on établit ce décompte lorsque l'on a connaissance de toutes les cotes de l'exercice.

Les non-valeurs sont dégrevées par des ordonnances *ad hoc*, exactement comme celles des contributions directes.

Des mines.

(Mines, lieux souterrains où gisent les minéraux et souvent les métaux.)

Mine se dit des excavations pratiquées pour extraire les métaux; ces excavations prennent le nom de carrières, de houillères, quand il s'agit de pierre ou de houille.

Les minéraux se trouvent dans les mines en filons, en couches, en amas, en nids ou rognons. Souvent ils sont répandus à la surface du sol dans des terrains d'alluvions et peuvent être exploités à ciel ouvert : la mine prend alors le nom de minière; lorsqu'ils sont à une certaine profondeur, on parvient à leur gîte par des tranchées ouvertes ou par des galeries horizontales ou des puits verticaux.

Il existe en France un conseil général des mines institué auprès du ministère des travaux publics.

Un corps d'ingénieurs des mines, se recrutant à l'École des Mines, fondé en 1783 et réorganisé en 1816, est chargé dans l'intérêt de l'État de la surveillance des travaux des mines.

Vulgairement l'on nomme mine toute substance minérale telle qu'elle se rencontre dans la nature : ce mot devient alors synonyme de minerai.

Loi du 21 avril 1810. (*Bulletin des Lois*, 4ᵉ série, nᵒ 5,401.)

Art. 5. Les mines ne peuvent être exploitées qu'en vertu d'un acte de concession délibérée en conseil d'État.

Art. 8. Les mines sont immeubles. — Sont immeubles, les bâtiments, machines, puits, galeries et autres travaux établis à demeure, conformément à l'art. 524 du Code civil. — Sont aussi immeubles par destination les chevaux, agrès, outils et ustensiles servant à l'exploitation — Ne sont considérés comme chevaux attachés à l'exploitation, que ceux qui sont exclusivement attachés aux travaux intérieurs des mines. — Néanmoins, les actions ou intérêts dans une société ou entreprise pour l'exploitation des mines seront réputés meubles, conformément à l'art. 529 du Code civil.

Art. 9. Sont meubles les matières extraites, les approvisionnements et autres objets mobiliers.

Art. 32. L'exploitation des mines n'est pas considérée comme un commerce, et n'est pas sujette à patente.

Art. 33. Les propriétaires de mines sont tenus de payer à l'État une redevance fixe et une redevance proportionnée aux produits de l'extraction.

Art. 34. La redevance fixe sera annuelle, et réglée d'après l'étendue de celle-ci : elle sera de 10 francs par kilomètre carré. — La redevance proportionnelle sera une contribution annuelle, à laquelle les mines seront assujéties par leurs produits.

Art. 35. La redevance proportionnelle sera réglée chaque année par le budget de l'État, comme les autres contributions publiques. Toutefois elle ne pourra jamais s'élever au-dessus de 5 0/0 du produit net. Il pourra être fait un abonnement pour ceux des propriétaires de mines qui le demanderont.

Art. 36. Il sera imposé en sus un décime par franc, lequel formera un fonds de non-valeur à la disposition du Ministre de l'Intérieur, pour dégrèvement en faveur des propriétaires de mines qui éprouveront des pertes ou accidents.

Art. 37. La redevance proportionnelle sera imposée et perçue comme la contribution foncière. Les réclamations à fin de dégrèvement ou de rappels à l'égalité proportionnelle seront jugées par les conseils de préfecture. Le dégrèvement sera de droit quand l'exploitant justifiera que sa redevance excède 5 0/0 du produit net de son exploitation.

Les règles mises en vigueur pour les contributions directes sont appliquées pour la remise des états du montant des rôles au trésorier-payeur général, et pour la remise des rôles et avertissements au percepteur.

Le recouvrement des redevances des mines et les poursuites qui pourraient en résulter sont soumis aux mêmes règles que celles établies pour les contributions directes.

Seulement, lorsqu'une mine en exploitation embrasse comme terrain plusieurs communes, c'est le percepteur de la commune où sont situés les bâtiments, usines et maisons de direction qui seul opère les recouvrements. (Décret du 6 mai 1811, art 40.)

On divise ainsi les dépenses se rattachant aux redevances des mines.

1° Les frais de perception ;
2° Les frais de confection des rôles et d'expertises ;
3° Les remises ou modérations, décharges ou réductions.

Les frais de perception comportent :

1° Les remises attribuées aux percepteurs et qui sont de 3 0/0 ;
2° Les frais de distribution des premiers avertissements qui sont de deux centimes chacun.

Les frais de confection des rôles et expertises sont alloués au directeur des contributions, sur le produit des centimes additionnels imposés pour non-valeurs. (Circulaire ministérielle du 31 janvier 1821, n° 50.)

Remises et modérations, décharges et réductions. (Art. 38 de la loi du 21 avril 1810 ci-dessus précitée.) Le gouvernement accordera s'il y a lieu, pour les exploitations qu'il en jugera susceptibles et par un article de l'acte de concession ou par un décret spécial délibéré en Conseil d'Etat pour les mines déjà concédées, la remise en tout ou partie du paiement de la redevance proportionnelle pour le temps qui sera jugé convenable, et ce comme encouragement en raison de la difficulté des travaux ; semblable remise pourra aussi être accordée comme dédommagement en cas d'accident de force majeure qui surviendrait pendant l'exploitation.

Ces remises et modérations, décharges et réductions, sont allouées aux concessionnaires sur le produit des centimes additionnels pour non-valeurs ajoutés dans les rôles au principal des redevances. (Circulaire ministérielle des 1er septembre 1812 et 19 mai 1843.)

Le crédit pour les remises des percepteurs qui sont fixées à 3 0/0 est formé suivant un décompte qui a lieu dans les mêmes conditions que le décompte définitif des contributions directes. (Circulaires de la comptabilité générale des 12 décembre 1838, 3 février 1840, 5 avril 1849 et 28 février 1857.)

Droits de visites chez les pharmaciens, les épiciers, les droguistes et les herboristes.

Loi du 21 germinal an XI (*Bulletin des Lois*, 3e série, n° 2,676.)

Art. 30. Les professeurs en médecine et les membres des écoles en pharmacie pourront, avec l'autorisation des préfets, sous-préfets ou maires, assistés d'un commissaire de police, visiter et inspecter les magasins de drogues, laboratoires et officines, des villes placées dans le rayon de dix lieues de celles où sont établies les écoles, et se transporter dans tous les lieux où l'on fabriquera et débitera, sans autorisation légale, des préparations et compositions spéciales. Les maires et adjoints, ou à leur défaut les commissaires de police, dresseront procès-verbal de ces visites, pour, en cas de contraventions, être procédé contre les délinquants conformément aux lois antérieures.

Art. 31. Dans les autres villes et communes, les visites indiquées ci-dessus seront faites par les membres du jury de médecine réunis aux quatre pharmaciens qui leur sont adjoints par l'art. 13.

Loi du 25 thermidor an XI. (*Bulletin des Lois*, 3ᵉ série, nᵒ 3043.)

Art. 42. Il sera fait, au moins une fois par an, des visites chez les pharmaciens, les droguistes et les épiciers. A cet effet, le directeur de l'école de pharmacie s'entendra avec celui de l'école de médecine, pour demander aux préfets des départements et aux préfets de police d'indiquer le jour où les visites pourront être faites et de désigner le commissaire qui devra y assister.

Il sera payé pour les frais de visites six francs pour chaque pharmacien et quatre francs pour chaque épicier ou droguiste, conformément à l'art. 16 des lettres patentes du 10 février 1780.

Le produit de ces droits fera l'objet d'un rôle qui sera rendu exécutoire par le préfet et dont les percepteurs doivent en poursuivre le recouvrement, conformément aux dispositions du règlement sur les poursuites en matière de contributions directes.

Pour ce produit, les percepteurs jouissent maintenant de remises fixées à 3 0/0. (Circulaire du directeur de la Comptabilité publique du 30 décembre 1867.)

Ces rétributions sont exigibles en un seul paiement aussitôt après l'émission du rôle.

L'inspection des pharmacies et des magasins des herboristes, des droguistes et des épiciers-droguistes forme une branche spéciale de service qui n'est rattachée que pour ordre au service départemental.

Poids et mesures.

Pour évaluer le poids des corps, on a été obligé, dès la plus haute antiquité, de recourir à quelques corps dont la pesanteur était supposée connue, et qu'on prenait pour unité. De là le mot latin *pondus*, poids.

Pour évaluer la grandeur d'autres quantités de même nature, l'on a pris une quantité pour terme de comparaison. D'où le mot latin *mensura*, mesure.

Avant 1790, les poids et mesures dont on se servait en France n'avaient aucune uniformité.

Le 8 mai 1790, un décret de l'Assemblée constituante chargea l'Académie des sciences d'organiser un meilleur système.

La loi du 18 germinal, an III (7 avril 1795) adopta le mètre comme unité de longueur.

L'édifice complet du système métrique ne fut définitivement achevé qu'en l'an VIII (1799).

Le 2 novembre 1801, il devint le système légal. Un décret du 12 février 1812, tout en conservant les dénominations et les divisions anciennes les accommoda au nouveau système.

La loi du 4 juillet 1837 fit disparaître ce système bâtard.

Le 1er janvier 1840, le système métrique actuel devint obligatoire.

Loi du 4 juillet 1837. (*Bulletin des Lois*, 9e série, n° 6901.)

Art. 1er. Le décret du 12 février 1812 concernant les poids et mesures est et demeure abrogé. — Art. 3. A partir du 1er janvier 1840, tous poids et mesures autres que les poids et mesures établis par les lois du 18 germinal an III et du 19 frimaire an VIII, constitutives du système métrique décimal, seront interdits sous les peines portées à l'art. 479 du Code pénal. (Art. 479 du Code pénal, livre IV, chapitre II, section 3. Seront punis d'une amende de 11 à 15 francs inclusivement : ..... 5° Ceux qui auront des faux poids ou .....) Cet article a été abrogé et remplacé par la loi du 27 mars 1851. (*Bulletin des Lois*, 10e série, n° 2842.)

Art. 1er. Seront punis des peines portées par l'art. 423 du Code pénal (art. 423) : Quiconque, par usage de faux poids ou de fausses mesures, aura trompé sur la quantité des choses vendues sera puni de l'emprisonnement pendant trois mois au moins, un an au plus, et d'une amende qui ne pourra excéder le quart des restitutions, dommages-intérêts, ni être au-dessous de 50 francs.

Les objets du délit ou leur valeur, s'ils appartiennent encore au vendeur, seront confisqués et de plus seront brisés. — 2° Ceux qui auront trompé ou tenté de tromper, sur la quantité des choses livrées, les personnes auxquelles ils vendent ou achètent, soit par l'usage de faux poids ou de fausses mesures ou d'instruments inexacts servant au pesage ou mesurage.

Art. 3. Sont punis d'une amende de 16 à 25 francs et d'un emprisonnement de six à dix jours, ou de l'une de ces deux peines seulement, suivant les circonstances, ceux qui, sans motifs légitimes, auront dans leurs magasins, boutiques, ateliers ou maisons de commerce, ou dans les halles, foires ou marchés, soit des poids ou mesures faux, ou autres appareils inexacts servant au pesage ou au mesurage, soit des substances alimentaires ou médicamenteuses qu'ils sauront être falsifiées ou corrompues.

Art. 8. Les deux tiers du produit des amendes sont attribués aux communes dans lesquelles les délits auront été constatés.

Des agents chargés, dans chaque département, de veiller, sous la direction du préfet ou sous-préfet, au maintien du système métrique, vérifient et poinçonnent les poids et mesures employés dans le commerce. (Circulaire ministérielle en date du 30 août 1839.)

Il est fait, en outre de la vérification première des instruments neufs, et de la vérification nouvelle des instruments rajustés, qui ont lieu gratuitement, une vérification annuelle ou biennale pour laquelle·les commerçants, marchands et fabricants sont soumis au paiement de droits au profit du Trésor.

Pour chaque département, les préfets font établir le tableau des professions qui sont sujettes à la vérification. Ce tableau comporte l'assortiment des poids et mesures relatif à chaque profession. Les contribuables assujétis aux droits ne le sont que pour les poids et mesures formant l'assortiment déterminé par la loi.

L'on vérifie et poinçonne gratis les poids et mesures qui excèdent cet assortiment.

Les droits à percevoir pour cette vérification sont établis suivant un tarif. (Ordonnances du 18 décembre 1825 et du 17 avril 1839, art. 18 et 50.)

On applique ce tarif à l'aide d'états-matrices formés par les vérificateurs des poids et mesures. Ces états sont remis au préfet, et il les fait ensuite parvenir au directeur des contributions directes pour que la vérification puisse en être opérée. Ces états-matrices sont enfin arrêtés par ce chef de service.

L'on forme ces matrices d'après les vérifications qui ont lieu tous les ans dans les chefs-lieux d'arrondissement et dans les communes que désigne le préfet comme ayant à subir cette vérification annuelle, et tous les deux ans dans les autres communes.

Au 1er janvier de chaque année commencent ces vérifications, et elles doivent être terminées avant le 1er août. (Instructions administratives des contributions directes des 14 mars 1826, 21 juin et 15 juillet 1833, et du 30 août 1839.)

Le directeur des contributions directes dresse les rôles de ces droits à l'aide des états-matrices.

Ils sont établis par arrondissement de perception. A mesure que les vérifications sont terminées dans les communes d'une même perception, ils sont émis et rendus exécutoires, de sorte que leur mise en recouvrement, commençant au mois de février, se continue successivement et soit terminée au 1er septembre.

Avant la fin de chaque année, il est dressé des rôles supplémentaires pour les vérifications qui n'auraient pu être faites dans les délais ci-dessus indiqués.

Les rôles, après avoir été rendus exécutoires par le préfet, sont remis au percepteur : les maires les font publier comme ceux des contributions directes.

(Les règles tracées pour la remise des rôles et des états du montant des rôles des contributions directes sont applicables aux rôles des rétributions pour la vérification des poids et mesures. —Instruction générale du 20 juin 1859.)

Les rétributions pour la vérification des poids et mesures sont exigibles dans la quinzaine de la publication des rôles et en un seul versement.

Il n'est pas donné d'avertissements particuliers aux redevables pour ces rétributions. Les percepteurs doivent leur faire remettre un avis les prévenant de payer dans la quinzaine. Cet avis tient lieu de sommation sans frais.

Le recouvrement des rétributions et les poursuites qu'il nécessite sont soumis aux mêmes règles que celles qui sont prescrites pour les contributions directes.

Les marchands ambulants sont astreints à payer les droits avant d'être portés aux rôles.

Les percepteurs font ces recouvrements d'après les bulletins que les vérificateurs des poids et mesures ont remis aux redevables, et ceux-ci doivent les présenter aux percepteurs.

Les percepteurs s'en chargent en recette, et ils conservent avec soin les bulletins, afin de s'en servir pour l'émargement des rôles à intervenir. Si, à raison de l'époque probable de l'émission de ces rôles, les droits devaient appartenir à un exercice non encore ouvert, il en serait provisoirement fait recette à un compte spécial.

(Ordonnance royale du 18 décembre 1825, modifiée par les ordonnances royales des 21 décembre 1832 et 18 mai 1838.)

Les percepteurs reçoivent, sur les rétributions, pour la vérification des poids et mesures, des remises dont le taux est uniformément fixé à trois centimes par franc du montant brut des rôles.

Le décompte de ces remises est établi en même temps que celui définitif des remises sur les contributions. (Ordonnance du 17 avril 1839, article 54. — Décision ministérielle du 28 mars 1849. — Circulaires de la comptabilité générale des 31 janvier 1828, 12 octobre 1836, 12 décembre 1838 et 5 avril 1849.)

Les contribuables atteints par la taxe pour vérification des poids et mesures peuvent obtenir, en suivant la même marche que pour les contributions directes, la décharge complète de leur cote, s'il est prouvé qu'ils ne devaient pas figurer dans le rôle des rétributions. Ils peuvent obtenir également réduction lorsqu'ils ont été portés pour une taxe plus élevée que celle résultant de l'assortiment des poids et mesures qui sont assignés à leur profession. Ils peuvent obtenir aussi des remises ou modérations s'ils sont reconnus hors d'état de payer.

Les demandes en décharges et réductions que forment les contribuables doivent être présentées, pour chaque commune, dans les trois mois qui suivent la publication des rôles ; quant aux demandes en remises ou modérations, elles doivent être présentées avant l'expiration de l'année durant laquelle ces mêmes rôles ont été émis.

(Ordonnances des 18 décembre 1825 et 17 avril 1839. — Circulaires de l'administration des contributions directes en date des 14 mars et 21 avril 1826, 21 juin et 15 juillet 1833, 10 août 1849.)

Les demandes des percepteurs pour l'admission en non-valeurs des cotes indûment imposées et des cotes irrécouvrables font l'objet d'un seul et même état. Cet état doit être présenté dans les trois premiers mois de l'année qui suit celle de la publication des rôles. (Instruction générale du 20 juin 1859.)

Produits divers dont le recouvrement est confié aux percepteurs.

Droits de permis de chasse.

A Rome, le droit de chasse découlait tout naturellement du droit de propriété.

D'après les lois d'alors, le gibier appartenait à celui qui l'avait tué ; mais le chasseur ne pouvait le poursuivre sur les terres d'autrui qu'avec l'assentiment du propriétaire.

Sous le régime féodal, une nouvelle législation fut introduite : on considéra alors la chasse comme une des plus grandes prérogatives de la noblesse. Le roi seul eut le droit universel de chasse dans tout le royaume ; cependant il fut posé en principe que les seigneurs pouvaient partager avec lui cette prérogative, en vertu de priviléges spéciaux.

On cite, comme une rareté, les quelques bourgeois d'alors qui obtinrent de partager ce privilége avec la noblesse.

Les délits de chasse étaient punis avec la dernière rigueur, et un édit de 1601 condamnait à mort le braconnier récidiviste surpris *flagrante delicto* dans les forêts de la couronne.

La peine de mort fut abolie en 1669 ; mais il subsista néanmoins une foule d'autres abus qui rendaient bien lourd pour le peuple le droit de chasse du roi.

« Les abus auxquels les chasses donnaient lieu étaient por-
« tés à un excès d'autant plus insupportable que ce mal ne se
« trouvait compensé par aucune espèce de bien. (SALLIER.) »

Les ordonnances les plus arbitraires qui réservaient à nos anciens rois et à leurs grands feudataires le privilége exclusif de la chasse, disparurent avec l'ancien régime.

Le 4 août 1789, une loi reconnut à tous les propriétaires (sans exception) le droit de chasse sur leurs terres ; depuis, les lois sur la chasse, confirmant ce droit, n'ont eu pour but que de réprimer les abus qui pouvaient en résulter : c'est ainsi qu'on a fixé le temps de la chasse, de manière à ne pas nuire à l'agriculture et à ne pas empêcher toute reproduction des animaux.

La dernière loi sur la chasse a été rendue le 3 mai 1844 ; les détails en ont été réglés par une ordonnance du 5 mai 1845.

Nul ne peut chasser s'il n'a obtenu un permis de chasse.

Ce permis est délivré, sur l'avis du maire et du sous-préfet, par le préfet du département ; il est personnel et valable pour toute la France durant un an seulement.

La loi détermine le cas où il doit être refusé.

La délivrance du permis de chasse donne lieu au paiement d'un droit de 15 francs au profit de l'État et de 10 francs au profit de la commune.

La demande du permis du chasse doit être faite sur papier timbré (décision ministérielle du 28 août 1849) feuille de cinquante centimes, accompagnée de la quittance de 25 francs délivrée par le percepteur. Le maire transmet la demande au sous-préfet avec son avis.

Cet avis ne doit pas affirmer vaguement qu'il y a lieu ou qu'il n'y a pas lieu d'accorder le permis de chasse, mais exprimer qu'il n'est pas à la connaissance du maire que l'impétrant se trouve dans aucune des catégories pour lesquelles le permis ne pourrait être délivré, ou, au contraire, que l'impétrant se trouve dans telle ou telle position qui fait obstacle à la délivrance du permis de chasse.

Les permis sont adressés aux maires, qui doivent immédiatement les faire remettre aux impétrants.

Les personnes qui veulent obtenir un permis de chasse doivent payer ces droits (15 francs revenant au Trésor et 10 francs au profit de la commune dans laquelle le demandeur du permis a son domicile ou sa résidence, et dont le maire donne l'avis exigé par l'article 5 de la loi du 3 mai 1844) à la caisse du percepteur de leur commune.

Aucune demande n'est admise si elle n'est accompagnée de la quittance du comptable (1). Quand une demande de

----

(1) Aux termes de l'article 5 de la loi du 3 mai 1844, le permis de chasse peut être délivré dans la commune du domicile du demandeur ou dans celle où il a temporairement sa résidence. La perception du droit dans toute autre commune serait illégale et un arrêté du préfet pourrait en ordonner le reversement dans la caisse de la commune qui en aurait été indûment privée. (Mémorial des percepteurs de 1859, page 272, et 1863, page 29.)

Au surplus, le percepteur n'a à s'occuper ni du domicile, ni de la résidence de l'impétrant, encore moins de réclamations élevées par les maires qui revendiquent pour leur commune l'allocation des 10 francs. Son devoir est de recevoir 25 francs de toute personne qui se présente à sa caisse pour obtenir une quittance destinée à former une demande de permis de chasse. (Mémorial 1854, page 27.)

Le percepteur ne peut imputer d'office au paiement de l'impôt ou d'une créance commerciale la somme qui lui est versée par un débiteur pour obtenir un permis de chasse. C'est seulement en cas de refus de permis par le préfet que le comptable est autorisé à exercer la retenue de la somme versée, soit au nom du trésor

permis est rejetée, notification de cette décision est faite au maire et au trésorier-payeur général, afin que l'argent versé (les 25 francs) soit immédiatement rendu, à moins que le demandeur ne soit débiteur envers le Trésor; au

pour la dette de contribution, soit au nom de la commune créancière. (Mémorial 1860, page 326).

Loi du 3 mai 1844 sur la chasse.

Art. 1. Nul ne pourra chasser, sauf les exceptions ci-après, si la chasse n'est pas ouverte, et s'il ne lui a pas été délivré un permis de chasse par l'autorité compétente. Nul n'aura la faculté de chasser sur la propriété d'autrui sans le consentement du propriétaire ou de ses ayants-droit.

2. Le propriétaire ou possesseur peut chasser ou faire chasser en tout temps, sans permis de chasse, dans ses possessions attenantes à une habitation et entourée d'une clôture continue faisant obstacle à toute communication avec les héritages voisins.

3. Les préfets détermineront, par des arrêtés publiés au moins dix jours à l'avance, l'époque de l'ouverture et celle de la clôture de la chasse dans chaque département.

4. Dans chaque département il est interdit de mettre en vente, de vendre, d'acheter, de transporter et de colporter du gibier pendant le temps où la chasse n'y est pas permise. En cas d'infraction à cette disposition, le gibier sera saisi et immédiatement livré à l'établissement de bienfaisance le plus voisin, en vertu soit d'une ordonnance du juge de paix, si la saisie a eu lieu dans un chef-lieu de canton, soit d'une autorisation du maire, si le juge de paix est absent, ou si la saisie a été faite dans une commune autre que celle du chef-lieu. Cette ordonnance ou cette autorisation sera délivrée sur la requête des agents ou gardes qui auront opéré la saisie, et sur la présentation du procès-verbal régulièrement dressé. La recherche du gibier ne pourra être faite à domicile que chez les aubergistes, chez les marchands de comestibles et dans les lieux ouverts au public. Il est interdit de prendre ou de détruire sur le terrain d'autrui des œufs et des couvées de faisans, de perdrix et de cailles.

5. Les permis de chasse seront délivrés, sur l'avis du maire et du sous-préfet, par le préfet du département dans lequel celui qui en fera la demande aura sa résidence ou son domicile. La délivrance des permis de chasse donnera lieu au payement d'un droit de

quel cas la somme versée par lui est retenue, pour être appliquée jusqu'à due concurrence à l'extinction de la dette.

Les percepteurs ne doivent délivrer de duplicata de quittance de permis de chasse que sur une autorisation du préfet ou du sous-préfet contenant l'indication des cir-

quinze francs (15 fr.) au profit de l'État et de dix francs (10 fr.) au profit de la commune dont le maire aura donné l'avis énoncé au paragraphe précédent. Les permis de chasse seront personnels ; ils seront valables pour toute la France et pour un an seulement.

6. Le préfet pourra refuser le permis de chasse : 1º A tout individu majeur qui ne sera point personnellement inscrit, ou dont le père ou la mère ne serait pas inscrit au rôle des contributions ; 2º A tout individu qui, par une condamnation judiciaire, a été privé de l'un ou de plusieurs des droits énumérés dans l'article 42 du Code pénal, autres que le droit de port d'armes ; 3º A tout condamné pour délit d'association illicite, de fabrication, débit, distribution de poudre, armes ou autres munitions de guerre ; de menaces écrites ou de menaces verbales avec ordre ou sous condition ; d'entraves à la circulation des grains ; de dévastations d'arbres ou de récoltes sur pied, de plants venus naturellement ou faits de main d'hommes ; 4º A ceux qui auront été condamnés pour vagabondage, mendicité, vol, escroquerie ou abus de confiance. La faculté de refuser le permis de chasse aux condamnés dont il est question dans les paragraphes 3, 4 et 5 cessera cinq ans après l'expiration de la peine.

7. Le permis de chasse ne sera pas délivré : 1º Aux mineurs qui n'auront pas seize ans accomplis ; 2º Aux mineurs de seize à vingt et un ans, à moins que le permis ne soit demandé pour eux par leurs père, mère, tuteur ou curateur, porté au rôle des contributions ; 3º Aux interdits ; 4º Aux gardes-champêtres ou forestiers des communes ou établissements publics, ainsi qu'aux gardes-forestiers de l'État et aux gardes-pêche.

8. Le permis de chasse ne sera pas accordé : 1º A ceux qui, par suite de condamnations, sont privés du droit de port d'armes ; 2º A ceux qui n'auront pas exécuté les condamnations prononcées contre eux pour l'un des délits prévus par la présente loi ; 3º A tout condamné placé sous la surveillance de la haute police.

9. Dans le temps où la chasse est ouverte, le permis donne à celui qui l'a obtenu le droit de chasser de jour, à tir et à courre, sur ses propres terres, et sur les terres d'autrui avec le consentement de celui à qui le droit de chasse appartient.

constances de la perte de la quittance. (Circulaire de la comptabilité publique du 6 décembre 1865 § 3).

Chaque quittance de permis de chasse doit porter, en caractères très-ostensibles, ces mots : *La présente quittance ne peut tenir lieu de permis.*

(Les trésoriers-payeurs généraux doivent veiller à ce que les percepteurs n'omettent pas cette mention. — Le contrôle de cette mention est facile au trésorier-payeur général, les quittances lui étant versées par le receveur du timbre.)

Les titres faisant connaître la perception des droits de permis de chasse sont établis, chaque mois, de la manière suivante : des bordereaux, à l'appui du versement de la portion des droits qui reviennent au trésor, sont fournis chaque fois par les percepteurs ; ces bordereaux doivent être faits en double expédition.

Le trésorier-payeur général fait prendre, sur un cahier *ad hoc,* la note des versements que les percepteurs font sous ce titre ; ce renseignement est indispensable, comme élément, pour la vérification des bordereaux de situation de ces derniers comptables.

La comptabilité des droits de permis de chasse doit faire ressortir la distinction des exercices : la date des quittances des percepteurs indique ces exercices.

Il en résulte que les versements de ces comptables, comprenant des droits relatifs à chacun des deux exercices en cours d'exécution, doivent forcément donner lieu à des bordereaux distincts.

Ce service ne donne lieu à aucune remise pour les percepteurs sur la portion qui revient au trésor, ce travail n'exigeant de la part de ces comptables ni déplacement, ni poursuite ; quant à la portion attribuée aux communes, elle donne droit aux remises ordinaires pour les per-

cepteurs qui sont en même temps receveurs municipaux.

Ceux qui ne sont pas receveurs municipaux, après
s'être chargé en recette des droits perçus au profit des
communes, en versent, au moins tous les dix jours,
le montant au receveur spécial de la commune, qui leur
en fournit sa quittance à souche. (Instruction générale,
art. 599.)

École normale.

Une loi du 9 brumaire an III (20 octobre 1794) créa, sous
le titre d'Écoles normales, des cours destinés à former de
jeunes maîtres.

Ouverts le 1ᵉʳ pluviose an III (20 janvier 1795), ces cours,
qui n'étaient suivis que par des auditeurs externes, durèrent
seulement quelques mois.

Par décret du 17 mars 1808, Napoléon créa une nouvelle
École normale qui, à la différence des anciennes, ne reçut
que des élèves internes.

Une ordonnance de la Restauration, en date du 6 septembre
1822, supprima cette École, qui avait cependant déjà régé-
néré l'enseignement classique.

On y substitua, en 1826, une école préparatoire qui reprit
en 1830 le nom primitif d'École normale.

Un règlement du 7 décembre 1850 régla définitivement les
conditions d'admission.

(Une loi du 28 juin 1833 avait institué en outre une École
normale primaire dans chaque département; une autre loi
du 5 mars 1850 en a rendu l'érection purement facultative.)

Loi du 10 avril 1852 (*Bulletin des lois*, 10ᵉ série, nº 4056).

Art. 5. L'École normale supérieure prépare aux grades de
licenciés ès-lettres, de licenciés ès-sciences et à la pratique
des meilleurs procédés d'enseignement et de discipline sco-

laire.— Cette École est essentiellement littéraire et scientifique; la philosophie y est enseignée comme une méthode d'examen pour connaître les procédés de l'esprit humain dans les lettres et les sciences. — Les élèves de l'École normale supérieure qui auront subi avec succès tous les examens de sortie seront chargés des cours dans les lycées.

Un décret du 28 mars 1856 créa une École normale destinée à former des maîtres pour l'enseignement secondaire spécial. (*Bulletin des Lois*, 11e série, nos 14-140.)

Les bourses, les pensions et les compléments de pensions, ainsi que les rétributions dues par les élèves externes, sont payables d'avance, et par termes de deux dixièmes, comme il suit :

En janvier, pour les mois de janvier et de février ;

En mars, pour les mois de mars et d'avril ;

En mai, pour les mois de mai et juin ;

En juillet, pour les mois de juillet, août et septembre ;

En octobre, pour les mois d'octobre, novembre et décembre.

La pension est due depuis le premier jour du terme dans lequel l'élève-maître est entré à l'école.

L'engagement de payer comme il est dit ci-dessus est inscrit par chaque élève-maître, ou par sa famille, pour la pension ou portion de pension qui incombe à sa charge. La famille prend, en outre, solidairement avec l'élève, pour le cas où il n'exercerait pas pendant dix ans les fonctions d'instituteur public dans le département qui a supporté les frais de son instruction, l'engagement de rembourser soit le prix de la bourse dont il aura joui, soit les frais d'étude, fixés à soixante francs par an, s'il a été pensionnaire.

Le ministre de l'instruction publique peut dispenser de paiement, quand il le trouve convenable, les familles qui sont hors d'état de payer leurs dettes arriérées pour pension ou complément de pension à leur charge.

Les percepteurs opèrent le recouvrement de ce produit pour le compte du trésorier-payeur général; mais il ne leur est alloué aucune remise.

Les quittances délivrées par les percepteurs aux débiteurs de ces pensions ou portions de pensions doivent être timbrées.

Dans le cas où une école normale existe dans une des communes du ressort de la perception, le recouvrement en est confié au titulaire du chef-lieu de cette perception, et alors les budgets de l'école normale lui allouent une somme de 3 0/0. ‹

Il sera expliqué plus loin, au chapitre de la comptabilité, le mode des écritures à passer par les percepteurs.

Contraintes extérieures.

On appelle contraintes, en matière d'impôts, le mandement décerné contre un contribuable pour le mettre en demeure de payer sa redevance des deniers publics.

Ce mandement, en cas de défaut de paiement de sa part, donne lieu à ouvrir des poursuites contre lui.

(Une loi de 1867 a supprimé la contrainte en matières commerciales et civiles).

Quand des contribuables domiciliés hors de l'arrondissement de la perception dont ils dépendent sont redevables de contributions, sans qu'ils puissent être représentés par un régisseur, fermier ou locataire, le percepteur doit aussitôt procéder contre eux par voie de commandement. Il est bien entendu que ces poursuites ne peuvent être exercées que pour les termes échus en ce qui concerne la contribution foncière et celle des portes et fenêtres, et pour la totalité en ce qui concerne les contributions personnelles, mobilières et des patentes.

A cet effet, les percepteurs préparent les contraintes nécessaires et les remettent au trésorier-payeur général en y joignant les extraits de rôles pour chacun des contribuables.

Ces contraintes ne sont faites qu'en simple expédition ; quant aux extraits des rôles qui y sont joints, le percepteur en établit deux expéditions par chaque contribuable : l'une de ces expéditions est à destination du redevable. Pour les contraintes destinées aux redevables qui habitent soit dans les grandes villes divisées en plusieurs arrondissements de perception, soit dans le département de la Seine, il doit être établi autant d'états qu'il y a de contribuables à poursuivre.

Ces contraintes et extraits de rôles sont expédiés par les soins du trésorier-payeur général à son collègue du département dans lequel ont été s'installer les redevables ; celui-ci, après en avoir également pris note sur un carnet *ad hoc*, les adresse au receveur particulier, qui les fait parvenir au percepteur de la localité où ces contribuables ont élu domicile.

Les percepteurs à qui incombent ces poursuites, dans le cas ci-dessus indiqué, sont tenus de les faire précéder d'une sommation sans frais. Ils ne sont dispensés de cette formalité que dans le cas où elle aurait été remplie par son collègue pour le compte duquel il est chargé d'opérer le recouvrement.

Il arrive aussi très-fréquemment que des percepteurs

sont chargés de recouvrements de contributions pour le compte de leur collègue de leur arrondissement : ces recouvrements se font alors dans les formes désignées ci-dessus, par l'entremise du receveur particulier ou du trésorier-payeur général ; ce cas échéant, les percepteurs ne doivent pas commencer leurs poursuites par commandement.

Des imprimés spéciaux sont affectés à la rédaction de ces dernières contraintes.

Les contraintes dont le recouvrement est à opérer en Algérie sont adressées par les trésoriers-payeurs généraux aux chefs de service des contributions diverses, qui chargent les receveurs placés sous leurs ordres de l'exécution des dites contraintes. Le recouvrement fait, les fonds sont, contre récépissé, versés entre les mains du trésorier-payeur général.

Quant à ce qui concerne le recouvrement des contraintes émises en Algérie contre des contribuables résidant en France, ces recouvrements donnent lieu à délivrer des récépissés au nom des trésoriers-payeurs généraux ; ces récépissés sont ensuite adressés, avec les contraintes, aux chefs de service qui les ont transmis d'abord. (Chaque chef-lieu des provinces de l'Algérie (Alger, Oran et Constantine) possède un chef de service des diverses contributions.

Lorsqu'ils ont opéré ces recouvrements, les percepteurs les portent en recette à titre de produits divers : une quittance, détachée de leur livre à souche, est délivrée à la partie versante ; le montant de ces recettes est ensuite versé par eux entre les mains du trésorier général (sous la déduction de la remise de 1 fr. 50 0/0, qu'ils sont autorisés à retenir : instruction générale du 20 juin 1859, art. 1137), qui leur en fournit un récépissé à talon. Les percepteurs lui remettent en échange les contraintes et les extraits de rôles émargés.

Ainsi qu'il vient d'être dit plus haut, une remise de 1 fr. 50 p. 0/0 sur les sommes recouvrées sous ce titre est allouée au percepteur. Ces fonctionnaires sont autorisés à prélever cette allocation sur le produit des recettes qu'ils effectuent pour le compte de leurs collègues, et ils en donnent quittance au trésorier-payeur général (au moyen d'imprimés spéciaux) en versant le surplus de leurs recettes.

La retenue dont il s'agit est un prélèvement qui doit s'opérer d'office et par mesure générale d'ordre de comptabilité; il n'appartiendrait, en aucun cas, aux percepteurs d'y renoncer. (*Mémorial*, 1861, page 264.)

Le trésorier-payeur général, après s'être chargé en recette des versements effectués par les comptables, donne avis de ces recouvrements tant aux receveurs particuliers qu'aux percepteurs de l'arrondissement du chef-lieu qui ont décerné les contraintes en leur renvoyant les contraintes et les extraits de rôles.

Pour les recettes concernant les contribuables imposés dans leur arrondissement, les trésoriers-payeurs généraux avisent les percepteurs des paiements qu'ils ont à leur faire; ils leur prescrivent l'émargement aux rôles de ces sommes, la délivrance de quittances à souche; ils leur prescrivent, en outre, de comprendre ces quittances dans le premier versement qu'ils auront à effectuer (1).

---

(1) *Modèle de quittance à délivrer par le percepteur pour le compte duquel la contrainte a été décernée :*

Reçu de M. le trésorier-payeur général (ou M. le receveur particulier) la somme de....... contributions Moreau, recouvrée pour mon compte par voie de contrainte extérieure, etc., (s'il n'a été fait aucune retenue). Avec retenue : reçu, etc., la somme de douze francs

Quant à ce qui regarde les recettes concernant d'autres départements, le trésorier-payeur général en attribue le montant en dépenses au compte collectif des différents comptables ; il leur en fait donner crédit aux trésoreries générales que les contraintes concernent : lesqu lles leur en délivrent récépissés.

Dans le cas où les sommes énoncées dans les contraintes ne pourraient être recouvrées, ces pièces et les extraits de rôles qui y seraient annexés retournent aux comptables par qui elles avaient été primitivement transmises, et il est pris note de ce renvoi sur le carnet dont il a été fait mention.

Justification du non-recouvrement doit être établie par des procès-verbaux de carence ou par des certificats soit d'indigence, soit d'absence que les maires doivent délivrer dans ce cas.

Si les recouvrements du montant des contraintes exigent des poursuites, les frais en sont payés et recouvrés selon les règles établies pour les contributions directes.

Cependant, si ces frais sont devenus irrécouvrables, les pièces, en constatant le paiement, ou des extraits de ces pièces dûment certifiés, et celles qui justifient leur irrécouvrabilité, sont adressées par l'intermédiaire du trésorier-

plus celle de soixante centimes en déclaration de retenue ; contributions Moreau, recouvrées par voie de contrainte extérieure.   12   60

      A déduire retenue. . . . . -. . . »   60

      Somme reçue. 12   »

Modèle de quittance à délivrer aux contribuables débiteurs de contraintes par les percepteurs chargés du recouvrement.

Reçu de M. D. H. la somme de dix... (dans les colonnes contributions directes recouvrées pour le compte de mon collègue de Tours, département d'Indre-et-Loire), et porter la somme dans les colonnes intitulées *produits divers et autres services.*

payeur général au receveur particulier de l'arrondissement où le contribuable est imposé. Alors, le receveur particulier doit en couvrir le trésorier-payeur général, qui en fait le déboursé. Dépense en est faite à titre de paiement de frais de poursuites, et ce comptable suit, pour son compte, l'admission de ces frais en non-valeurs, en même temps que ceux de la cote du contribuable.

DEUXIÈME PARTIE.

—

CONTRIBUTIONS DIRECTES.

———

Établissement des Rôles.

Le contrôleur des contributions directes, expédie aussitôt le travail des mutations terminé, toutes les pièces voulues pour rectifier la matrice générale des contributions foncières, personnelle, mobilière et des portes et fenêtres.

Relativement à la contribution des patentes, les intéressés, dix jours durant, peuvent prendre connaissance de la matrice tenue à la mairie à leur disposition, afin qu'ils aient la possibilité de constater l'assiette de leurs cotes et de remettre leurs observations (s'il y a lieu) au maire qui les fait parvenir au sous-préfet, lequel, après y avoir joint ses observations, les transmet à la Direction.

Quand le directeur des contributions directes est alors muni de tous ces divers documents, il procède pour les contributions foncières, personnelle, mobilière et des portes et fenêtres à la rectification de la matrice générale : d'après les bases de la répartition faite entre les communes, il y porte la cotisation individuelle des contribuables, en principal et centimes additionnels.

Lorsque le directeur des contributions directes a complété la matrice générale de ces trois contributions ainsi que celle des patentes, il s'occupe ensuite de la rédaction des rôles en vertu desquels doit s'opérer le recouvrement sur les contribuables.

Un rôle est établi pour les contributions foncières, personnelle, mobilière et des portes et fenêtres : celui des patentes est établi complétement à part.

Le recensement a lieu à la fois dans les villes et pour la contribution personnelle-mobilière et pour celle des patentes : le rôle comprend alors en même temps ces deux contributions.

Quant à la contribution foncière et celle des portes et fenêtres, un rôle spécial est formé à part pour ces deux catégories d'impôts.

Des rôles supplémentaires et des rôles spéciaux sont établis dans différents cas que prévoient les règlements; ainsi, il est établi chaque trimestre, des rôles supplémentaires de patente, où sont inscrits les contribuables qui entreprennent après le mois de janvier où dans le courant de l'année, une profession sujette à patente ou une profession d'une classe supérieure à celle qu'ils exerçaient, ou qui transportent leurs établissements dans une commune d'une population plus importante ou bien dans des locaux d'une valeur locative plus élevée que celle pour laquelle ils ont été primitivement imposés. (Voyez les lois du 4 juin 1858, art 13 et du 31 juillet 1858, art. 111 et 112).

Il en est de même pour les patentables, qui, bien qu'exerçant une profession, un négoce, un commerce, ou une industrie quelconque avant le 1er janvier, n'ont pas été compris dans les rôles primitifs, ou ceux qui sont passibles d'une augmentation de droits pour des faits antérieurs à cette même date : ces droits ne sont alors dus que depuis le 1er janvier de l'année pour laquelle a été émis le rôle primitif.

Remise des rôles aux Percepteurs.

(Consulter à cet effet les circulaires administratives des contributions directes des 6 août 1824, 10 juillet 1826, 25 et 29 novembre 1828 et 31 août 1844, et les circulaires de la comptabilité générale, en date des 18 décembre 1828, 21 octobre 1847 et 28 février 1852).

Aussitôt que les rôles sont confectionnés, ils sont immédiatement présentés à la signature des préfets, par les directeurs des contributions directes.

Cette formalité a pour but de les rendre exécutoires.

Ils sont ensuite adressés aux trésoriers-payeurs généraux des départements et receveurs particuliers de chaque arrondissement par les soins des directeurs des contributions directes, et ils parviennent immédiatement aux percepteurs par les soins desdits fonctionnaires; les percepteurs les présentent, sans retard, aux maires de leurs communes afin que la publication en soit faite, conformément à la loi du 4 messidor an VII. Les maires certifient au bas des rôles que la publication en a été faite tel jour.

Quand tous les rôles de sa perception lui ont été rendus par les maires, le percepteur établit alors un état indiquant pour chaque commune la date de la publication. Cet état est adressé aux receveurs des finances de l'arrondissement qui le transmettent à la direction des contributions directes.

Les directeurs des contributions directes adressent aux receveurs des finances, conjointement avec les rôles un détail indiquant pour chaque perception et pour chaque commune le nombre et la date des rôles envoyés. Cet état comporte une colonne spéciale ou les percepteurs doivent porter la date de leur réception.

Vérification des rôles.

(Note à observer scrupuleusement.)

Dans aucun cas les percepteurs ne doivent rectifier d'office les erreurs matérielles (1) quelles qu'elles soient, qu'ils pourraient relever dans les rôles. Ils doivent, le cas échéant, établir une demande de rectification qu'ils adressent aux directeurs des contributions directes, lesquels la soumettent à l'approbation préfectorale. Cette demande est faite, sous forme d'état, elle est ensuite, s'il y a lieu, retournée aux percepteurs conjointement avec de nouveaux avertissements.

Les percepteurs, sitôt la réception des rôles, doivent immédiatement procéder à leur examen, afin de pouvoir signaler, sans retard, les erreurs qu'ils pourraient y découvrir. (Circulaires ministérielles des 31 décembre 1829 et 27 septembre 1854; décisions ministérielles des 6 février 1830 et 7 juin 1832.)

Dans les quatre mois qui suivent la réception des rôles, les percepteurs sont tenus de vérifier soigneusement les additions de chaque article et de chaque page des rôles, ainsi que la récapitulation générale.

Les rôles, les avertissements préparés au nom des contribuables, ainsi que les formules des patentes établies par les soins de la direction des contributions directes, sont envoyés aux receveurs des finances, qui transmettent le tout aux percepteurs.

Aussitôt que ces divers documents sont parvenus aux

(1) On appelle erreurs matérielles dans les rôles : les omissions, les substitutions, les transpositions dans l'indication des noms, professions ou domiciles, les transpositions dans les cotisations.

receveurs des finances, ceux-ci en accusent immédiatement réception.

Envoi des Avertissements aux Contribuables.

Des Avertissements.

Avertissement veut dire avis donné à une personne concernant une chose qui l'intéresse. Dans le cas présent, 'avertissement est une invitation à-payer que les percepteurs font parvenir aux contribuables, et leur faisant connaître la somme à laquelle ils sont imposés et les éléments sur lesquels l'impôt a. été réparti sur eux ou sur les objets passibles de la contribution.

Les avertissements établis par les soins de la direction des contributions directes doivent porter cette annotation du percepteur :

1° La date de la publication des rôles ;

2° Le lieu, le jour et l'heure où le bureau de perception est ouvert aux contribuables. (Circulaire ministérielle du 5 mai 1862.)

Ce travail terminé, les avertissements sont immédiatement distribués aux contribuables sous la responsabilité du percepteur.

Quand les avertissements ne peuvent être remis aux ayants-droit, soit par suite de décès, soit par suite de changement de domicile, l'agent chargé de cette distribution les rend au percepteur, avec les renseignements qu'il a pu recueillir.

Le percepteur doit alors :

1° Ou exiger immédiatement des héritiers le paiement des cotes que devait le décédé ;

2° Où faire parvenir ces avertissements aux nouveaux domiciles des redevables : domiciles qu'il doit s'efforcer de connaître par tous les moyens qui sont en son pouvoir ;

3° Ou comprendre ces articles d'impositions dans les états de cotes indûment imposées, dans le cas où les contribuables seraient inconnus ou dont le nouveau domicile (par suite du déménagement antérieur au 1er janvier) ne serait pas connu du percepteur.

En vertu de la circulaire de l'administration des contributions directes, en date du 24 janvier 1857, les avertissements des contributions foncières établies sur les canaux ou rivières canalisées, sont remis aux receveurs principaux des contributions indirectes, et de là ils passent des mains des directeurs à l'administration proprement dite.

En vertu de la circulaire de la même administration, en date du 31 juillet 1844, les articles des rôles et les avertissements concernant les contributions dues par l'État, doivent toujours mentionner l'administration chargée d'effectuer le paiement.

En vertu du bulletin mensuel des postes des mois d'avril, juillet et août 1856, de février 1858, ainsi que la circulaire de la comptabilité générale des finances des 8 mars et 18 décembre 1856, les percepteurs jouissent du droit d'expédier les avertissements par la poste, en les affranchissant comme imprimés (au taux de un centime par chaque avertissement pour toute la France, l'Algérie et les colonies).

Le percepteur ne peut et ne doit rien demander aux contribuables pour les avertissements qu'il leur a adressés : les frais de ces avertissements étant compris dans les rôles et payables comme les contributions.

Toutes les considérations relatives à ce sujet sont développées dans le *Mémorial des Percepteurs,* année 1827, page 399, et 1829, page 226.

Une circulaire aux préfets, en date du 11 mars 1820, fait connaître que le directeur des contributions directes n'a pas à établir d'avertissement pour les articles de rôles spéciaux inférieurs à un franc.

Un avis sommaire de ces articles est adressé gratuitement par le percepteur aux contribuables ; cet avis sommaire tient lieu de sommation sans frais.

Recouvrement.

Pour ceux de nos lecteurs qui veulent approfondir la question du recouvrement ils devront consulter les lois ci-dessous :

1° Loi du 3 frimaire an VII, relative au recouvrement de la contribution foncière. (Voir à ce sujet le *Bulletin des Lois*, 2ᵉ série, n° 2,197.)

2° La loi du 16 thermidor an VIII, contenant règlement sur le recouvrement des contributions directes et l'exercice des contraintes. (Voir à ce sujet le *Bulletin des Lois*, 3ᵉ série, n° 244.)

3° La loi du 25 avril 1844, art. 24. (Voir à ce sujet le *Bulletin des Lois*, 9ᵉ série, n° 11,262.)

4° La loi du 4 juin 1858. (Voir à ce sujet le *Bulletin des Lois*, 11ᵉ série, n° 5,664.)

Les contributions directes sont payables par *douzièmes;* chaque douzième (1) est exigible le premier de chaque

(1) Néanmoins pour la contribution des patentes et pour la contribution mobilière lorsqu'elle est comprise dans le même rôle que celles des patentes, les douzièmes échus, si le rôle est émis postérieurement au 1ᵉʳ mars, ne sont pas immédiatement exigibles, le recouvrement en est fait par portions égales en même temps que celui des douzièmes non échus, c'est-à-dire que la cote se divise en autant de termes qu'il reste de mois à courir. (Art. 24 de la loi du 24 avril 1844 et décision ministérielle du 4 août 1855.)

mois pour le mois précédent (1). Les contribuables peuvent renoncer au bénéfice de la division par douzièmes et payer soit en une fois la totalité des contributions de l'année (dans le courant du mois de juin), soit en deux fois, la moitié chaque fois du montant des contributions de l'année (en mars et en septembre), soit encore par plusieurs douzièmes.

Cette règle, du reste, a été établie en vertu d'une décision ministérielle en date du 4 août 1855. Le paiement s'effectue au bureau du percepteur et à sa personne, ou à celui qui a été autorisé à le remplacer : les paiements ont toujours lieu à son bureau.

Les contributions sont aussi quérables dans les communes ; mais elles doivent être payées au lieu, pour ses recettes, où est établi le bureau de ce fonctionnaire. (*Mémorial des Percepteurs*, années 1830, page 275, et 1835, page 73.)

Elles sont payables en argent (lois du 6 fructidor, an IV, art. 32, 18 prairial, an V, art. 2, et 3 frimaire, an VII, art. 1er.)

Pour ces paiements, la monnaie de bronze, si ce n'est

(1) La cote d'impôt est établie pour l'année : elle est due en entier dès le 1er janvier ; la division par douzièmes constitue seulement des termes accordés au contribuable dans son intérêt ; mais de ce que le trésor consent à n'être payé que par portions exigibles le 1er de chaque mois pour le mois précédent, il ne faut pas en conclure qu'il puisse être contraint à morceler encore le paiement de ce qui lui est dû, en autant de subdivisions qu'il plairait au débiteur. (*Commentaire sur le règlement des poursuites*, page 77.)

Les contribuables qui ont formé une demande en décharge ou en réduction de cotes ne peuvent, sous prétexte de réclamation, différer le paiement des termes qui viennent à échoir pendant les trois mois qui suivent la remise de leur demande et dans lesquels elle doit être jugée définitivement. (Loi du 21 avril 1832, art. 28.)

de gré à gré, ne peut être employée pour l'appoint de la pièce de cinq francs (décret du 18 août 1810).

Le contribuable est tenu de faire l'appoint, et, par conséquent, de se procurer le numéraire nécessaire pour solder exactement la somme dont il est redevable. (Loi du 22 avril 1790, art. 7.)

La comptabilité générale des finances, par une circulaire en date du 25 octobre 1834, a établi les règles de ce service. A moins d'une dispense régulière, le percepteur est tenu de se rendre, une fois par mois, dans chacune de ses communes.

Les jours où ces fonctionnaires se rendent dans chacune des communes de leur arrondissement de perception pour faire leurs recettes sont déterminés, à l'avance, par le préfet, sur l'avis du receveur particulier de l'arrondissement.

Cet itinéraire de tournées, ainsi fixé par l'autorité, doit être constamment affiché dans le bureau de la résidence fixe du percepteur.

Sont tenus d'acquitter immédiatement le montant intégral de leurs cotes, au moment où la patente leur a été délivrée;

1° Les marchands forains;

2° Les marchands colporteurs;

3° Les directeurs de troupes ambulantes;

4° Les entrepreneurs de jeux et amusements publics n'ayant pas de domicile fixe;

5° Tous les autres patentables ou contribuables, de quelque nature que ce soit, ne possédant pas de domicile fixe.

En vertu de l'art. 26 de la loi du 13 floréal, an X, du règlement du 26 août 1824, de la circulaire ministérielle du 31 mars 1831, de la loi du 21 avril 1832 et de celle du

25 avril 1844, art. 23 et 25, en cas de déménagement hors du ressort de la perception, comme en cas de vente volontaire ou forcée, les contributions personnelles-mobilière et des patentes sont exigibles pour la totalité de l'année courante; la même disposition s'applique à la contribution personnelle-mobilière en cas de décès; mais la contribution des patentes n'est due que pour le mois entier pendant lequel le décès a eu lieu, et pour les douzièmes non soldés antérieurement; la même disposition s'applique pour le cas de fermeture des magasins, boutiques et ateliers, par suite de faillite déclarée. Décharge du surplus de la taxe est accordée sur la réclamation des parties intéressées.

En vertu de la loi du 3 frimaire, an VII, art. 36 (voir le *Bulletin des lois*, 2ᵉ série, nº 2,197), les héritiers ou légataires peuvent être poursuivis solidairement, et chacun pour tous, à raison des contributions de ceux dont ils ont hérité, ou auxquels ils ont succédé, tant que la mutation n'a pas été opérée sur le rôle, à moins qu'ils n'aient fait un acte de renonciation en forme et qu'ils n'en justifient.

Nul fonctionnaire n'est en droit de surseoir au recouvrement des contributions directes.

Nul d'eux, non plus, ne peut également surseoir aux poursuites régulières et légales ayant pour but d'opérer ce recouvrement.

Cependant, quand il est avéré et constaté qu'un contribuable a éprouvé des pertes sérieuses, occasionnées par de désastreux événements, et qu'il est, par la suite de ces circonstances, dans l'impossibilité absolue de payer, le préfet en donne alors avis au trésorier-payeur général, afin que ce dernier empêche des poursuites ne devant aboutir, par le fait, qu'à être couvertes par le fonds de non-valeurs.

Des avis d'ordonnances de décharges à intervenir en faveur des contribuables imposés indûment et qui ont été dégrevés sont adressés aussi, dans le même but, au trésorier-payeur général.

Aux percepteurs seuls (1) appartient le droit d'effectuer et de poursuivre le recouvrement des contributions di-

(1) L'administration des finances autorise, néanmoins, les percepteurs à se faire suppléer par des fondés de pouvoirs que doit agréer le trésorier-payeur général.

Une procuration doit être délivrée à ce fondé de pouvoirs, procuration qu'il doit toujours être en mesure de justifier et qui peut être établie par sous-seing privé ; elle doit être sur papier timbré, enregistrée, légalisée par le maire et visée par le préfet.

Le percepteur n'en demeure pas moins responsable des faits de son suppléant ou fondé de pouvoirs, lequel, de son côté, est astreint et soumis à toutes les dispositions des lois et règlements qui concernent les comptables des deniers publics. (Arrêt du Conseil d'État du 17 janvier 1814.)

Par suite de désordre ou de retard du percepteur, soit dans sa comptabilité, soit dans ses recouvrements, le trésorier-payeur général a le droit de placer près de lui ou de mettre en son lieu et place un gérant intérimaire. Les instructions ministérielles du 9 février 1824 renferment à ce sujet les dispositions voulues.

L'agent spécial (agent qui ne remplace pas le percepteur) n'est qu'un simple délégué du trésorier-payeur général : il a tout simplement pour mission de diriger le percepteur dans la régularisation de ses écritures et dans l'emploi des moyens propres à accélérer l'apurement et la rentrée de l'arriéré. Cet agent n'a pas besoin d'être accrédité par l'autorité locale, car sa présence n'interrompt en rien les relations du percepteur titulaire ni avec les maires, ni avec les contribuables.

Le gérant intérimaire ou provisoire (agent qui exerce en son propre nom) remplit, au contraire, les fonctions soit d'un percepteur suspendu pour déficit ou graves désordres dans sa gestion, soit d'un percepteur décédé, révoqué ou démissionnaire; cet agent reçoit les versements, délivre les quittances et tient les écritures.

Un agent intérimaire ne peut être investi de ces fonctions que par un arrêté du préfet rendu sur la proposition du trésorier-payeur général : il succède alors à toutes les attributions du titulaire et à toutes ses relations, soit avec les maires, soit avec les contribuables.

rectes, soit que ces contributions appartiennent aux communes, aux départements, soit à l'Etat et des taxes dont le recouvrement est assimilé à ces contributions directes, telles que la taxe des biens de main-morte, la rétribution pour la vérification des poids et mesures, le produit des mines, etc.

Par arrêté du 16 thermidor an VIII, il est interdit aux percepteurs d'exiger une somme quelconque d'un contribuable, s'il n'est porteur du rôle des contributions qui a été rendu exécutoire par le préfet, et publié par le maire de la commune.

De la délivrance des quittances et de l'émargement au rôle.

Consulter pour cette étude :

1° La loi du 3 frimaire an VII, relative à la répartition, à l'assiette et au recouvrement de la contribution foncière (Voir le *Bulletin des Lois*, 2e série, n° 2,197.);

2° L'instruction du 8 avril 1820;

3° L'ordonnace du 31 mai 1830, art. 263.

Au moment même de chaque paiement les percepteurs doivent délivrer une quittance non timbrée et opérer l'émargement au rôle, en présence du contribuable qui verse.

Toute contravention à ce règlement administratif peut être punie, correctionnellement, en cas de poursuites des intéressés, d'une amende qui varie de 10 à 25 francs.

Les ordonnances du 8 décembre 1832 et du 31 mai 1838, ainsi que la circulaire du 20 mai 1833, prescrivent que les quittances doivent être extraites d'un journal à souche qui doit être tenu par année et conforme au modèle administratif. (Chaque volume contient 700 quittances qui sont numérotées par la voie de l'impression.)

À la fin de chaque année, les quittances qui resteraient encore du dernier volume, sont annulées par le receveur particulier ou par le trésorier-payeur général.

Chacun de ses journaux à souche est remis au percepteur successivement ; cependant, comme le service ne doit pas être interrompu, il est du devoir de ce dernier de s'en faire délivrer un autre avant le complet épuisement du précédent : note est prise de la délivrance de chacun des journaux à souche sur un livret *ad hoc* qui est établi soit à la recette particulière, soit à la trésorerie générale.

Aussitôt qu'un journal à souche est terminé, il est déposé par le percepteur, lors de son premier versement (quand il n'habite pas le chef-lieu de la recette particulière ni celui de la trésorerie générale : dans ce cas, il doit être déposé dès qu'il est complétement épuisé) : après vérification, il est ensuite rendu au comptable qui le conserve trois ans dans ses archives ; ce délai expiré, il est remis à la trésorerie générale qui le fait déposer à la préfecture.

Il n'y a qu'une seule série de numéros pour toute l'année : cette série commence au 1ᵉʳ janvier.

Le journal à souche ne peut être imprimé qu'à l'imprimerie impériale.

Réclamations des Contribuables.

Une série de modèles de réclamations de toute nature est placée à la fin de cet ouvrage.

Le contribuable mal imposé a le droit de former une demande en décharge ou en réduction de sa contribution.

Le contribuable a droit à décharge de sa contribution quand sa cote est portée indûment au rôle.

Il a droit à réduction quand il y a surtaxe dans la cotisation.

Il a droit à remise quand, bien que sa cote ait été justement établie dans le principe, il vient à perdre la totalité des revenus qui faisait l'objet de son imposition.

Il a droit à modération quand la perte qu'il vient de faire ne touche qu'une partie de ses revenus.

Quand, par suite de grands malheurs ou d'événements désastreux survenus dans le courant de l'année, un contribuable se trouve dans l'impossibilité absolue de payer ses impôts, il est en droit de demander remise ou modération.

Le contribuable dont la maison a été démolie est en droit de demander décharge.

Le patenté qui a cédé son établissement dans le courant de l'année, est en droit de demander le transfert de sa cote dans le nom de son successeur.

Les héritiers des patentés dont les établissements ont été fermés par suite de décès ou de faillite déclarée, sont en droit de demander décharge pour les dixièmes qui restent à courir.

Les contribuables qui se croient fondés à réclamer (1)

(1) Nul ne peut réclamer pour autrui à moins qu'il ne justifie d'un pouvoir régulier; ainsi, il faut un pouvoir spécial :

1º Pour qu'un père puisse réclamer au nom de ses enfants majeurs;

2º Pour qu'un fils puisse réclamer au nom des auteurs de ses jours;

3º Pour que des locataires ou des fermiers puissent réclamer au nom du propriétaire;

4º Pour qu'un propriétaire puisse réclamer au nom de ses locataires ou fermiers;

5º Pour qu'un huissier, un avoué ou un notaire puissent réclamer au nom d'un client;

6º Pour qu'un maire puisse réclamer aux lieu et place d'un de ses administrés.

La procuration par simple lettre constitue un mandat régulier; mais un mandat verbal est insuffisant.

Néanmoins, tout héritier a qualité pour réclamer contre la cote assignée au contribuable décédé.

Toute réclamation doit être présentée dans les trois mois qui ne sont pas moins tenus de payer les termes échus et ceux qui viendraient à échoir durant les trois mois qui suivent leur réclamation (terme de rigueur durant lequel elle doit être jugée définitivement) (loi du 21 avril 1832, art. 28).

suivent la publication des rôles. Ce délai est de rigueur; toutefois, les demandes de remises ou modérations, de quelque nature qu'elles soient (réclamations causées par de malheureux événements), doivent être présentées dans le délai de quinze jours qui suivent les événements; il en est de même pour les demandes en dégrèvement d'impôts pour démolition survenue dans le courant de l'année. Cette règle s'applique également aux demandes en remises ou modérations pour vacances de maisons ou chômages d'usine.

Un délai de trois mois est accordé par la loi pour les réclamations suivantes :

1° Les demandes en transfert de patente.

2° Les demandes en réduction de patente par suite de décès ou de faillite;

3° Les demandes en dégrèvement pour cause de destruction totale ou partielle de maison ou usine.

Les réclamations qui ont pour objet une cote de trente francs et au-delà doivent être rédigées sur une feuille de papier timbré de cinquante centimes.

Le timbre n'est pas exigible pour toute cote inférieure à cette somme de trente francs.

Toute demande en décharge ou réduction doit être accompagnée de la quittance des termes échus.

Il doit être formé autant de réclamations qu'il y a de nature d'impôts.

Le droit de réclamation appartient à tout contribuable qui se croit imposé d'une façon irrégulière.

Une réclamation ne peut être collective que dans le cas où un sinistre aurait dévasté tout ou partie d'une commune : dans ce cas, le maire établit une réclamation collective au nom des contribuables.

Les réclamations sont toutes adressées au sous-préfet ou préfet.

Les demandes de transfert de patentes doivent être formées par le cédant et non par le cessionnaire.

Outre la quittance des termes échus, les réclamations en décharge ou réduction doivent être accompagnées de l'avertissement ou d'un extrait de rôle, et, quand il s'agit d'une réclamation foncière, d'un extrait de la matrice cadastrale certifié par le maire.

Lorsque les décisions du conseil de préfecture ont été notifiées

A l'autorité administrative (1) seule appartient le droit
de juger les réclamations que les contribuables pourraient

aux réclamants et que leurs demandes en décharge ou réduction
ont été rejetées en tout ou partie, ces derniers ont le droit de se
pourvoir devant le conseil d'État. La requête doit être formée sur
timbre, et on peut se contenter d'y joindre la lettre d'avis adressée
par l'administration préfectorale. Cette requête doit être déposée
dans les trois mois qui suivent notification de l'arrêté, non à la
sous-préfecture mais à la préfecture, qui la transmet sans frais au
président du conseil d'État.

(1) Quand il est parlé de l'autorité administrative pour le jugement des contestations relatives au recouvrement de l'impôt, il faut
entendre exclusivement le conseil de préfecture. — Un des prin-
cipes les mieux établis par la jurisprudence du conseil d'État, c'est
que les ministres, non plus que les préfets ni les sous-préfets, ne
sont jamais compétents pour connaître les difficultés contentieuses
relatives au recouvrement des contributions directes. C'est aux
conseils de préfecture seuls que la loi du 28 pluviôse an VIII a
entendu conférer cette attribution. De nombreuses décisions du
conseil d'État ont été rendues sous l'influence de ce principe, for_
mellement proclamées, au surplus, par les arrêts des 19 juin 1813,
16 juillet 1817, 4 novembre 1824, 15 mars 1826 et 19 juillet 1837.

C'est par le même motif qu'un arrêt du 15 juin 1825 déclare, en
outre, que les instructions émanées d'un ministre ne sont que
l'expression d'une opinion, des ordres d'exécution donnés aux
agents inférieurs, et que les conseils de préfecture ne sauraient y
voir des décisions contentieuses devant lesquelles ils devraient
s'abstenir de juger (Extrait du commentaire sur le règlement des
poursuites).

La loi du 28 pluviôse an VIII, qui a institué les conseils de
préfecture, non plus qu'aucun autre règlement subséquent n'a
déterminé d'une manière précise le mode de procéder devant eux;
mais la jurisprudence y a suppléé. L'instruction des affaires s'y fait
par écrit et sur simples mémoires, sans ministère d'avocats ni
d'avoués. Ils ne peuvent, en matière contentieuse, s'abstenir pour
cause de récusation de la part d'aucune partie. (Arrêt du 15 brumaire an X.). Leurs arrêts sont, quant à leurs formes et à leurs
effets, entièrement assimilés aux jugements des tribunaux. Leur
juridiction est circonscrite par les limites du territoire départemental. Les conseillers de préfecture n'étant que des juges d'exception, ne peuvent connaître que des questions qui leur sont spécialement déférées par les lois. Leurs arrêtés étant susceptibles d'appel

former à l'égard des cotes se rattachant à leurs noms dans les rôles.

En cas de rejet de ces réclamations, avis doit en être donné aux percepteurs, par la voie hiérarchique, afin qu'ils aient la possibilité d'exercer les poursuites voulues.

Les demandes en remises, modérations et non-valeurs, sont jugées par les préfets ; les demandes en décharges et réductions sont jugées par les conseils de préfecture (Loi du 28 pluviose an VII. — Circulaire ministérielle du 17 mai 1836).

devant le conseil d'État ; ils ont le caractère de juges de première instance. Ils ne peuvent statuer sur la demande d'une des parties que l'autre n'ait été entendue ou mise en demeure de fournir ses moyens. (Arrêt du 25 brumaire an XIII). Ils ne peuvent juger au-delà de la demande. (Arrêt du 25 brumaire an XII). Quels que soient les motifs de la décision exprimés dans les arrêtés, on ne doit s'arrêter qu'à leur dispositif. (Arrêt du 12 janvier 1825). Lorsqu'ils sont régulièrement saisis d'une affaire qui est de leur compétence, ils doivent prendre un arrêté portant décision et ne pas se borner à exprimer un simple avis. (Arrêt du 11 août 1824). Les arrêtés des conseils de préfecture sont exécutoires par eux-mêmes et n'ont besoin, pour être exécutés, ni de l'intervention des préfets, ni du mandement des tribunaux (Arrêtés du 16 thermidor an XII). (Extrait de l'ouvrage de M. de Cormenin).

Ainsi, les conseils de préfecture statueront, en général, dans les circonstances suivantes :

1º Sur toutes les contestations qui tiennent à l'établissement même de l'obligation du redevable (si le contribuable a été régulièrement imposé et dans une juste proportion);

2º Si le redevable qui réclame est encore dans les délais accordés pour l'admission des réclamations ;

3º Si le redevable doit réellement la somme réclamée et pour laquelle il est porté au rôle ;

4º Si le redevable qui n'a pas fait opérer la mutation après la vente de la propriété et qui est resté inscrit au rôle, peut être poursuivi, en exécution de l'article 36 de la loi du 3 frimaire an VII. (Extrait du *Commentaire sur le règlement des poursuites*).

Instruction des réclamations.

On appelle contrôleur des contributions directes le fonctionnaire dont la mission consiste à concourir à tous les travaux préparatoires du recouvrement des contributions foncières, personnelles et mobilières, des portes et fenêtres et des patentes. — Dans toutes les branches de l'administration financière, il y a des contrôleurs ayant pour mission de vérifier les récépissés, valeurs et titres qui engagent le Trésor, de viser les quittances délivrées par les receveurs, de rechercher les droits soustraits au Trésor. — C'est ainsi qu'il y a des contrôleurs des contributions directes et indirectes, des douanes, du timbre, des postes, de l'enregistrement et des domaines. — Ces fonctions sont soumises aux mêmes conditions d'admission et d'avancement que les autres emplois des finances.

Les réclamations, après être parvenues à la préfecture (ou sous-préfecture), sont ensuite adressées aux directeurs des contributions directes, lesquels, après en avoir pris note, les font parvenir aux contrôleurs placés sous leurs ordres et qui sont alors chargés de l'instruction des réclamations.

Les contrôleurs prennent l'avis des répartiteurs sur toutes les demandes en décharge ou réductions relatives aux contributions foncières, personnelles, mobilières des portes et fenêtres.

Le maire seul est appelé à donner son avis en matière d'impôt des patentes et sur les demandes individuelles en remise ou modération pour toute nature de contributions.

Le contrôleur fait parvenir son rapport au directeur des contributions qui à son tour transmet le dossier de l'affaire à la préfecture ou à la sous-préfecture.

L'avis du dépôt des dossiers à la préfecture ou à la sous-préfecture est notifié gratis au réclamant par l'intermédiaire du maire.

La durée valable de ce dépôt est de quinze jours. Si le contribuable réclamant n'a pas fourni, dans le délai de dix jours qui suit la notification faite de ce dépôt, de nouvelles observations ou demandé une expertise, sa demande est soumise immédiatement à la décision du conseil de préfecture.

Le contribuable est toujours avisé de la décision prise au sujet de sa réclamation.

L'expertise peut-être demandée pour toutes les contributions et ne peut être refusée, sous peine de nullité de l'arrêté du conseil de préfecture.

Le contrôleur décide seul du jour de l'expertise; il en donne avis aux experts, dont l'un est nommé par le réclamant et l'autre qui représente l'administration par le préfet ou le sous-préfet. Notification du jour de la vérification est aussi faite au maire de la commune afin qu'il ait la facilité de convoquer à temps les deux répartiteurs dont la présence est nécessaire. — Lorsque le maire et les deux répartiteurs, le réclamant ou son fondé de pouvoirs ne se présentent pas, l'opération faite hors de leur présence est régulière. (Arrêt du 19 avril 1854.)

Les deux répartiteurs doivent en un mot s'assurer si, oui ou non, il a été fait à l'égard du réclamant une application juste, sincère, exacte de la loi.

Le contrôleur rédige, d'après le dire des experts, un procès-verbal où il consigne leurs observations, ainsi que celles du maire et du réclamant. — Les arrêts des 5 août 1848 et 29 juin 1850 démontrent que ce procès-verbal n'a pas positivement besoin d'être rédigé séance tenante et en leur présence.

Un tiers-expert est nommé lorsque les experts désignés ci-dessus ne peuvent tomber d'accord.

Le dossier de l'affaire est retourné par le contrôleur, après y avoir joint son procès-verbal, au directeur des contributions directes, lequel, après y avoir annexé son rapport personnel, adresse le tout à la préfecture ou à la sous-préfecture.

Quand la demande du réclamant est rejetée, les frais de l'expertise sont à son compte. (Arrêt du 18 juin 1846.) Dans le cas contraire, ces frais sont alors supportés par l'État, quand il s'agit d'impôt de quotité, ou par la commune, quand il s'agit d'impôt de répartition. (Arrêts des 16 avril, 23 juillet et 10 septembre 1856.)

Quand le conseil de préfecture ordonne une contre-vérification, sous prétexte qu'il n'est pas suffisamment éclairé, ce travail se fait de la même façon que l'expertise dont nous venons de nous entretenir; elle est alors dirigée par les agents des contributions directes, et un autre contrôleur est préposé à cet effet.

Droits et priviléges du Trésor public pour le recouvrement des contributions.

(Trésor, *thésorus*, amas d'or, d'argent ou d'autres choses précieuses mis en réserve. — On appelle Trésor public ou Trésor de l'État les revenus de l'État, les sommes destinées au service public. — Il y eut jadis des Trésors publics dans toutes les villes de la Grèce : ce trésor était renfermé dans la citadelle à Rome, dans le temple de Saturne. Le ministère des finances est aujourd'hui le dépôt du Trésor public.)

Le privilége est un droit que la qualité de la créance donne à un créancier d'être préféré aux autres créanciers même hypothécaires.

Le privilége attribué au trésor public et aux percepteurs agissant en son nom s'exerce avant tout autre.

Il est réglé ainsi qu'il suit :

1° Pour la contribution foncière de l'année échue et de l'année courante, tant en principal qu'en centimes additionnels et supplémentaires sur les récoltes, fruits, loyers et revenus des biens immeubles sujets à la contribution;

2° Pour l'année échue et l'année courante des contributions mobilière, des portes et fenêtres, des patentes et de toutes autres contributions directes et personnelles sur tous les meubles et autres effets mobiliers appartenant aux redevables, en quelque lieu qu'ils se trouvent (art. 1er de la loi du 12 novembre 1808, relative au privilége du trésor public pour le recouvrement des contributions directes. (*Bulletin des Lois,* 4e série, n° 3,886.)

Tous fermiers, locataires, receveurs, économes, notaires, commissaires-priseurs et autres dépositaires et débiteurs de deniers provenant du chef des redevables, et affectés au privilége du Trésor public, seront tenus, sur la demande qui leur en sera faite, de payer, en l'acquit des redevables et sur le montant des fonds qu'ils doivent ou qui sont entre leurs mains, jusqu'à concurrence de tout ou partie des contributions dues par ces derniers. Les quittances des percepteurs pour les sommes légitimement dues leur seront allouées en compte (Art. 2 de la loi précitée.)

Le privilége attribué au Trésor public pour le recouvrement des contributions directes ne préjudicie point aux autres droits qu'il pourra exercer sur les biens des redevables comme tout autre créancier. (Art. 3 de la loi précitée.)

Lorsque, dans le cas de saisie de meubles et autres effets mobiliers pour le paiement des contributions, il s'élèvera une demande en revendication de tout ou partie desdits meubles et effets, elle ne pourra être portée devant les tribunaux ordinaires qu'après avoir été soumises, par l'une des parties intéressées, à l'autorité administrative, aux termes de la loi des 23 et 28 octobre, et 5 novembre 1790. (Art. 4 de la loi précipitée.)

L'acquéreur d'une propriété doit, en conséquence du privilége ci-dessus, s'assurer que les contributions imposées sur cette propriété ont été payées jusqu'au jour de la vente, nonobstant toutes clauses contraires des cahiers des charges.

Cette obligation existe également pour tous les adjudicataires d'immeubles vendus par autorité de justice. (Instruction générale du 20 juin 1859.)

Le privilége affecte les récoltes, fruits, loyers et revenus, abstraction faite de toute mutation ou de tout changement de propriétaire. (Arrêt de la Cour de cassation du 6 juillet 1852.) (1).

---

(1) Le privilége de la contribution foncière, comme celui des autres contributions directes, ne s'exerce que pour l'année échue et l'année courante.

Dans le cas où un contribuable devrait trois années d'impôts, l'année courante comprise, le percepteur ne pourrait le faire payer que pour les deux dernières années, et cela de préférence à tout autre créancier; quant à la première année, il ne pourrait prendre place que comme les autres créanciers ordinaires au prorata de la créance, pourvu même qu'il n'existe pas dans l'espèce de créanciers privilégiés, car il serait alors primé par ces derniers.

L'année échue et l'année courante ne peuvent s'entendre que de l'année pour laquelle l'impôt a été établi, c'est-à-dire du 1er janvier au 31 décembre.

En limitant le privilége de la contribution foncière aux récoltes, fruits, loyers et revenus des immeubles, la loi du 11 brumaire an VII a été implicitement abrogée. En effet, un des points fondamentaux de la loi du 12 novembre 1808, c'est que le privilége du Trésor ne s'étendra pas sur les immeubles.

L'art. 582 du Code civil reconnaît trois espèces de fruits : les fruits naturels, industriels et civils.

Fruits naturels : produits spontanés de la terre, produits et croît des animaux. (Art. 582 du Code civil).

Fruits industriels : obtenus par la culture. (Art. 583 du Code civil).

Fruits civils : loyers des maisons et prix des baux à ferme. (Art. 584 du Code civil).

Il découle de ceci que le privilége de la contribution foncière doit affecter non-seulement les fruits indiqués ci-dessus, mais encore le produit des bois, des carrières et des mines que l'on exploite sur un fonds imposé. (Voyez les articles 589, 591 et 598 du Code civil).

Les commissaires-priseurs, huissiers, notaires, séquestres et autres dépositaires, sont tenus de payer d'office
les contributions dues avant de procéder à la délivrance
des deniers; les quittances des percepteurs (pour les
sommes légitimement payées) leur sont allouées en
compte (Loi des 5 et 8 août 1791 et 18 juin 1843.)

Le rapporteur de la loi du 18 juin 1843 a ainsi con-
firmé l'obligation des officiers ministériels dépositaire de
deniers :

« Les lois des 5 et 8 août 1791 et 12 novembre 1808
« imposent aux commissaires-priseurs, sous leur respon-
« sabilité, l'obligation d'acquitter l'impôt dû par les pro-
« priétaires des meubles. »

Le privilége du Trésor sur les sommes déposées entre
les mains des personnes désignées précédemment s'exerce
de préférence à tout autre, sur la demande pure et simple
du percepteur, ou, en cas de refus par les tiers détenteurs
ou dépositaires, sur une sommation faite par un porteur
de contrainte. (Loi du 12 novembre 1808; circulaire
ministérielle du 31 mars 1831.)

Lorsque le privilége n'existe pas réellement sur les
sommes déposées, le percepteur doit agir par la voie de la
saisie-arrêt entre les mains du dépositaire ou détenteur
desdits deniers. (Règlement du 21 décembre 1839, art. 88
et circulaire ministérielle du 31 mars 1831.)

Le percepteur peut, en vertu du privilége des contributions directes, retenir les sommes qu'il doit payer
comme receveur municipal. (Instruction générale du
20 juin 1859.)

En cas de déménagement hors du ressort de la perception, comme en cas de vente volontaire ou forcée, la
contribution personnelle-mobilière et celle des patentes
sera immédiatement exigible en totalité.

Les propriétaires, et, à leur place, les principaux locataires, qui n'auront pas, un mois avant le terme fixé par le bail ou par les conventions verbales, donné avis au percepteur du déménagement de leurs locataires, seront responsables des sommes dues par ceux-ci pour lesdites contributions. (Art. 25 de la loi du 25 avril 1844.)

Les propriétaires et principaux locataires doivent retirer un reçu de leur déclaration au percepteur, et ils sont en droit de la lui faire notifier par huissier (les frais incombant à sa charge) dans le cas où il refuserait de le leur délivrer.

Dans le cas de déménagement furtif, les propriétaires, et, à leur place, les principaux locataires, deviendront responsables des termes échus des contributions de leurs locataires ou sous-locataires jusqu'au jour du paiement, s'ils n'ont pas, dans le délai de trois jours, fait constater ce déménagement furtif par le commissaire de police, le juge de paix ou le maire.

A l'égard de la contribution des patentes, la responsabilité des propriétaires, et, à leur place, les principaux locataires, ne porte que sur le dernier douzième et le douzième courant, c'est-à-dire deux douzièmes de cet impôt (art. 25 de la loi du 25 avril 1844. — *Bulletin des lois*, 9ᵉ série, nᵒ 11,262.)

La remise au percepteur d'une expédition du procès-verbal de déménagement furtif dressé dans le délai voulu dispense le propriétaire, ou principal locataire, de toute garantie, si la remise est prouvée par la reconnaissance du percepteur. (Consulter le *Mémorial* des années 1831, 1834, 1837 et 1838.)

Le percepteur exerce son privilége sur les meubles enlevés partout où ils se trouvent. (Voir le *Mémorial* des années citées ci-dessus.)

Dans tous les cas, et nonobstant toute déclaration de leur part, les propriétaires ou principaux locataires demeurent responsables de la contribution personnelle-mobilière des personnes logées par eux en garni. (Loi du 21 avril 1832, art. 23, § 2) (1).

(1) La loi du 21 avril 1832 soumet les propriétaires ou principaux locataires à une responsabilité particulière pour la contribution des personnes qu'ils logeraient en garni. Cette responsabilité est absolue; elle n'est subordonnée à aucune condition et ne serait pas dégagée par la déclaration au percepteur du déménagement ordinaire ou par la constatation par le maire du déménagement furtif. Il suffit que le fait du logement en garni soit établi, et lors même qu'il n'y aurait pas de déménagement, pour que la responsabilité fut encourue.

Lorsque le percepteur aura à poursuivre par la saisie un contribuable, logé en garni, le porteur de contraintes devra en conséquence saisir les meubles qui se trouveront dans le logement occupé par ce contribuable, bien qu'ils appartiennent au propriétaire.

Les motifs qui ont porté notre législation à rendre garants les propriétaires logeant en garni ne sont pas applicables aux parents qui logent chez eux leurs enfants majeurs. (Consulter à cet effet la savante dissertation de Durieu dans son remarquable ouvrage : *Commentaire sur le règlement des poursuites*, page 354, art. 15 et 16).

Il arrive souvent que les enfants même majeurs continuent de vivre chez leurs parents, sans indemnité, comme par le passé, et jusqu'à leur établissement : il serait alors évidemment arbitraire de faire payer aux parents les contributions de leurs enfants; en effet, ils ne retirent aucun bénéfice pécuniaire de ce logement, d'une part; et de l'autre, l'on n'est pas en droit d'exiger d'eux les garanties que l'on réclame aux logeurs en garni; et, du reste, au texte littéral de la loi, ils n'ont pas ce caractère.

Si, au contraire, les enfants dans le cas ci-dessus paient une indemnité locative à leurs parents et que le fait soit bien avéré, ces derniers tomberaient alors forcément dans la catégorie des logeurs en garni, quant à la responsabilité s'entend.

Un contribuable logé en garni est imposable lors même que le propriétaire se trouverait imposé pour cette partie en raison de toute l'habitation. (Arrêt du 28 décembre 1853). C'est alors au propriétaire à demander une réduction.

Les droits et priviléges du Trésor public pour le recouvrement des contributions directes s'étendent au recou-

Dans le cas où un contribuable aurait déménagé deux fois dans
le courant d'une année et aurait successivement occupé deux maisons distinctes et appartenant à des propriétaires différents, le percepteur doit rechercher le premier propriétaire ; car il a laissé
échapper le gage de l'impôt confié à sa vigilance ; il doit donc être
légalement responsable.

Mais la responsabilité du premier propriétaire ne dégage pas pour
cela la responsabilité du second, et comme ils sont solidaires pour
la totalité, le percepteur peut indifféremment s'adresser à l'un ou
à l'autre.

La responsabilité établie par la loi du 21 avril 1832 peut être
invoquée contre une commune quand il s'agit du logement qu'elle
accorde gratis à un fonctionnaire, quel qu'il soit, dans un bâtiment
communal.

D'abord, les communes étant soumises, quant à leurs biens, à la
même règle que les particuliers, la situation est la même.

Ensuite, que le fonctionnaire soit ou non logé gratuitement, la
question n'y fait rien, et la loi du 21 avril 1832 s'applique aussi
bien aux communes qu'aux particuliers : il doit donc être considéré
comme un locataire ordinaire.

Si les meubles appartiennent à la commune, elle ne peut pas
être considérée comme logeant en garni et comme telle responsable.

Si les meubles appartiennent au fonctionnaire, la commune
devient alors responsable, et elle doit conséquemment se conformer
aux articles 22 et 23 de la loi du 21 avril 1832.

Dans ce cas, pour que le percepteur pût exiger l'application
complète de la loi, il ne faudrait pas qu'il fût en même temps
receveur municipal de la commune ; car, alors, comme tel il doit
nécessairement connaître le départ ou l'arrivée de tous fonctionnaires, et l'administration pourrait alors le rendre responsable de
la cote à la décharge de la commune.

On appelle principal locataire celui qui prend à loyer une maison
toute entière pour la sous-louer par parties ou même en totalité.

Dans ces conditions, un locataire supplée réellement le propriétaire : il en exerce tous les droits à l'égard des sous-locataires ; il
en touche les loyers, et par le fait il administre la maison.

Comme le propriétaire, il a le droit d'empêcher la sortie des
meubles dont il est ainsi devenu réellement le gardien ; il y va de
son intérêt personnel.

Naturellement, il tombe sous le coup de la loi du 21 avril 1832

vrement des frais de poursuites dûment taxés. (Instruction générale du 20 juin 1859).

(articles 22 et 23), exactement comme s'il était le propriétaire réel.

Mais on ne pourrait pas considérer comme principal locataire celui qui aurait loué, dans une maison gérée par le propriétaire, un appartement qu'il ne peut occuper et qu'il louerait alors accidentellement à un tiers. C'est donc le propriétaire qui, à l'égard du Trésor, est tenu de remplir les obligations et d'assurer la responsabilité que déterminent les deux articles de la loi ci-dessus précitée, sauf le recours qu'il a particulièrement droit d'exercer contre le locataire, à raison du déménagement du sous-locataire.

Dans le cas où il y a lieu à responsabilité de la part des propriétaires et des principaux locataires, leur solidarité doit être commune; cependant, vu les termes si précis de la loi indiquée ci-dessus, le propriétaire ne peut être recherché, quand il existe un principal locataire. (Consulter, du reste, à ce sujet, le *Bulletin des Lois*, 9ᵉ série, nᵒ 169).

Lorsqu'il y a lieu à la responsabilité prévue par la loi ci-dessus, les propriétaires et les principaux locataires étant constitués débiteurs personnels de l'impôt, il y a lieu d'agir à leur égard comme envers les contribuables eux-mêmes, c'est-à-dire par voie de poursuites, de garnison, etc.

Le percepteur doit faire d'abord une demande amiable de paiement pour la somme due au propriétaire ou au principal locataire qui a laissé déménager le locataire sans lui en avoir donné avis ou sans en avoir fait dresser procès-verbal. En cas de refus, il doit alors faire décerner contre lui une contrainte, et les poursuites qui viendraient alors à se produire auraient lieu conformément au *Règlement sur les poursuites*.

En cas de contestations, l'autorité administrative aurait à statuer sur les difficultés élevées de la part du propriétaire ou du principal locataire sur les obligations que la loi précitée leur impose, c'est elle qui aurait à reconnaître le véritable caractère du déménagement et à décider s'il doit être considéré comme furtif ou comme ordinaire, c'est donc au conseil de préfecture seul qu'il appartient de juger la question qui touche ainsi au principe même du privilége particulier consacré au Trésor.

Les tribunaux civils ne seraient compétents dans la question que si la contestation sortait du cercle de ces dispositions; ils auraient alors non pas à interpréter ni à appliquer les règles de cette loi du 21 avril 1832, mais seulement à statuer sur les questions touchant

Versement des Percepteurs.

Pièces de dépenses à verser. — Bordereaux à établir.

En vertu des lois du 17 brumaire an V et du 3 frimaire an VII ainsi que de la circulaire du 28 décembre 1815, les percepteurs doivent, tous les dix jours, si les trésoriers-

des faits accessoires et à l'égard desquels on pourrait seulement invoquer la législation générale.

Comme toutes les obligations civiles, la garantie des propriétaires et principaux locataires doit s'éteindre par la prescription : cette prescription est de trois ans.

Les propriétaires et principaux locataires doivent se faire représenter la quittance de la contribution personnelle-mobilière de leurs locataires.

Les quittances à représenter sont celles des termes échus, si le déménagement a lieu dans l'intérieur du ressort de la perception, et celle de l'année entière en cas de déménagement hors du ressort de la perception.

Si le propriétaire se contente de la représentation de la quittance des termes échus, il demeure responsable du reste de la cote.

Les propriétaires et principaux locataires doivent demander cette présentation de quittances un mois avant l'époque du déménagement, et si les locataires ne présentent pas les quittances, donner dans les trois jours avis du déménagement au percepteur.

A l'égard d'une question très-délicate qui peut parfois se présenter et qui est celle-ci :

Un contribuable devance l'époque de son déménagement, et, son loyer payé, enlève ses meubles, le locataire déménageant à la clarté du jour, après un congé régulier et le paiement de ses loyers, son déménagement n'a rien de furtif.

Dans ce cas, le propriétaire demeure responsable.

Il peut s'opposer à la sortie des meubles si son locataire ne justifie pas de ses impôts, afin qu'il puisse mettre sa responsabilité à couvert, soit en s'assurant que son locataire est libéré avec le Trésor, soit en se donnant ainsi le temps de prévenir le percepteur ; mais s'il néglige ces précautions, c'est sur lui qu'incombe naturellement toute la responsabilité.

Cette question a, du reste, été traitée dans une savante dissertation par Durieu, dans son *Commentaire sur le règlement des poursuites* (articles 15 et 16), et c'est à ce remarquable ouvrage que nous renvoyons nos lecteurs.

payeurs généraux et les receveurs particuliers l'exigent, faire le versement des recouvrements qu'ils ont effectués.

Cependant il est de bonne justice que les receveurs des finances prennent en considération les frais de déplacement que des voyages aussi fréquemment répétés occasionneraient nécessairement aux percepteurs des communes rurales. A cet effet, toute latitude est laissée à ces fonctionnaires principaux pour fixer et déterminer les versements en tenant compte de l'importance des perceptions.

Par décret du 4 juin 1808, il est prescrit aux percepteurs de comprendre la totalité de leurs recettes en effectuant ces versements : on entend par recettes, non-seulement le numéraire, mais bien encore les pièces de dépenses payées pour le compte de la trésorerie générale ou de la recette particulière. Il leur est expressément interdit de convertir en valeurs commerciales quelles qu'elles soient le produit de leurs recouvrements. Pour qu'ils puissent agir ainsi, il leur faudrait un ordre tout spécial de la trésorerie.

En vertu des circulaires des 1er novembre 1833, 25 octobre 1834, 10 octobre 1835, et 16 décembre 1853, les percepteurs ne doivent point faire d'avances personnelles pour le service des contributions directes, et les receveurs des finances ne peuvent les y contraindre.

Chaque versement doit être accompagné d'un bordereau (établi par les percepteurs) sur lequel figure le détail de toutes les pièces de dépenses, la nature des recettes et quotité de numéraire classée par catégorie.

Le livre récapitulatif (livre destiné à représenter la situation exacte et positive de chaque percepteur sur tous les services qui leur sont confiés) est apporté au versement de chacun des comptables ; c'est par l'examen de ce livre que les receveurs des finances peuvent contrôler les opérations des percepteurs.

En vertu de la circulaire du 20 mai 1833, des récépissés à talon doivent être délivrés à ces comptables en échange de leurs versements. Ces récépissés sont libératoires et servent de titre à l'égard du trésor public. Ils doivent être visés dans les vingt-quatre heures qui suivent leur délivrance, par le préfet ou le sous-préfet : Cette formalité indispensable concerne tout particulièrement les percepteurs et il est interdit aux receveurs des finances de s'en charger.

Les versements sont portés au livre récapitulatif par les receveurs des finances eux-mêmes ou leurs fondés de pouvoirs : cet enregistrement doit avoir lieu conjointement avec la délivrance des récépissés.

Délai pour l'apurement et le solde des rôles de chaque exercice.

Le recouvrement des contributions directes se compte par exercice.

L'exercice est la période d'exécution des opérations effectuées et acquises du 1er janvier au 31 décembre de l'année qui lui donne son nom. Les rôles sont imputés à l'exercice qui prend son nom de l'année durant laquelle les droits qui en font l'objet ont été acquis au trésor ; les percepteurs doivent exactement appliquer à l'exercice, pour leurs recouvrements, les fonds que leur versent les contribuables.

Les rôles supplémentaires des patentes émis postérieurement au 31 janvier de l'année qui suit celle à laquelle lesdits rôles appartiennent, doivent exceptionnellement être rattachés à l'exercice courant. (Instructions des 8 avril 1820 et 23 avril 1821).

Les instructions des 23 avril 1821, 16 août 1832, 20 mai et 1er novembre 1833, 17 septembre 1850 et 26 juin 1856, ainsi que les ordonnances des 8 décembre 1832 et 31 mai 1838, prescrivent que, pour compléter le recouvrement des contributions de chaque exercice, les percepteurs jouissent d'un délai fixé au 30 novembre de l'année suivante.

Ce délai expiré, les trésoriers-payeurs généraux, ainsi que les receveurs particuliers, sont dans l'obligation de tenir compte au trésor, de leurs propres deniers, de la portion des rôles qui resterait encore à recouvrer, soit sur les contribuables, soit sur des ordonnances de dégrèvement.

Il est formellement interdit auxdits fonctionnaires de faire usage, pour le solde des contributions de l'exercice expiré, de fonds distraits d'autres services.

Les rôles de l'exercice soldé d'office restent aux mains des percepteurs pendant la durée de trois ans, depuis l'ouverture de l'exercice : délai durant lequel ils ont pouvoir de poursuivre la rentrée des restes à recouvrer (Voir à ce sujet la loi du 3 frimaire an VII, l'arrêté du 16 thermidor an VIII, l'art. 1251 du code Napoléon, l'instruction du 26 juin 1820, l'ordonnance du 31 mai 1838, art. 281.)

Les percepteurs qui ne seraient pas parvenus à terminer leurs recouvrements durant l'espace de ces trois années seront dans l'obligation de combler cette différence de leurs propres deniers à la date du 20 décembre et ils devront en faire recette à titre de contributions directes en se délivrant à eux-mêmes une quittance extraite du journal à souche. Il résulte de cela que ces comptables sont subrogés aux droits du trésor contre les contribuables dont ils ont soldé la dette, qu'ils ont contre ces débiteurs les mêmes droits, actions et priviléges appartenant au créancier primitif (le trésor), en vertu de l'art. 1250 du Code civil ; ils pourront donc poursuivre ces contribuables par les moyens ordinaires autorisés par le Règlement sur les poursuites. Ils ont à établir, en conséquence de restes à recouvrer, un état vérifié par le trésorier-payeur général ou le receveur particulier, et approuvé par le préfet ou sous-préfet. En cas de difficultés et de contestations, les rôles déposés à la préfecture ou à la sous-préfecture peuvent être alors consultés.

Les percepteurs qui ont laissé passer trois années, à compter du jour où les rôles leur ont été remis, sans poursuivre un contribuable, ou qui, ayant commencé des poursuites, les abandonnent pendant trois mois, voient leurs droits contre ce contribuable tomber en déchéance, toute poursuite leur étant rigoureusement interdite ce délai expiré. (Lois du 23 novembre 1790, du 3 frimaire an VII et art. 17 de l'arrêté du 16 thermidor an VIII.)

La prescription s'établit donc en vertu des lois ci-dessus relatées :

1° A partir du jour où le rôle est remis au percepteur ;

2° A partir du jour où les poursuites, d'abord commencées contre le contribuable, ont été suspendues.

Dépôt des rôles ayant trois ans d'existence.

Conformément à la circulaire ministérielle du 10 janvier 1840, les rôles sont, après trois ans écoulés de l'ouverture de l'exercice, remis par les percepteurs à la trésorerie générale ou à la recette des finances pour être déposées aux archives de la préfecture ou de la sous-préfecture.

Il est enjoint aux percepteurs, comme justification du dépôt, de dresser un relevé sommaire du montant des rôles ou inventaires : ces relevés ou inventaires sont visés par les receveurs des finances qui en prennent note ; ces inventaires sont établis en double expédition.

Il leur est enjoint également d'y joindre les états de frais de poursuites du même exercice. Les originaux des actes de poursuites et autres pièces produites à l'appui demeureront déposés dans les archives des recettes des finances : ces pièces, auxquelles on pourra recourir au besoin, ne pourront en être déplacées. (Circulaire de la comptabilité générale du 2 octobre 1826.)

Restes à recouvrer sur les contributions de l'exercice clos.

Ces écritures d'ordre dont font l'objet les restes à recouvrer à l'époque du 31 août étant spécialement du ressort des trésoriers-payeurs généraux et receveurs particuliers, nous renvoyons nos lecteurs pour l'étude de cette matière, qui n'entre pas dans le plan de cet ouvrage, à l'ordonnance royale du 8 décembre 1832, art. 3, au décret du 11 août 1850, aux circulaires ministérielles des 17 septembre, 30 juillet 1851 et 26 juin 1855, et surtout aux explications précises de l'instruction générale du 20 juin 1859, chapitre V — 589.

Des restes à recouvrer par les percepteurs sur les contributions.

Conformément aux circulaires des 23 avril 1821, 17 septembre 1850, 30 juillet 1851 et 26 juin 1855, les percepteurs sont tenus de faire recette, pour le compte du trésor, des sommes qui leur resteraient encore à recevoir lorsqu'ils apurent les rôles à l'expiration des délais qui leur sont accordés pour le recouvrement des contributions directes de chaque exercice.

Au 30 novembre de la deuxième année de l'exercice, les receveurs des finances soldent le compte d'ordre par le débit d'un compte collectif qu'ils ouvrent aux percepteurs pour les restes à recouvrer sur les contributions. Ils affectent au débit de ce compte collectif les versements que les percepteurs opèrent par la suite pour l'atténuation de ces restes à recouvrer.

Pour pouvoir suivre facilement ces rentrées, les receveurs des finances doivent laisser ouvert le compte individuel qu'ils ont avec chaque percepteur, conformément à l'instruction de 1807.

A chaque versement des percepteurs, les receveurs des finances délivrent aux fonctionnaires des récépissés à talon, à titre de recettes sur les restes à recouvrer. Le montant de ces versements est porté au compte individuel et au compte collectif.

Conformément à la circulaire du 20 juin 1838, après l'expiration du délai de trois ans que l'on accorde aux percepteurs pour l'apurement des rôles de chaque exercice, s'il restait encore des restes à recouvrer, ces fonctionnaires seraient dans l'obligation de les payer de leurs propres deniers. Ils doivent avoir effectué ce versement pour le 20 décembre au plus tard, afin que leurs comptes des restes à recouvrer puissent être soldés par les trésoriers-payeurs généraux.

L'arriéré non soldé des deniers des percepteurs rentre alors dans la classe des débets, dont les receveurs des finances ont à suivre le recouvrement pour leur propre compte. (Instruction générale du 20 juin 1859.)

Ce qui vient d'être dit ci-dessus pour les contributions directes s'applique également aux restes à recouvrer sur les redevances des mines, sur la taxe des biens de mainmorte, sur les rétributions des poids et mesures et sur les frais de poursuites.

Pièces fausses.

Il est expressément interdit aux percepteurs de recevoir ou faire entrer dans les payements des pièces de fausse monnaie.

Par arrêté du 1er juin 1818, les pièces fausses qui leur seraient offertes en payement doivent être cisaillées et rendues en cet état au porteur.

Quiconque aura contrefait ou altéré les monnaies d'or ou d'argent ayant cours légal en France ou participé à l'émission ou exposition desdites monnaies contrefaites ou altérées, ou à leur introduction sur le territoire français, sera puni des travaux forcés à perpétuité. Celui qui aura contrefait des monnaies de billon ou de cuivre ayant cours légal en France, ou participé à l'émission ou exposition desdites monnaies contrefaites ou altérées, ou à leur introduction sur le territoire français, sera puni des travaux forcés à temps. (Code pénal, article 132.)

Celui qui aura fait usage de pièces fausses, après en avoir vérifié ou fait vérifier le vice, sera puni d'une amende triple au moins et sextuple au plus de la somme représentée par les pièces qu'il aura rendues à la circulation, sans que cette amende puisse en aucun cas être inférieure à seize francs. (Code pénal, art. 135.)

Ceux qui auront contrefait ou falsifié, soit des effets émis par le trésor public avec son timbre, soit des billets de banque autorisés par la loi, ou qui auront fait usage de ces effets ou billets falsifiés, ou qui les auront introduits dans l'enceinte du territoire français, seront punis des travaux forcés à perpétuité. (Code pénal, article 139.)

Des Poursuites.

On appelle poursuites les démarches et diligences qui sont parfois nécessaires pour obtenir le recouvrement de l'impôt. Les règles relatives à la mise à exécution des poursuites pour les contributions directes sont formulées dans les lois des 1er décembre 1790, art. 9; 2 novembre 1791, art. 12; 3 brumaire an V, art. 3; 17 brumaire an V, art. 3; 3 frimaire an VII, art. 153.

Les différentes prescriptions de ces lois ci-dessus précitées sont renfermées dans l'arrêté consulaire du 16 thermidor an VIII.

Le règlement actuellement en vigueur pour toute la France est en date du 21 décembre 1839; il n'est du reste, à proprement parler, que la reproduction textuelle de celui du 26 août 1824.

Nous ne croyons mieux faire que de donner à nos lecteurs la reproduction textuelle du règlement annexé à la circulaire ministérielle en date du 21 décembre 1839.

EXTRAIT DU RÈGLEMENT

SUR LES POURSUITES

En matière de Contributions directes.

PREMIÈRE PARTIE

—

1. Le contribuable qui n'a pas acquitté, au 1ᵉʳ du mois, le douzième échu pour le mois précédent, est dans le cas d'être poursuivi. (Art. 20 du Règlement.)

2. Le percepteur ne peut commencer les poursuites avec frais qu'après avoir prévenu le contribuable retardataire par une sommation gratis — modèle n° 1. — (Art. 21.)

Cette sommation gratis est donnée au domicile du redevable, s'il réside dans la commune; s'il n'y réside pas, elle est remise à son principal fermier, locataire ou régisseur, et, à défaut, à la personne qui le représente. Elle doit être remise huit jours avant le premier acte de poursuite qui donne lieu à des frais; mais le percepteur n'est pas tenu de la renouveler pour la contribution d'un même contribuable dans le courant de l'exercice.

3. La date de la remise de la sommation gratis doit toujours être constatée sur le rôle. (Art. 21 *bis*.)

4. Les poursuites comprennent, sans division d'exer-

cices, toutes les sommes dues par le même contribuable (Art. 22.).

5. Aucune poursuite donnant lieu à des frais ne peut être exercée dans une commune qu'en vertu d'une contrainte décernée par le receveur particulier de l'arrondissement, visée par le sous-préfet, et qui désigne nominativement les contribuables à poursuivre. (Art. 23.)

Cette contrainte est dressée en double expédition, dont l'une reste entre les mains du percepteur, et l'autre est remise par lui à l'agent des poursuites.

6. Les percepteurs demandent aux receveurs d'arrondissement qu'il soit décerné des contraintes contre les contribuables en retard, toutes les fois qu'ils le jugent nécessaire pour l'exactitude du recouvrement. Néanmoins, les receveurs d'arrondissement peuvent d'office décerner ces contraintes, en se conformant à l'ordre et aux règles établis pour les degrés de poursuites. (Art. 24.)

7. La contrainte délivrée par le receveur particulier n'est point sujette au timbre : elle est décernée collectivement pour celles des communes de l'arrondissement de perception où le recouvrement est arriéré ; elle ne peut être spéciale que dans le cas où une commune seule est en retard de paiement. Dans aucun cas, l'effet de la contrainte décernée par le receveur particulier ne peut, à moins qu'elle ne soit renouvelée, se prolonger, pour chaque degré de poursuites, au delà de dix jours, employés, soit consécutivement, soit alternativement, à des poursuites contre une même commune, et les agents de poursuites doivent cesser leurs opérations plus tôt, si, d'après la situation des rentrées, le percepteur leur en donne l'ordre.

8. Le délai de dix jours fixé par l'article ci-dessus ne partira, pour chacune des communes de la même circons-

cription de perception, que du jour de la publication qui doit être faite de la contrainte, comme l'indique l'article 27 ci-après; laquelle publication aura lieu dans les trois jours de la date de la contrainte, ou, au plus, dans un délai calculé à raison d'un jour d'intervalle pour chacune des communes comprises dans ladite contrainte. (Art. 25 *bis*.)

9. Les percepteurs sont tenus de se rendre, à des jours déterminés, dans les communes de leur perception autres que celle où ils sont obligés de résider. Les poursuites contre les contribuables en retard coïncideront, autant que possible, avec les époques où le percepteur peut, par sa présence, faciliter aux redevables le moyen de se libérer. (Art. 26.)

10. A l'arrivée d'un agent de poursuites dans une commune, le maire ou l'adjoint, et, à défaut, l'un des membres du conseil municipal, devra faire publier la contrainte décernée par le receveur particulier; le jour de la publication est constaté par la date du visa du maire apposé sur ladite contrainte. (Art. 27.)

Dans aucun cas, on ne doit proclamer ni afficher les noms des contribuables portés en tête de la contrainte.

DEUXIÈME PARTIE

—

Agents des poursuites.

11. Les poursuites en matière de contributions directes sont exercées par des porteurs de contraintes et par des garnisaires : les porteurs de contraintes agissent dans tous les degrés de poursuites ; les garnisaires ne sont employés que pour la garnison collective ou individuelle. (Art. 28.)

12. Le nombre des porteurs de contraintes est réglé, pour chaque arrondissement, par le préfet, sur la proposition du receveur général. (Art. 29.)

13. Les porteurs de contraintes et garnisaires à employer dans un arrondissement sont désignés par le sous-préfet, sur la proposition du receveur particulier. (Art. 30.)

Les porteurs de contraintes sont commissionnés par le préfet. Ils prêtent serment devant le sous-préfet.

14. Aucun des individus attachés au service des autorités administratives et à celui des receveurs et des percepteurs ne peut remplir les fonctions de porteur de contraintes ni de garnisaire. (Art. 31.)

15. Les porteurs de contraintes et les garnisaires sont à la disposition du receveur particulier des finances dans chaque arrondissement, et ne peuvent être employés par les percepteurs que d'après son ordre. Ils doivent résider

dans la commune chef-lieu de l'arrondissement, sauf les exceptions autorisées par le préfet. (Art. 32.)

16. Les porteurs de contraintes, dans l'exercice de leurs fonctions, doivent être munis de leur commission. Ils la mentionnent dans leurs actes et la représentent quand ils en sont requis. (Art. 33.)

17. Les porteurs de contraintes remplissent les fonctions d'huissier pour les contributions directes, et, en cette qualité, ils font les commandements, saisies et ventes, à moins qu'il n'existe des commissaires-priseurs dans le lieu où ils exercent leurs poursuites : dans ce cas, les commissaires-priseurs sont chargés de préférence des ventes, conformément aux dispositions de l'art. 31 de la loi des finances du 23 juillet 1820, et ils sont tenus de se soumettre, pour le paiement de leurs frais, aux fixations déterminées par les préfets (1). (Art. 34.)

Les porteurs de contraintes ne sont pas assujétis au droit de patente.

18. Dans les arrondissements où il ne se trouve pas de porteur de contraintes ayant les qualités et les connaissances nécessaires, les sous-préfets autorisent les receveurs des finances à se servir des huissiers près les tribunaux

---

(1) Article 31 de la loi du 23 juillet 1820 : « Les prisées et ventes « publiques des meubles des contribuables en retard seront faites « par les commissaires-priseurs dans les villes où ils sont établis; « dans ce cas, comme dans tous les autres, les vacations des com- « missaires-priseurs seront taxées par les tribunaux; mais, si des « opérations ont lieu pour le recouvrement des contributions « directes, les tribunaux se conformeront aux règlements faits par « les préfets et arrêtés par le gouvernement. »

La loi du 18 juin 1843 n'a pas abrogé l'article 31 de celle du 23 juillet 1820, d'après lequel les frais dus aux commissaires-priseurs qui interviennent dans les ventes mobilières faites pour le recouvrement des contributions directes doivent être taxés conformément au tarif arrêté par les préfets (Lettre du garde des sceaux du 1er octobre 1844).

pour l'exécution des actes réservés aux porteurs de contraintes, en se conformant, pour les frais, aux fixations arrêtées par le préfet. (Art. 35.)

19. Les huissiers doivent, dans ce cas, être commissionnés porteurs de contraintes. (Art. 35 *bis*.)

20. Les huissiers ne sauraient être forcés d'accepter une commission de porteur de contraintes, mais ils peuvent être requis d'exercer contre les redevables les actes de leur ministère ; et, dans ce cas, ils ont droit de demander que leurs émoluments soient fixés d'après le tarif judiciaire (1). (Art. 35 *ter.*)

21. Une indemnité trimestrielle est allouée aux porteurs de contraintes, indépendamment du salaire résultant des actes de poursuites qu'ils exécutent. (Art. 36.)

22. Les porteurs de contraintes et les garnisaires, en arrivant dans une commune, font constater par le maire ou l'adjoint, et, à défaut, par l'un des conseillers municipaux, sur la contrainte ou l'ordre dont ils sont munis, le jour et l'heure de leur arrivée, et, de même, en se retirant, le jour et l'heure de leur départ. (Art. 37.)

23. Les porteurs de contraintes et les garnisaires ne peuvent dans aucun cas, ni sous aucun prétexte, recevoir aucune somme des percepteurs ni des contribuables pour leur salaire ou pour les contributions, à peine de destitution. (Art. 38.)

Les percepteurs qui leur remettraient des fonds en resteraient responsables et les contribuables qui payeraient entre leurs mains s'exposeraient à payer deux fois.

24. Les porteurs de contraintes sont assujétis à tenir un répertoire, coté et parafé par le juge de paix du chef-lieu d'arrondissement et visé gratuitement pour timbre

(1) Avis du conseil d'État, du 13 août 1840, adopté par le ministre des finances.

par le receveur de l'enregistrement; ils y portent tous les actes de leur ministère sujets au timbre et à l'enregistrement, soit gratis, soit payés, sous peine d'une amende de 5 francs par chaque omission. (Art. 39.)

Indépendamment des détails prescrits par l'art. 50 de la loi du 22 frimaire an VII (12 décembre 1798)(1), ce répertoire doit contenir, dans une colonne distincte, le coût de chaque acte, d'après les fixations arrêtées par le préfet.

Dans les dix premiers jours de chaque trimestre, ce répertoire est présenté au receveur de l'enregistrement pour être revêtu de son visa. Le porteur de contraintes qui diffère cette présentation est puni d'une amende de 10 francs pour chaque dizaine de retard.

Le porteur de contraintes est tenu, en outre, de communiquer son répertoire, à toute réquisition, aux préposés de l'enregistrement qui se présentent chez lui pour le vérifier, à peine d'une amende de 50 francs en cas de refus.

Il le communique au percepteur, au maire, au sous-préfet, au receveur de l'arrondissement et aux inspecteurs des finances en tournée, toutes les fois qu'il en est requis.

25. En cas d'injures ou de rébellion contre eux, les agents de poursuites se retirent auprès du maire pour en dresser procès-verbal. Ce procès-verbal, visé par le maire et enregistré, est envoyé au sous-préfet, lequel dénonce le fait aux tribunaux, s'il y a lieu. (Art. 40.)

(1) Article 50 de la loi du 22 frimaire an VII : « Chaque article « du répertoire contiendra : 1° son numéro; 2° la date de l'acte; « 3° sa nature; 4° les noms et prénoms des parties et leur domi-« cile; 5° l'indication des biens, leur situation et le prix, lorsqu'il « s'agira d'actes qui auront pour objet la propriété, l'usufruit et la « jouissance de biens-fonds; 6° la relation de l'enregistrement. »

TROISIÈME PARTIE

—

Moyens et degrés de poursuites.

26. Les degrés de poursuites sont établis ainsi qu'il suit. (Art. 41.)

Savoir :

1er *degré.* Garnison collective ou individuelle.
2e *degré.* Commandement.
3e *degré.* Saisie.
4e *degré.* Vente.

Premier degré. — Garnison collective ou individuelle.

27. Les poursuites par voie de garnison collective ou individuelle sont employées contre les contribuables retardataires qui ne se sont pas libérés huit jours après la sommation gratis mentionnée en l'art. 21 du présent. (Art. 42.)

28. Elles peuvent être employées facultativement par le percepteur, s'il n'a pas d'ordre contraire du receveur particulier ; c'est-à-dire que le percepteur peut d'abord employer contre un contribuable en retard la garnison collective et ensuite la garnison individuelle, ou bien commencer par cette dernière, sans qu'il puisse revenir à la garnison collective contre un même contribuable et pour la même dette. Toutefois, la garnison individuelle ne pourra être employée comme premier degré de poursuites

que lorsque le retard qui y donne lieu excédera la somme de 20 francs (1). (Art. 43.)

29. Lorsqu'un contribuable qui a été soumis à la garnison devient débiteur de nouveaux douzièmes sans avoir, depuis la date du bulletin de garnison, payé intégralement la somme qui était alors exigible, le même acte de poursuite ne doit pas être répété pour ces nouveaux douzièmes ; il doit être procédé, pour la totalité de la dette, par les degrés de poursuites subséquents, à moins qu'il ne s'agisse de douzièmes appartenant à l'exercice suivant (2) ; il en est de même pour les poursuites des autres degrés qu'il y aurait à exercer ultérieurement. (Art. 43 *bis*.)

Garnison collective.

30. La garnison est collective lorsqu'elle a lieu, à la fois, contre plusieurs redevables par un seul garnisaire.

Elle peut être exercée contre tous les contribuables retardataires, sans distinction du montant des cotes. (Art. 44.)

31. La poursuite par garnison collective peut-être employée huit jours après la délivrance de la sommation gratis; ainsi qu'il a déjà été dit à l'art. 42.

32. Cette poursuite est notifiée à chacun des redevables par un acte ou bulletin imprimé et rédigé dans la forme du

(1) Fixation à déterminer par les préfets selon les localités.

(2) Lorsqu'un contribuable, poursuivi pour des contributions d'anciens services, devient débiteur sur un rôle nouvellement émis, il convient de laisser les poursuites commencées en l'état où elles se trouvent (sauf, s'il y avait lieu de craindre la disparition du gage du Trésor, à les pousser, exceptionnellement, jusqu'à la saisie), et de recommencer tous les degrés de poursuites pour la nouvelle dette, en comprenant toutefois l'ancienne dette dans les actes à signifier.

modèle n° 3, d'après un état nominatif dressé par le percepteur, remis à l'agent de poursuites, et au pied duquel la contrainte est décernée, modèle n° 2 (1). (Art. 46.)

33. Les agents de poursuites remettent entre les mains des maires, qui en donnent récépissé sur la contrainte, les bulletins qui n'auraient pas pu être signifiés, par suite de l'absence du contribuable et de toute autre personne apte à les recevoir. (Art. 47.)

34. Le salaire de l'agent de poursuites employé à la garnison collective consiste en une somme fixe, par bulletin de garnison. (Art. 48.)

Garnison individuelle.

35. La garnison est individuelle lorsqu'elle a lieu contre un seul redevable, par un garnisaire à domicile.

Elle ne doit être exercée que trois jours après la garnison collective. Cependant, si le percepteur commence ses poursuites contre un contribuable retardataire par la garnison individuelle (art. 43), cette dernière ne peut avoir lieu, comme la garnison collective, que huit jours après la sommation gratis. (Art. 49.)

36. La garnison ne peut être établie à domicile chez un contribuable, si ses contributions ne s'élèvent en totalité à 60 francs, et si les termes dus ne montent au moins à 20 francs (2).

(1) Il est expressément recommandé aux agents de poursuites de présenter aussi souvent que possible leurs contraintes aux percepteurs, afin que les contribuables qui se seraient libérés puissent en être rayés; dans les villes et, en général, dans les localités qui le permettent, les porteurs de contraintes doivent remplir cette formalité chaque jour avant d'aller en tournée. (Art. 100 de l'*Instruction générale.*)

(2) Fixation à déterminer par les préfets, qui pourront néanmoins,

37. Le garnisaire ne peut rester plus de deux jours chez un redevable. Il délivre à celui chez lequel il s'établit, en vertu de l'état qui lui a été remis par le percepteur (modèle nº 2), un bulletin imprimé conforme au modèle nº 4. (Art. 51.)

Pendant la durée de la garnison individuelle, l'agent ne doit exercer aucun autre acte de poursuites.

38. Si le contribuable se libère le jour même où il reçoit le garnisaire, le percepteur ordonne à celui-ci de se retirer, et le contribuable ne doit que les frais d'une journée avec vivres et logement, ou la représentation.

39. Le prix de la journée de garnison à domicile est fixé conformément au tarif ci-annexé.

40. Les frais de garnison individuelle sont présentés par journée dans un état particulier, pour être arrêtés par le sous-préfet, ainsi qu'il est indiqué ci-après, art. 102, chapitre de la justification des frais. (Art. 52, 53 et 54.)

Deuxième degré. — Commandement.

41. Le commandement n'a lieu que trois jours après l'exercice de la contrainte par garnison individuelle, ou trois jours après la garnison collective, si la garnison individuelle n'a pas eu lieu. (Art. 55.)

42. Aucun contribuable retardataire ne peut être poursuivi par voie de commandement qu'en vertu d'une contrainte qui le désigne nominativement. (Art. 56.)

Cette contrainte est décernée à la suite d'un état envoyé préalablement par le percepteur, ou dressé par le receveur

s'ils le jugent convenable, se dispenser de fixer un minimum; il suffit, pour permettre la garnison individuelle, que le montant de la contribution ne soit pas au-dessous de quarante francs.

particulier, d'après l'inspection des rôles et la situation des poursuites, modèle n° 5. (Art. 56.)

La contrainte comprend l'ordre de procéder à la saisie, si le contribuable ne se libère pas dans le délai de trois jours, à compter de la signification du commandement (1).

43. Les commandements sont faits et délivrés par les porteurs de contraintes, sur des imprimés conformes au modèle n° 6 (2).

44. Le prix du commandement est fixé uniformément pour l'original et la copie signifiés, tous frais de timbre et de transport compris, et indépendamment du droit d'enregistrement, lorsqu'il y a lieu à ce droit, conformément au tarif ci-annexé. (Art. 57 et 58.)

L'original du commandement est collectif pour tous les contribuables poursuivis le même jour dans la même commune (3).

(1) Lorsqu'un contribuable veut faire des offres réelles au percepteur, il peut les signifier au domicile élu dans le commandement ; mais il ne peut les réaliser par le paiement qu'au domicile réel du comptable ou entre ses mains, dans le lieu où il se trouve en tournée, c'est-à-dire au lieu où doit se faire le paiement de l'impôt.

(2) Les formalités prescrites par le code de procédure doivent être exactement observées dans la rédaction ainsi que dans l'exécution des commandements et des actes de poursuites subséquents. (Circulaires des 31 mars et 10 octobre 1831.) — Les actes sont signés conformément à l'article 68 dudit code, ainsi conçu :

« Tous exploits seront faits à personne ou domicile ; mais si « l'huissier ne trouve au domicile ni la partie ni aucun de ses pa- « rents ou serviteurs, il remettra de suite la copie à un voisin, qui « signera à l'original ; si ce voisin ne peut ou ne veut signer, « l'huissier remettra la copie au maire ou adjoint de la commune, « lequel visera l'original sans frais. L'huissier fera mention du tout, « tant sur l'original que sur la copie. »

(3) Il n'y a pas d'obstacle à ce que des contribuables de plusieurs communes soient compris dans le même original de commandement.

45. Lorsqu'un contribuable retardataire est domicilié hors du département dans lequel il est imposé, sans y être représenté par un fermier, locataire ou régisseur, il peut être procédé immédiatement contre lui par voie de commandement. Pour l'exécution de cette poursuite, le receveur particulier de l'arrondissement où le rôle a été mis en recouvrement décerne, à la requête du percepteur, une contrainte (1) qui, après avoir été visée par le sous-préfet, est transmise par le receveur général à son collègue du département où le contribuable a son domicile, afin qu'après l'avoir fait viser par le préfet de ce département, il en fasse suivre l'exécution par un porteur de contraintes et en fasse opérer le recouvrement par le percepteur de la résidence du débiteur. Cette contrainte est accompagnée d'un extrait du rôle comprenant les articles dus par le contribuable (2). (Art. 59.)

46. Lorsque le contribuable est domicilié dans le département, mais hors de l'arrondissement de sous-préfecture où il est imposé, la contrainte, visée par le sous-préfet, est envoyée par le receveur général, avec l'extrait du rôle, au receveur particulier de l'arrondissement où réside le contribuable. (Art. 60.)

47. Les contraintes et extraits de rôles mentionnés aux deux articles précédents sont remis au percepteur de la résidence du contribuable, pour diriger les poursuites

(1) Les contraintes extérieures ne sont délivrées qu'en simple expédition, et il ne doit être porté qu'un seul contribuable sur celles de ces contraintes qui doivent être mises à exécution dans le département de la Seine ainsi que dans les grandes villes divisées en plusieurs arrondissements de perception.

(2) Les extraits de rôles à joindre aux contraintes extérieures sont rédigés en deux expéditions, dont l'une est destinée au redevable et lui est envoyée, à titre d'avis et avec invitation de se libérer, par le percepteur chargé du recouvrement.

requises et effectuer le recouvrement des contributions exigibles.

Les frais relatifs à ces poursuites sont taxés par le sous-préfet, avancés au porteur de contraintes par le receveur particulier, et remboursés par le percepteur de la résidence du contribuable. Ces frais entrent dans sa comptabilité comme ceux des poursuites qu'il exerce pour le recouvrement des sommes imposées sur ses rôles. (Art. 61).

48. Le contribuable domicilié, soit hors du département, soit hors de l'arrondissement où il est imposé, et qui, s'étant mis dans le cas d'être poursuivi de la manière indiquée aux articles précédents, vient à se libérer dans l'intervalle de l'expédition de la contrainte à la signification du commandement, ou des autres poursuites dirigées contre lui, n'est pas pour cela exempt du payement des frais encourus. (Art. 62.)

Troisième degré. — Saisie.

49. La saisie des meubles et effets, ou celle des fruits pendants par racines, est toujours précédée d'un commandement : elle ne peut avoir lieu que trois jours après la signification dudit commandement ; elle est effectuée en exécution de la même contrainte (1). (Art. 63.)

50. Il ne peut être procédé à la saisie des fruits pendants par racines ou à la saisie-brandon que dans les six

(1) Pour la saisie-arrêt, qui, étant un acte purement conservatoire, n'exige ni contrainte ni autorisation préalable, comme pour tous les actes postérieurs au commandement, lesquels sont faits en vertu de la contrainte décernée pour ce dernier acte, le percepteur remet au porteur de contraintes un état présentant la situation des contribuables en retard et portant injonction à cet agent de faire les diligences nécessaires. (Art. 99 de l'*Instruction générale*.)

semaines qui précèdent l'époque ordinaire de la maturité des fruits. (Art. 64.)

51. La saisie est faite pour tous les termes échus des contributions, et pour ceux qui seront devenus exigibles au jour de la vente, quoique le commandement ait exprimé une somme moindre. (Art. 65.)

52. Les saisies s'exécutent d'après les formes prescrites pour les saisies judiciaires, titre VIII, livre V, du Code de procédure civile. (Art. 66.)

53. La saisie est exécutée nonobstant toute opposition, sauf à l'opposant à se pourvoir, par-devant le sous-préfet, contre le conquérant (1). (Art. 67.)

54. Si, au moment où le porteur de contraintes vient à effectuer une saisie dans l'étendue de la commune du chef-lieu de perception, le contribuable retardataire demande à se libérer chez le percepteur, l'agent de poursuites doit, sur la déclaration écrite (2) du contribuable, suspendre la saisie, et, sur le vu de la quittance du percepteur, il inscrit dans son procès-verbal le motif qui lui a fait suspendre son opération. Dans ce cas, le contribuable doit seulement le prix du timbre du procès-verbal, et, pour les vacations du porteur de contraintes, le prix d'une journée de garnison individuelle ainsi que le salaire des assistants, d'après le tarif arrêté par le préfet. (Art. 68.)

Si la saisie a lieu dans une commune autre que celle du

(1) La décision du sous-préfet ne ferait pas obstacle à ce que la partie se pourvût devant le président du tribunal, si l'opposition était de nature à être jugée en référé par ce magistrat, si, par exemple, elle était fondée sur une régularité de forme.

(2) Si le contribuable ne savait ou ne pouvait pas écrire, il devrait le déclarer en même temps qu'il exprimerait l'intention d'aller se libérer chez le percepteur. Cette double déclaration serait inscrite par le porteur de contraintes dans le procès-verbal signé de lui et des assistants, avec la mention que le contribuable a déclaré ne savoir ou ne pouvoir signer.

chef-lieu de perception, et que le contribuable demande également à se libérer chez le percepteur, le porteur de contraintes s'établit en qualité de garnisaire au domicile du retardataire pendant tout le temps que celui-ci emploie à effectuer sa libération, et, sur le vu de la quittance du percepteur, il inscrit dans son procès-verbal, comme il a été précédemment indiqué, le motif qui lui a fait discontinuer la saisie. Dans le second cas, le contribuable ne doit au porteur de contraintes, savoir :

S'il justifie de la quittance du percepteur dans la première journée de l'opération, que le prix d'une journée de garnison individuelle et le salaire des assistants ;

Et, si cette justification ne peut être donnée que dans la journée du lendemain, que deux journées de garnison individuelle.

Dans les cas précités, le porteur de contraintes est tenu de faire mention, à la suite du procès-verbal de suspension de saisie, de la date de la quittance du percepteur et de la somme pour laquelle elle a été délivrée.

A la fin de la seconde journée, si le contribuable retardataire n'a pas opéré sa libération ou n'en justifie pas, le porteur de contraintes exécute la saisie; alors le contribuable doit, indépendamment des frais de la saisie, deux journées de garnison individuelle (1). (Art. 68.)

55. En cas de revendication des meubles et effets saisis, l'opposition n'est portée devant les tribunaux qu'après avoir été, conformément aux lois des 5 novembre 1790 et 12 novembre 1808, déférée à l'autorité administrative. En

---

(1) Si le contribuable qui a demandé à se libérer n'apporte au percepteur qu'un à-compte sur les termes échus, et que ce comptable juge à propos de lui accorder un délai pour le surplus, il doit néanmoins donner ordre au porteur de contraintes d'achever la saisie, sauf à constituer le saisi comme gardien et à assigner pour la vente un jour éloigné.

conséquence, le percepteur se pourvoit auprès du sous-préfet, par l'intermédiaire du receveur particulier, pour qu'il y soit statué par le préfet, sous le plus bref délai (1). (Art. 69.)

56. Le porteur de contraintes qui, se présentant pour saisir, trouve une saisie déjà faite, se borne à procéder au récolement des meubles et effets saisis; et, s'il y a lieu, provoque la vente, ainsi qu'il est prescrit par les art. 611 et 612 du Code de procédure civile. (Art. 70.)

57. Lorsque le porteur de contraintes ne peut exécuter sa commission parce que les portes sont fermées ou que l'ouverture en est refusée, il a le droit d'établir un gardien aux portes pour empêcher le divertissement.

Il se retire sur-le-champ devant le maire ou l'adjoint, lequel autorise l'ouverture des portes, y assiste, et reste présent à la saisie des meubles et effets.

L'ouverture des portes et la saisie sont constatées par un seul procès-verbal dressé par le porteur de contraintes, et signé en outre par le maire ou son adjoint (2). (Art. 71.)

58. Le procès-verbal de saisie fait mention de la réquisition faite au saisi de présenter un gardien volontaire. Le porteur de contraintes est tenu d'admettre ce gardien, sur

(1) Le référé administratif qui est prescrit par l'article 69 est spécial à l'action en revendication de meubles saisis, et à la demande en distraction de meubles également saisis, mais déclarés insaisissables. (Arrêt du conseil d'État du 29 août 1809.) Il peut être formé soit par le percepteur, soit par l'opposant. (Art. 4 de la loi du 12 novembre 1808.) — Mais le référé formé par le percepteur ne dispense pas la partie opposante de la remise du mémoire prescrit par la loi du 5 novembre 1791. — Quant aux autres contestations qui surgiraient dans le cours des poursuites, le référé administratif n'est obligatoire que pour le percepteur.

(2) L'article 587 du code de procédure mentionne d'abord le juge de paix et le commissaire de police.

l'attestation de solvabilité donnée par le maire de la commune.

59. Si le saisi ne présente pas de gardien, le porteur de contraintes en établit un d'office, en observant les prohibitions portées par l'art. 598 du Code de procédure civile. (Art. 73.)

60. Il ne peut être établi qu'un seul gardien. Dans le cas où la nature des objets saisis en exigerait un plus grand nombre, il y serait pourvu sur l'avis du maire de la commune. (Art. 74.)

61. Les gardiens à la saisie sont contraignables par corps pour la représentation des objets saisis. (Art. 75.)

62. Si le gardien d'effets mobiliers saisis ne les représente pas, le percepteur se pourvoit auprès du sous-préfet en autorisation de poursuivre ce gardien devant le tribunal civil, à l'effet de le faire condamner par corps au payement des contributions dues et des frais de poursuites, conformément aux articles 2060, 2065 et 2067 du Code civil (1), et à la loi du 17 avril 1832, sur la contrainte par corps. (Art. 76.)

(1) Article 2060 du code Napoléon : « La contrainte par corps a lieu pareillement :

1° Pour dépôt nécessaire ;

« 2° En cas de réintégrande, pour le délaissement, ordonné par « justice, d'un fonds dont le propriétaire a été dépouillé par voies de « fait, pour la restitution des fruits qui ont été perçus pendant « l'indue possession, et pour le paiement des dommages et intérêts « adjugés au propriétaire ;

« 3° Pour répétition de deniers consignés entre les mains de per- « sonnes publiques établies à cet effet ;

« 4° Pour la représentation des choses déposées aux séquestres, « commissaires et autres gardiens ;

« 5° Contre les cautions judiciaires et cautions des contraignables « par corps, lesquelles se sont soumises à cette contrainte ;

« 6° Contre tous officiers publics, pour la représentation de leurs « minutes, quand elle est ordonnée ;

« 7° Contre les notaires, les avoués et les huissiers, pour la resti-

63. En cas de soustraction frauduleuse, les gardiens d'objets saisis, autres que le saisi lui-même, peuvent être poursuivis par la voie criminelle. (Art. 76 *bis.*)

Le contribuable qui aura détruit, détourné ou tenté de détourner les objets saisis sur lui et confiés à sa garde, est passible des peines portées à l'article 406 du Code pénal. Il est passible des peines portées à l'article 401, si la garde des objets saisis, et par lui détruits ou détournés, avait été confiée à un tiers. (Art. 76 *bis.*)

64. Ne peuvent être saisis pour contributions arriérées et frais faits à ce sujet (1) :

Les lits et vêtements nécessaires au contribuable et à sa famille ;

Les outils et métiers à travailler ;

Les chevaux, bœufs, mulets et autres bêtes de somme ou de trait servant au labour (2) ;

Les charrues, charrettes, ustensiles et instruments aratoires, harnais de bêtes de labourage ;

Les livres relatifs à la profession du saisi, jusqu'à la somme de trois cents francs, à son choix ;

Les machines et instruments servant à l'enseignement

« tution des titres à eux confiés, et des deniers par eux reçus pour
« leurs clients, par suite de leurs fonctions. »
Art. 2065 du même code : « La contrainte par corps en matière
« civile ne peut être prononcée pour une somme moindre de trois
« cents francs. »
Art. 2067 : « La contrainte par corps, dans le cas même où elle
« est prononcée par la loi, ne peut être appliquée qu'en vertu d'un
« jugement. »
(1) Outre les objets détaillés dans l'art. 77 du règlement, le code de procédure, par son article 592, désigne comme étant insaisissables :
1° Les objets que la loi déclare immeubles par destination ;
2° Les farines et menues denrées nécessaires à la consommation du saisi et de sa famille pendant un mois.
(2) L'article 524 du code Napoléon dit : Les animaux attachés à la culture.

pratique ou exercice des sciences et arts, jusqu'à concurrence de la même somme, et au choix du saisi ;

Les équipements des militaires, suivant l'ordonnance et le grade.

Il est laissé au contribuable saisi une vache à lait, ou deux chèvres, ou trois brebis, à son choix, avec les pailles, fourrages et grains nécessaires pour la nourriture et la litière de ces animaux pendant un mois ; plus la quantité de grains ou de graines nécessaires à l'ensemencement ordinaire des terres.

Les abeilles, les vers à soie, les feuilles de mûrier ne sont saisissables que dans les temps déterminés par les lois et usages ruraux. (Art. 77.)

Les porteurs de contraintes qui contreviennent à ces dispositions sont passibles d'une amende de cent francs.

65. A défaut d'objets saisissables, et lorsqu'il sera constant qu'il n'existe aucun moyen d'obtenir le payement de la cote d'un contribuable, il est dressé, sur papier libre, un procès-verbal de carence, en présence de deux témoins. Ce procès-verbal doit être certifié par le maire. (Art. 78.)

Le préfet décide, selon les différents cas d'insolvabilité, s'il y a lieu de mettre les frais de ce procès-verbal à la charge du percepteur, ou s'ils sont susceptibles d'être imputés, comme la cote elle-même, sur le fonds de non-valeurs. (Art. 78.)

66. L'insolvabilité des contribuables sera constatée de la manière suivante :

1° Pour les retardataires qui auraient primitivement été réputés solvables, et contre lesquels une saisie, précédée de commandement, aurait été intentée, il sera fait usage des procès-verbaux de carence prescrits par l'article 78 ; ces procès-verbaux seront individuels ou collectifs, suivant le nombre des contribuables insolvables contre lesquels la saisie aurait été dirigée dans le même jour;

2° Pour les contribuables dont l'insolvabilité serait notoire, les percepteurs devront se borner, au moment où ils reconnaîtront cette insolvabilité, à obtenir (en exécution de l'arrêté du gouvernement du 6 messidor an X) des certificats des maires attestant l'indigence desdits contribuables.

Ces comptables conserveront les certificats pour justifier du non-recouvrement des cotes, et pour former, en fin d'exercice, leurs états de cotes irrécouvrables.

Quant aux procès-verbaux de carence, ils seront rédigés en double original et sur papier libre. L'un des doubles restera entre les mains des percepteurs, pour être joint, comme pièce justificative, à l'appui des états des cotes irrécouvrables; l'autre double sera mis à l'appui des états de payement du salaire des porteurs de contraintes, pour rester ensuite à la recette particulière.

Le salaire des porteurs de contraintes et des témoins, pour les procès-verbaux de carence, est fixé par le tarif annexé au présent.

Dans le cas où les témoins auraient été pris hors de la commune, leur salaire serait alloué comme si la saisie avait été effectuée, et conformément à la taxe réglée par ce dernier acte. (Art. 78.)

Quatrième degré de poursuites. — Vente.

67. Aucune vente ne peut s'effectuer qu'en vertu d'une autorisation spéciale du sous-préfet, accordée sur la demande expresse du percepteur, par l'intermédiaire du receveur particulier. (Art. 79.)

68. Il n'est procédé à la vente des meubles et effets saisis, et de fruits pendants par racines, que huit jours après la clôture du procès-verbal de saisie (1).

Néanmoins ce délai peut être abrégé, avec l'autorisation du sous-préfet (2), lorsqu'il y a lieu de craindre le dépérissement des objets saisis. (Art. 80.)

69. Les ventes de meubles sont faites par les commissaires-priseurs, dans les villes où ils sont établis, art. 31 de la loi du 23 juillet 1820. (Art. 81.)

Toutes autres ventes sont faites par les porteurs de contraintes, dans les formes usitées pour celles qui ont lieu par autorité de justice. (Titres VIII et IX, livre V du Code de procédure civile.)

Les porteurs de contraintes et commissaires-priseurs sont tenus, sous leur responsabilité, de discontinuer la vente aussitôt que son produit est suffisant pour solder le montant des contributions dues et les frais de poursuites (3).

70. La vente doit avoir lieu dans la commune où s'opère la saisie. Il ne peut être dérogé à cette règle que d'après l'autorisation du maire (4). Dans ce dernier cas, la vente s'opère au marché le plus voisin, ou à celui qui est jugé le plus avantageux.

---

(1) Pour la saisie-brandon, le délai de huitaine ne court qu'à partir de la date du procès-verbal constatant l'apposition des affiches. (Article 629 du Code de procédure.)

(2) Le délai de huit jours, au moins, entre la signification de la saisie au débiteur et la vente, ayant été fixé par le Code de procédure, article 613, il convient de ne l'abréger qu'avec l'autorisation du tribunal outre celle du sous-préfet.

(3) Il faut y ajouter le montant des créances pour lesquelles des oppositions auraient été formées sur le produit de la vente. (Article 622 du Code de procédure.)

(4) L'autorisation du tribunal est en outre nécessaire. (Article 627 du Code de procédure.)

Les frais de transport des meubles et objets saisis sont réglés par le sous-préfet (1). (Art. 82.)

71. Il est défendu aux porteurs de contraintes et percepteurs de s'adjuger ou faire adjuger aucun des objets vendus en conséquence des poursuites faites ou dirigées par eux, sous peine de destitution. (Art. 83.)

72. Le percepteur doit être présent à la vente ou s'y faire représenter pour en recevoir les deniers. Il est responsable desdits deniers. (Art. 84.)

73. Immédiatement après avoir reçu le produit de la vente, le percepteur émarge les rôles jusqu'à concurrence des sommes dues par le saisi, et lui en délivre quittance à souche. (Art. 85.)

Il conserve en ses mains le surplus du produit de la vente jusqu'après la taxe des frais, et délivre au contri-

(1) Lorsque le porteur de contraintes se présente pour procéder au récolement et à l'enlèvement des meubles pour la vente, et qu'ayant trouvé les portes fermées, il s'est vainement adressé, pour en obtenir l'ouverture, soit au juge de paix, soit, à son défaut, au commissaire de police, soit aux autres fonctionnaires désignés par l'article 587 du Code de procédure (voir ci-dessus l'article 57 (71) du règlement), cet agent doit se borner à consigner le fait dans son procès-verbal et à en rendre compte au percepteur; de son côté, ce comptable en réfère au receveur des finances, et celui-ci se concerte avec l'autorité judiciaire sur les mesures à prendre, conformément aux articles 607 et 608 du Code de procédure.

Si l'un des fonctionnaires répond à l'appel qui lui est fait, il requiert, pour procéder à l'ouverture, un serrurier ou tout autre ouvrier, et celui-ci est tenu de déférer à cette réquisition, sous peine d'être traduit devant le tribunal de simple police, pour s'y voir condamner à l'amende portée par l'article 475, n° 12, du Code pénal.

Si le débiteur saisi était en même temps gardien des meubles qu'il refuserait de livrer, en tenant les portes fermées, ou en résistant à l'injonction de les ouvrir, cette résistance serait dénoncée au procureur impérial pour être poursuivie d'office, en exécution de l'article 400 du Code pénal, comme si le saisi s'était rendu coupable de détournement ou d'abus de confiance.

buable une reconnaissance (1) portant obligation de lui en rendre compte, et de lui restituer l'excédant, s'il y a lieu. Ce compte est rendu à la réception de l'état des frais, régulièrement taxés, inscrit à la suite du procès-verbal de vente, et signé contradictoirement par le contribuable et le percepteur (2).

74. En cas de contestation sur la légalité de la vente et d'opposition sur les fonds en provenant (3), le percepteur procède ainsi qu'il est prescrit à l'art. 69 du présent règlement. (Art. 86.)

75. Toute vente faite contrairement aux formalités prescrites par les lois donne lieu à des poursuites contre ceux qui y ont procédé, et les frais faits restent à leur charge. (Art. 87.)

Moyens conservatoires.

76. A défaut de payement de contributions par un receveur, agent, économe, notaire, commissaire-priseur, ou autres dépositaires et débiteurs de deniers provenant d'un redevable, le percepteur fait, entre les mains desdits dépositaires et débiteurs de deniers, une saisie-arrêt ou opposition. (Art. 88.)

(1) Les règlements exigent aujourd'hui qu'il soit délivré au contribuable une quittance détachée du journal à souche.

(2) En attendant, le reliquat est porté au compte des excédants de versements, dont il est question à l'article 1487 de l'Instruction générale.

Dans le cas prévu par la dernière note sur l'article 81, la somme excédant ce qui était dû au Trésor et les frais taxés est remise, sur le consentement écrit du saisi, aux créanciers opposants. En cas de contestation, cet excédant, après avoir été constaté au compte désigné dans l'alinéa précédent, est versé à la caisse des dépôts et consignations.

(3) Il s'agit ici d'oppositions entièrement contentieuses, ayant pour but d'empêcher le percepteur, soit de faire procéder à la vente, soit de s'en approprier le produit.

77. La saisie-arrêt ou opposition s'opère à la requête du percepteur, par le ministère d'un huissier ou d'un porteur de contraintes, sans autre diligence, et sans qu'il soit besoin d'autorisation préalable, suivant les formes réglées par le titre VII, livre V, du Code de procédure civile ; il en suit l'effet, conformément aux dispositions de ce Code. (Art. 89.)

La saisie-arrêt n'est pas nécessaire lorsque le percepteur a fait constater sa demande ou sa saisie-arrêt dans un procès-verbal de vente de récolte ou d'effets mobiliers, dressé par un officier ministériel. (Art. 89.)

78. Lorsque la saisie-arrêt ou opposition doit être faite entre les mains d'un receveur ou de tout autre dépositaire de deniers publics, le porteur de contraintes se conforme aux formalités prescrites par le décret du 18 août 1807. (Art. 90.)

79. Lorsqu'un percepteur est informé d'un commencement d'enlèvement furtif de meubles ou de fruits, et qu'il y a lieu de craindre la disparition du gage de la contribution, il a droit, s'il y a déjà eu un commandement, de faire procéder immédiatement, et sans autre ordre ni autorisation, à la saisie-exécution par un porteur de contraintes, et, à son défaut, par un huissier des tribunaux. (Art. 91.)

80. Si le commandement n'a pas été fait, le percepteur établit d'office, soit au domicile du contribuable, soit dans le lieu où existe le gage de l'impôt, un gardien chargé de veiller à sa conservation, en attendant qu'il puisse être procédé aux poursuites ultérieures, qui commenceront sous trois jours, au plus tard. (Art. 92.)

81. Lorsqu'il y a lieu d'appliquer les dispositions autorisées par les articles 91 et 92 ci-dessus, le percepteur en informe le maire de la commune du contribuable, et en

rend compte au receveur particulier, en lui demandant ses instructions.

Dans tous les cas, la vente ne peut être faite que dans la forme ordinaire. (Art. 93.)

Dispositions communes aux poursuites de divers degrés.

82. Les bulletins de garnison collective ou individuelle ne sont sujets ni au timbre ni à l'enregistrement. (Art. 94.)

83. Les actes de commandement, saisie-arrêt, saisie-exécution, vente, et-tous les autres actes y relatifs, doivent être sur papier timbré et enregistrés dans les quatre jours, non compris celui de la date. (Art. 95.)

84. Les originaux de commandements collectifs peuvent être rédigés sur la même feuille de papier timbré. (Art. 95 bis.)

85. Les frais de sommation à des tiers, de saisie-arrêt, saisie-exécution, saisie-brandon, vente, et de tous les actes qui s'y rapportent, sont fixés conformément au tarif ci-annexé.

86. Seront enregistrés gratis les actes de poursuites et tous autres actes, tant en action qu'en défense, ayant pour objet le recouvrement des contributions publiques et de toutes autres sommes dues à l'État, ainsi que des contributions locales, lorsqu'il s'agira de cotes, droits ou créances, non excédant en total la somme de 100 francs. (Art. 6 de la loi du 16 juin 1824.) (1).

(1) Cette disposition doit être entendue en ce sens, que le droit est dû lorsque les contributions d'un même exercice dans une même commune s'élèvent à plus de 100 francs, et qu'il ne l'est pas quand la somme de 100 francs n'est dépassée que par la réunion des contributions de plusieurs exercices ou de plusieurs communes, (Instruction de l'administration de l'enregistrement du 25 mars 1850, circulaire ministérielle du 7 août 1850; autre circulaire du

87. Lorsque, dans le délai de quatre jours mentionné à l'art. 95, les contribuables se seront libérés intégralement, tous les actes de poursuites, les procès-verbaux de vente exceptés, non encore présentés à l'enregistrement, peuvent, quoique ayant pour objet le recouvrement de cotes excédant 100 francs, être admis à la formalité gratis. Dans ce cas, indépendamment de l'annotation sur le répertoire, déjà prescrite par la décision du 28 juin 1822, les porteurs de contraintes doivent faire mention, sur l'acte de poursuite, de la libération intégrale du redevable et faire certifier cette déclaration par le percepteur.

88. Chacun des actes de poursuites délivrés par les porteurs de contraintes et garnisaires relate le prix auquel il a été taxé, sous peine de nullité. (Art. 96, 97, 98 et 99.)

89. Les fixations déterminées pour les prix des divers actes de poursuites seront affichées dans chaque bureau de perception et à la mairie de chaque commune. (Art. 100.)

90. Les receveurs particuliers des finances font imprimer et fournissent aux porteurs de contraintes et garnisaires, dans leur arrondissement respectif, les formules de bulletin de garnison collective, ceux de garnison individuelle et de commandement, indiqués aux articles 46, 51 et 57, les états de frais dont il sera question à l'art. 102, et généralement tous les modèles d'actes et de procès-verbaux relatifs aux poursuites. (Art. 101.)

Les actes de tous les degrés, sans exception, à distribuer aux contribuables devront être imprimés sur un papier de couleur différente pour chaque degré de poursuite. Les couleurs seront les mêmes dans tous les dépar-

12 juillet 1853.) Quel que soit le nombre des exercices, il n'est dû, dans le premier cas, qu'un seul droit.

tements; chaque formule d'acte sera revêtue du cachet du receveur particulier apposé à la main, et remise en compte, par ce dernier, aux agents de poursuites.

Les frais d'impression déterminés d'avance par le préfet, sur la proposition du receveur général, sont payés par les receveurs particuliers, et supportés, soit par les agents de poursuites, soit par les percepteurs, soit enfin par les receveurs eux-mêmes, ainsi qu'il est réglé, pour chaque nature de frais, par la décision ministérielle du 23 juillet 1822, notifiée aux receveurs des finances par la circulaire du 20 août 1822. Il ne peut y avoir lieu à aucune répétition contre les contribuables pour le prix de ces imprimés. (Art. 101.)

91. Tous ces imprimés devront être timbrés à l'extraordinaire par les soins des receveurs généraux, qui feront l'avance des frais de timbre pour ce qui concerne l'arrondissement du chef-lieu, et qui se feront tenir compte, par les receveurs particuliers, de ce qu'ils auront avancé momentanément pour les autres arrondissements. Ils seront sur papier de couleurs différentes. (Art. 101 bis.) Savoir :

Sommations sans frais	sur papier	vert.
Bulletins de garnison collective	—	jaune.
Bulletins de garnison individuelle	—	lilas.
Commandements	—	bleu.
Saisies	—	rouge.
Vente	—	gris.
Actes conservatoires	—	blanc.

QUATRIÈME PARTIE

Justification, règlement et recouvrement des frais de poursuites.

92. Les listes nominatives constatant les poursuites exercées par voie de garnison, l'état des commandements signifiés et le bordereau des frais résultant de tous autres actes seront dressés en double expédition (1), certifiés par les agents de poursuites, signés par le percepteur, et adressés au receveur particulier, qui, après les avoir vérifiés, en arrêtera provisoirement le montant, et les remettra au sous-préfet avec les pièces dont ils doivent être accompagnés. Ces listes, états et bordereaux ne devront comprendre que les frais résultant de la contrainte qui aura prescrit les poursuites. Ils indiqueront les noms des retardataires, la somme pour laquelle chacun d'eux aura été poursuivi, la date des actes, le prix de chaque acte de poursuite, d'après les fixations arrêtées par le préfet.

Les porteurs de contraintes joindront à l'appui les originaux des actes de commandement, saisie et vente, et la contrainte ou autorisation en vertu de laquelle ils auront agi.

93. Le sous-préfet, après vérification, arrêtera et rendra exécutoires les états de frais. Il en tiendra registre et

(1) Lorsqu'il s'agit du recouvrement des produits communaux, l'état de frais est fait en simple expédition.

renverra sans retard les deux expéditions au receveur particulier (1).

94. Lorsque le receveur particulier, en vérifiant l'état des frais de poursuites, reconnaîtra des abus dans l'application des tarifs, il proposera au sous-préfet de réduire les frais à ce qui sera légitimement dû à l'agent des poursuites. Le sous-préfet peut opérer d'office cette réduction quand il le juge nécessaire.

95. Seront rejetés et mis à la charge de l'agent qui les aura exécutés, ou du comptable qui les aura provoqués :

1° Les frais de poursuites sujets à l'enregistrement non constatés par la production des actes originaux ;

2° Les frais à l'appui desquels ne sera pas rapportée la contrainte ou l'autorisation spéciale du receveur particulier ;

3° Tous frais faits contre des contribuables notoirement insolvables, à l'époque où ils ont été poursuivis, ou pour des taxes résultant d'erreurs évidentes sur les rôles, dont le percepteur aurait négligé de demander la rectification ;

4° Les poursuites de toute nature exercées arbitrairement, ou dans un ordre contraire à celui qui est tracé par le présent règlement.

96. Les originaux des actes de poursuites et autres pièces produites à l'appui resteront déposés à la recette particulière, pour y avoir recours au besoin. (Art. 106.)

97. Le salaire et le prix des actes dus aux porteurs de contraintes et aux garnisaires seront payés par le receveur particulier, sur la quittance de ces agents, mise au pied

---

(1) Le montant et la date de la taxe seront indiqués sur les contraintes pour les poursuites par garnison et par commandement, et sur l'état n° 8 pour les autres natures des poursuites.

d'une des expéditions des états définitivement arrêtés par le sous-préfet. (Art. 107.)

Il est expressément défendu aux percepteurs de payer directement les salaires et actes de poursuites aux porteurs de contraintes ou garnisaires. (Art. 107.)

98. Les receveurs particuliers seront tenus de constater dans leurs écritures, à deux comptes spéciaux, la totalité des sommes payées par eux pour frais de poursuites, et des remboursements qui leur en seront faits par les percepteurs.

Ils enverront successivement à la recette générale une des expéditions des états de frais acquittés par les agents de poursuites. Ces pièces seront produites à la cour des comptes par le receveur général, à l'appui de son compte annuel.

99. La seconde expédition des états de frais rendus exécutoires par le sous-préfet sera remise par le receveur particulier au percepteur, qui en deviendra comptable envers le receveur particulier, et sera chargé d'en suivre le recouvrement sur les contribuables y dénommés. (Art. 109.)

100. Le percepteur est tenu d'émarger sur lesdits états les payements qui lui seront faits pour remboursement de frais, et d'en donner quittance de la même manière que pour les contributions directes. (Art. 110.)

101. Si le contribuable poursuivi veut se libérer des frais sans attendre la taxe, il est admis à en consigner le montant entre les mains du percepteur, qui lui en donne une quittance détachée de son livre à souche, et émarge le payement sur le double de la contrainte restée en ses mains. (Art. 110.)

A la réception de l'état des frais taxés, le percepteur y émarge, jusqu'à concurrence des frais à la charge du contribuable, la somme provisoirement consignée par ce dernier. Si elle excède, il tient compte de cet excédant au contribuable de la manière prescrite pour les excédants provenant des contributions directes. Si, au contraire, la somme consignée ne couvre pas le montant des frais taxés, il suit le remboursement du surplus, conformément à ce qui est prescrit.

Dans tous les cas, en transportant au rôle les états de frais taxés, il émarge les sommes versées sur ces frais par les contribuables.

102. Tout contribuable taxé est en droit d'exiger du percepteur la communication de l'état des frais sur lequel il est porté. (Art. 111.)

103. Le percepteur prévenu d'avoir frauduleusement, soit avant, soit après la taxe, exigé des frais pour une somme plus forte que celle qui est fixée par le tarif, ou arrêtée dans l'état des frais, sera traduit devant les tribunaux pour y être jugé comme concussionnaire. (Art. 112.)

104. A la fin de chaque trimestre, les receveurs particuliers remettront au sous-préfet un état présentant, par nature de poursuites, les frais faits contre les contribuables en retard. Cet état sera transmis au préfet par le sous-préfet : les receveurs particuliers en adresseront un double, visé par ce dernier, au receveur général du département, qui le transmettra au ministère, après en avoir reconnu la conformité avec ses écritures. (Art. 113.)

105. Indépendamment de la surveillance qui doit être exercée par l'autorité administrative sur les poursuites et les frais auxquels elles donnent lieu, le receveur général et les receveurs particuliers des finances sont tenus de prendre des informations sur la conduite des percepteurs, des porteurs de contraintes et des garnisaires, dans l'exercice

des poursuites effectuées contre les contribuables ; de s'assurer que lesdites poursuites ne sont faites que dans les cas prévus, dans les formes voulues et suivant les tarifs arrêtés, et de provoquer des mesures de répression contre les abus qui parviendraient à leur connaissance (1). (Art. 114.)

Le ministre secrétaire d'État des finances,
Achille FOULD.

EXTRAIT DU CODE DE PROCÉDURE CIVILE.

—

Titre VII

Des saisies-arrêts ou oppositions.

Art. 557. Tout créancier peut, en vertu de titres authentiques ou privés, saisir-arrêter entre les mains d'un tiers les sommes et effets appartenant à son débiteur, ou s'opposer à leur remise.

558. S'il n'y a pas de titre, le juge du domicile du débiteur, et même celui du domicile du tiers saisi, pourront, sur requête, permettre la saisie-arrêt et opposition.

559. Tout exploit de saisie arrêt ou opposition, fait en vertu d'un titre, contiendra l'énonciation du titre et de la somme pour laquelle elle est faite : si l'exploit est fait en vertu de la permission du juge, l'ordonnance énoncera la somme pour laquelle la saisie-arrêt ou opposition est faite, et il sera donné copie de l'ordonnance en tête de l'exploit.

Si la créance pour laquelle on demande la permission de

____

(1) Art, 25 de l'arrêté du 16 thermidor an VIII ; arrêt du Conseil d'État du 8 janvier 1813.

saisie-arrêt n'est pas liquidée, l'évaluation provisoire en sera faite par le juge. L'exploit contiendra aussi élection de domicile dans le lieu où demeure le tiers saisi, si le saisissant n'y demeure pas, le tout à peine de nullité.

560. La saisie-arrêt ou opposition entre les mains de personnes non demeurant en France, sur le continent, ne pourra point être faite au domicile du procureur du roi, elle devra être signifiée à personne ou à domicile.

561. La saisie-arrêt ou opposition formée entre les mains des receveurs, dépositaires ou administrateurs des caisses ou deniers publics, en cette qualité, ne sera point valable si l'exploit n'est fait à la personne préposée pour le recevoir, et s'il n'est visé par elle sur l'original, ou, en cas de refus, par le procureur impérial.

562. L'huissier qui aura signé la saisie-arrêt ou opposition sera tenu, s'il en est requis, de justifier de l'existence du saisissant à l'époque où le pouvoir de saisir a été donné, à peine d'interdiction, et des dommages et intérêts des parties.

563. Dans la huitaine de la saisie-arrêt ou opposition, outre un jour pour trois myriamètres de distance entre le domicile du tiers saisi et celui du saisissant, et un jour pour trois myriamètres de distance entre le domicile de ce dernier et celui du débiteur saisi, le saisissant sera tenu de dénoncer la saisie-arrêt ou opposition au débiteur saisi, et de l'assigner de validité.

564. Dans un pareil délai, outre celui en raison des distances, à compter du jour de la demande en validité, cette demande sera dénoncée, à la requête du saisissant, au tiers saisi, qui ne sera tenu de faire aucune déclaration avant que cette dénonciation lui ait été faite.

565. Faute de demande en validité, la saisie ou opposition sera nulle : faute de dénonciation de cette demande

au tiers saisi, les payements par lui faits jusqu'à la dénonciation seront valables.

566. En aucun cas il ne sera nécessaire de faire précéder la demande en validité par une citation en conciliation.

567. La demande en validité et la demande en mainlevée formée par la partie saisie seront portées devant le tribunal du domicile de la partie saisie.

568. Le tiers saisi ne pourra être assigné en déclaration, s'il n'y a titre authentique, ou jugement qui ait déclaré la saisie-arrêt ou l'opposition valable.

569. Les fonctionnaires publics dont il est parlé à l'article 561 ne seront point assignés en déclaration, mais ils délivreront un certificat constatant s'il est dû à la partie saisie, et énonçant la somme, si elle est liquide.

570. Le tiers saisi sera assigné, sans citation préalable, en conciliation, devant le tribunal qui doit connaître de la saisie ; sauf à lui, si la déclaration est constatée, à demander son renvoi devant son juge.

571. Le tiers-saisi assigné fera sa déclaration et l'affirmera au greffe, s'il est sur les lieux ; sinon devant le juge de paix de son domicile, sans qu'il soit besoin, dans ce cas, de réitérer l'affirmation au greffe.

572. La déclaration et l'affirmation pourront être faites par procuration spéciale.

573. La déclaration énoncera les causes et le montant de la dette, les payements à-compte, si aucuns ont été faits, l'acte ou les causes de libération, si le tiers saisi n'est plus débiteur, et, dans tous les cas, les saisies-arrêts ou oppositions formées entre ses mains.

574. Les pièces justificatives de la déclaration seront annexées à cette déclaration ; le tout sera déposé au greffe, et l'acte de dépôt sera signifié par un seul acte contenant constitution d'avoué.

575. S'il survient de nouvelles saisies-arrêts ou oppositions, le tiers saisi les dénoncera à l'avoué du premier saisissant, par extrait contenant les noms et élection de domicile des saisissants, et les causes des saisies-arrêts ou
oppositions.

576. Si la déclaration n'est pas contestée, il ne sera fait
aucune procédure, ni de la part du tiers saisi, ni contre lui.

577. Le tiers saisi qui ne fera pas sa déclaration ou qui
ne fera pas les justifications ordonnées par les articles ci-
dessus sera déclaré débiteur pur et simple des causes de la
saisie.

578. Si la saisie-arrêt ou opposition est formée sur effets
mobiliers, le tiers-saisi sera tenu de joindre à sa déclaration un état détaillé desdits effets.

579. Si la saisie-arrêt ou opposition est déclarée valable,
il sera procédé à la vente et distribution du prix, ainsi
qu'il sera dit au titre de la distribution par contribution.

580. Les traitements et pensions dus par l'État ne pourront être saisis que pour la portion déterminée par les lois
ou par les règlements des ordonnances royales.

581. Seront insaisissables : 1° les choses déclarées insaisissables par la loi; 2° les provisions alimentaires adju-
gées par justice; 3° les sommes et objets disponibles déclarés insaisissables par le testateur ou donateur; 4° les
sommes et pensions pour aliments, encore que le testament ou l'acte de donation ne les déclare pas insaisissables.

582. Les provisions alimentaires ne pourront être saisies que pour cause d'aliments; les objets mentionnés aux
n°⁵ 3 et 4 du présent article pourront être saisis par des
créanciers postérieurs à l'acte de donation ou à l'ouverture
du legs, et ce en vertu de la permission du juge, et pour
la portion qu'il déterminera.

Titre VIII

Des saisies-exécutions.

583. Toute saisie-exécution sera précédée d'un commandement à la personne ou au domicile du débiteur, fait au moins un jour avant la saisie, et contenant notification du titre, s'il n'a déjà été notifié.

584. Il contiendra élection de domicile jusqu'à la fin de la poursuite, dans la commune ou doit se faire l'exécution, si le créancier n'y demeure, et le débiteur pourra faire à ce domicile élu toutes significations, mêmes d'offres réelles et d'appel.

585. L'huissier sera assisté de deux témoins, Français, majeurs, non parents ni alliés des parties ou de l'huissier jusqu'au degré de cousin issu de germain inclusivement, ni leurs domestiques ; il énoncera sur le procès-verbal leurs noms, professions et demeures : les témoins signeront l'original et les copies. La partie poursuivante ne pourra être présente à la saisie.

586. Les formalités des exploits seront observées dans les procès-verbaux de saisie-exécution ; ils contiendront itératif commandement, si la saisie est faite en la demande du saisi.

587. Si les portes sont fermées, ou si l'ouverture en est refusée, l'huissier pourra établir un gardien aux portes pour empêcher le divertissement : il se retirera sur-le-champ, sans assignation, devant le juge de paix, ou, à son défaut, devant le commissaire de police, et, dans les communes ou il n'y en a pas, devant le maire, et, à son défaut, devant l'adjoint, en présence desquels l'ouverture des portes, même celles des meubles fermant sera faite au fur et à mesure de la saisie. L'officier qui se transportera ne dressera point de procès-verbal, mais il signera celui de

l'huissier, lequel ne pourra dresser du tout qu'un seul et même procès-verbal.

588. Le procès-verbal contiendra la désignation détaillée des objets saisis : s'il y a des marchandises, elles seront pesées, mesurées ou jaugées, suivant leur nature.

589. L'argenterie sera spécifiée par pièces et poinçons, et elle sera pesée.

590. S'il y a des deniers comptants, il sera fait mention du nombre et de la qualité des espèces; l'huissier les déposera au lieu établi pour les consignations, à moins que le saisissant et la partie saisie, ensemble les opposants, s'il y en a, ne conviennent d'un autre dépositaire.

591. Si le saisi est absent, ou qu'il y ait refus d'ouvrir aucune pièce ou meuble, l'huissier en requerra l'ouverture, et, s'il se trouve des papiers, requerra l'apposition des scellés par l'officier appelé pour l'ouverture.

592. Ne pourront être saisis : 1° les objets que la loi déclare immeubles par destination (1); 2° le coucher né-

(1) Article 524 du Code Napoléon : — « Les objets que le proprié-
« taire d'un fonds y a placés pour le service et l'exploitation de
« ce fonds sont immeubles par destination. — Ainsi, sont immeubles
« par destination, quand ils ont été placés par le propriétaire pour
« le service et l'exploitation du fonds, — les animaux attachés à
« la culture, — les ustensiles aratoires, — les semences données
« aux fermiers ou colons partiaires, — les pigeons des colombiers,
« — les lapins des garennes, — les ruches à miel, — les poissons
« des étangs, — les pressoires, chaudières, alambics, cuves et
« tonnes, — les ustensiles nécessaires à l'exploitation des forges,
« papeteries et autres usines, — les pailles et engrais. — Sont aussi
« immeubles par destination tous effets mobiliers que le proprié-
« taire a attachés au fonds à perpétuelle demeure. »
Art. 525 du même Code : « Le propriétaire est censé avoir à son
« fonds des effets mobiliers à perpétuelle demeure, quand ils y sont
« scellés en plâtre ou à chaux ou à ciment, ou lorsqu'ils ne peu-
« vent être détachés sans être fracturés et détériorés, ou sans bri-
« ser ou détériorer la partie du fonds à laquelle ils sont attachés.
« — Les glaces d'un appartement sont censées mises à perpétuelle
« demeure, lorsque le parquet sur lequel elles sont attachées fait

cessaire des saisis, ceux de leurs enfants vivant avec eux, les habits dont les saisis sont vêtus et couverts ; 3° les livres relatifs à la profession du saisi, jusqu'à la somme de 300 francs, à son choix ; 4° les machines et instruments servant à l'enseignement pratique ou exercice des sciences et arts, jusqu'à concurrence de la même somme, et au choix du saisi ; 5° les équipements des militaires, suivant l'ordonnance et le grade ; 6° les outils des artisans nécessaires à leurs occupations personnelles ; 7° les farines et menues denrées nécessaires à la consommation du saisi et de sa famille pendant un mois ; 8° enfin une vache, ou trois brebis ou deux chèvres, au choix du saisi, avec les pailles, fourrages et grains nécessaires pour la litière et la nourriture desdits animaux pendant un mois.

593. Lesdits objets ne pourront être saisis pour aucune créance, même celle de l'État, si ce n'est pour aliments fournis à la partie saisie, ou journées dues aux fabricants ou vendeurs desdits objets, ou à celui qui aura prêté pour les acheter, fabriquer ou réparer ; pour fermages et moissons des terres à la culture desquelles ils sont employés ; loyers des manufactures, moulins, pressoirs, usines dont ils dépendent, et loyers des lieux servant à l'habitation personnelle du débiteur.

Les objets spécifiés sous le n° 2 du précédent article ne pourront être saisis pour aucune créance.

594. En cas de saisie d'animaux et ustensiles servant à l'exploitation des terres, le juge de paix pourra, sur la demande du saisissant, le propriétaire et le saisi entendus ou appelés, établir un gérant à l'exploitation.

« corps avec la boiserie. — Il en est de même des tableaux et
« autres ornements. — Quant aux statues, elles sont immeubles
« lorsqu'elles sont placées dans une niche pratiquée exprès pour
« les recevoir, encore qu'elles puissent être enlevées sans fracture
« ou détérioration. »

595. Le procès-verbal contiendra indication du jour de la vente.

596. Si la partie saisie offre un gardien solvable, et qui se charge volontairement et sur-le-champ, il sera établi par l'huissier.

597. Si le saisi ne présente gardien solvable et de la qualité requise, il en sera établi un par l'huissier.

598. Ne pourront être établis gardiens, le saisissant, son conjoint, ses parents et alliés jusqu'au degré issu de germain inclusivement, et ses domestiques ; mais le saisi, son conjoint, ses parents, alliés et domestiques pourront être établis gardiens, de leur consentement et de celui du saisissant.

599. Le procès-verbal sera fait sans déplacer ; il sera signé par le gardien en l'original et la copie ; s'il ne sait signer, il en sera fait mention, et il lui sera laissé copie du procès-verbal.

600. Ceux qui, par voie de fait, empêcheraient l'établissement du gardien, ou qui enlèveraient ou détourneraient des effets saisis, seront poursuivis conformément au Code d'instruction criminelle.

601. Si la saisie est faite au domicile de la partie, copie lui sera laissée sur-le-champ du procès-verbal, signée des personnes qui auront signé l'original. Si la partie est absente, copie en sera remise au maire ou adjoint, ou au magistrat qui, en cas de refus d'ouverture de portes, aura fait faire ouverture, et qui visera l'original.

602. Si la saisie est faite hors du domicile et en l'absence du saisi, copie lui sera notifiée dans le jour, outre un jour pour trois myriamètres, sinon les frais de garde et le délai pour la vente ne courront que du jour de la notification.

603. Le gardien ne peut se servir des choses saisies, les louer ou prêter, à peine de privation des frais de garde et

de dommages-intérêts au paiement desquels il sera contraignable par corps.

604. Si les objets saisis ont produit quelques profits ou revenus, il est tenu d'en compter, même par corps.

605. Il peut demander sa décharge si la vente n'a pas été faite au jour indiqué par le procès-verbal, sans qu'elle ait été empêchée par quelque obstacle, et, en cas d'empêchement, la décharge peut être demandée deux mois après la saisie, sauf au saisissant à faire nommer un autre gardien.

606. La décharge sera demandée contre le saisissant et le saisi par une assignation en référé devant le juge du lieu de la saisie; si elle est accordée, il sera préalablement procédé au récolement des effets saisis, parties appelées.

607. Il sera passé outre nonobstant toutes réclamations de la part de la partie saisie, sur lesquelles il sera statué en référé.

608. Celui qui se prétendra propriétaire des objets saisis ou de la partie d'iceux pourra s'opposer à la vente par exploit signifié au gardien et dénoncé au saisissant et au saisi, contenant assignation libellée, et l'énonciation des preuves de propriété, à peine de nullité. Il y sera statué par le tribunal du lieu de la saisie en matière sommaire.

Le réclamant qui succombera sera condamné, s'il y échet, aux dommages et intérêts du saisissant.

609. Les créanciers du saisi, pour quelque cause que ce soit, même pour loyers, ne pourront former opposition que sur le prix de la vente; leurs oppositions en contiendront les causes ; elles seront signifiées au saisissant et à l'huissier ou autre officier chargé de la vente, avec élection de domicile dans le lieu où la saisie est faite, si l'opposant n'y

est pas domicilié : le tout à peine de nullité des oppositions, et des dommages et intérêts contre l'huissier, s'il y a lieu.

610. Le créancier opposant ne pourra faire aucune poursuite, si ce n'est contre la partie saisie, et pour obtenir condamnation ; il n'en sera fait aucune contre lui, sauf à discuter les causes de son opposition lors de la distribution des deniers.

611. L'huissier qui, se présentant pour saisir, trouverait une saisie déjà faite et un gardien établi, ne pourra pas saisir de nouveau ; mais il pourra procéder au récolement des meubles et effets sur le procès-verbal, que le gardien sera tenu de lui représenter ; il saisira les effets omis, et fera sommation au premier saisissant de vendre le tout dans la huitaine ; le procès-verbal de récolement vaudra opposition sur les deniers de la vente.

612. Faute par le saisissant de faire vendre dans le délai ci-après fixé, tout opposant ayant titre exécutoire pourra, sommation préalablement faite au saisissant, et sans former aucune demande en subrogation, faire procéder au récolement des effets saisis, sur la copie du procès-verbal de saisie, que le gardien sera tenu de représenter, et de suite à la vente.

613. Il y aura au moins huit jours entre la signification de la saisie au débiteur et la vente.

614. Si la vente se fait un jour autre que celui indiqué par la signification, la partie saisie sera appelée, avec un jour d'intervalle, outre un jour pour trois myriamètres en raison de la distance du domicile du saisi et du lieu où les effets seront vendus.

615. Les opposants ne seront point appelés.

616. Le procès-verbal de récolement qui précédera la vente ne contiendra aucune énonciation des effets saisis, mais seulement de ceux en déficit, s'il y en a.

617. La vente sera faite au plus prochain marché public, aux jour et heure ordinaires des marchés, ou un jour de dimanche : pourra néanmoins le tribunal permettre de vendre les effets en un autre lieu plus avantageux. Dans tous les cas, elle sera annoncée un jour auparavant par quatre placards au moins, affichés l'un au lieu où sont les effets, l'autre à la porte de la maison commune, le troisième au marché du lieu, et, s'il n'y en a pas, au marché voisin ; le quatrième à la porte de l'auditoire de la justice de paix, et, si la vente se fait dans un lieu autre que le marché ou le lieu où sont les effets, un cinquième placard sera apposé au lieu où se fera la vente. La vente sera en outre annoncée par la voie des journaux, dans les villes où il y en a.

618. Les placards indiqueront les lieu, jour et heure de la vente, et la nature des objets, sans détail particulier.

619. L'opposition sera constatée par exploit, auquel sera annexé un exemplaire du placard.

620. S'il s'agit de barques, chaloupes et autres bâtiments de mer, du port de dix tonneaux et au-dessous, bacs, galiotes, bateaux et autres bâtiments de rivières, moulins et autres édifices mobiles assis sur bateaux, ou autrement, il sera procédé à leur adjudication sur les ports, gares ou quais où ils se trouvent ; il sera affiché quatre placards au moins, conformément à l'article précédent, et il sera fait, à trois divers jours consécutifs, trois publications au lieu où sont lesdits objets : la première publication ne sera faite que huit jours au moins après la signification de la saisie. Dans les villes où il s'imprime des journaux, il sera suppléé à ces trois publications par l'insertion, qui sera faite au journal, de l'annonce de ladite vente, laquelle annonce sera répétée trois fois dans le cours du mois précédent la la vente.

621. La vaisselle d'argent, les bagues et joyaux de la valeur de 300 francs au moins, ne pourront être vendus qu'après placards apposés en la forme ci-dessus, et trois expositions, soit au marché, soit dans l'endroit où sont lesdits effets, sans que néanmoins, dans aucun cas, lesdits objets puissent être vendus au-dessous de leur valeur réelle, s'il s'agit de vaisselle d'argent, ni au-dessous de l'estimation qui en aura été faite par des gens de l'art, s'il s'agit de bagues et joyaux. Dans les villes où il s'imprime des journaux, les trois publications seront suppléées comme il est dit en l'article précédent.

622. Lorsque la valeur des effets saisis excédera le montant des causes de la saisie et des oppositions, il ne sera procédé qu'à la vente des objets suffisant à fournir une somme nécessaire pour le payement des créances et frais.

623. Le procès-verbal constatera la présence ou le défaut de comparution de la partie saisie.

624. L'adjudication sera faite au plus offrant, en payant comptant : faute de payement, l'effet sera revendu sur-le-champ, à la folle enchère de l'adjudicataire.

625. Les commissaires-priseurs et huissiers seront personnellement responsables du prix des adjudications, et feront mention, dans leurs procès-verbaux, des noms et domiciles des adjudicataires ; ils ne pourront recevoir d'eux aucune somme au-dessus de l'enchère, à peine de concussion.

Titre IX

*De la saisie des fruits pendants par racine, ou de la
saisie-brandon.*

626. La saisie-brandon ne pourra être faite que dans les
six semaines qui précéderont l'époque ordinaire de la maturité des fruits ; elle sera précédée d'un commandement,
avec un jour d'intervalle.

627. Le procès-verbal de saisie contiendra l'indication
de chaque pièce, sa contenance et sa situation, et deux au
moins de ses tenants et aboutissants et la nature des
fruits.

628. Le garde-champêtre sera établi gardien, à moins
qu'il ne soit compris dans l'exclusion portée par l'art. 598 ;
s'il n'est présent, la saisie lui sera signifiée ; il sera aussi
laissé au maire de la commune un état de la situation, et
l'original sera visé par lui.

Si les communes sur lesquelles les biens sont situés
sont contiguës ou voisines, il sera établi un seul gardien,
autre néanmoins qu'un garde-champêtre : le visa sera
donné par le maire de la commune du chef-lieu de l'exploitation, et, s'il n'y en a pas, par le maire de la commune
où est située la majeure partie des biens.

629. La vente sera annoncée par placards affichés, huitaine au moins avant la vente, à la porte du saisi, à la
porte de la maison commune, et, s'il n'y en a pas, au lieu
où s'apposent les actes de l'autorité publique ; au principal
marché du lieu, et, s'il n'y en a pas, au marché le plus
voisin, et à la porte de l'auditoire de la justice de
paix.

630. Les placards désigneront les jour, heure et lieu de
la vente, les noms et demeures du saisi et du saisissant,

la quantité d'hectares, et la nature de chaque espèce de fruit, la commune où ils sont situés, sans autre désignation.

631. L'apposition des placards sera constatée ainsi qu'il est dit au titre des saisies-exécutions.

632. La vente sera faite un jour de dimanche ou de marché.

633. Elle pourra être faite sur les lieux ou sur la place de la commune où est située la majeure partie des objets saisis.

La vente pourra être faite sur le marché du lieu, et, s'il n'y en a pas, sur le marché le plus voisin.

634. Seront au surplus observées les formalités prescrites au titre des saisies-exécutions.

635. Il sera procédé à la distribution du prix de la vente, ainsi qu'il sera dit au titre de la distribution par contribution.

Loi relative au privilége du Trésor public, pour le recouvrement des contributions directes, du 12 novembre 1808.

Art. 1er. Le privilége du Trésor public pour le recouvrement des contributions directes est réglé ainsi qu'il suit, et s'exerce avant tout autre :

1° Pour la contribution foncière de l'année échue et de l'année courante, sur les récoltes, fruits, loyers et revenus des biens immeubles sujets à la contribution ;

2° Pour l'année échue et l'année courante des contributions mobilières des portes et fenêtres, des patentes, et toute autre contribution directe et personnelle, sur tous les meubles et autres effets mobiliers appartenant aux redevables, en quelque lieu qu'ils se trouvent.

2. Tous fermiers, locataires, receveurs, économes, notaires, commissaires-priseurs et autres dépositaires et débiteurs de deniers provenant du chef des redevables, et affectés au privilége du Trésor public, seront tenus, sur la demande qui leur en sera faite, de payer en l'acquit des redevables et sur le montant des fonds qu'ils doivent ou qui sont èn leurs mains, jusqu'à concurrence de tout ou partie des contributions dues par ces derniers. Les quittances des percepteurs, pour les sommes légitimement dues, leur seront allouées en compte.

3. Le privilége attribué au Trésor public, pour le recouvrement des contributions directes, ne préjudicie point aux autres droits qu'il pourrait exercer sur les biens des redevables, comme tout autre créancier.

4. Lorsque, dans le cas de saisie de meubles et autres effets mobiliers pour le payement des contributions, il s'élèvera une demande en revendication de tout ou partie desdits meubles et effets, elle ne pourra être portée devant les tribunaux ordinaires qu'après avoir été soumise, par l'une des parties intéressées, à l'autorité administrative, aux termes de la loi du 5 novembre 1790.

Extrait de la loi relative au payement des sommes séquestrées et déposées, des 5-18 août 1791.

§ 1er. L'assemblée nationale décrète que tous huissiers-priseurs, receveurs de consignations, commissaires aux saisies réelles, notaires, séquestres et tous autres dépositaires de deniers, ne remettront aux héritiers, créauciers et autres personnes ayant droit de toucher, les sommes séquestrées et déposées, qu'en justifiant du payement des impositions mobilières et contributions patriotiques dues par les personnes du chef desquelles lesdites sommes seront provenues ; seront même autorisés, en tant que de besoin, lesdits séquestres et dépositaires, à payer directement les contributions qui se trouveraient dues, avant de procéder à la délivrance des deniers, et les quittances desdites contributions leur seront passées en compte.

Extrait de la loi du 5 novembre 1790. (Voir l'art. 69 du règlement, et à la suite de la présente loi, l'avis du Conseil d'État du 25 août 1825.)

Art. 13. Toutes actions en justice, principales, incidentes ou en reprise, qui seront intentées par les corps administratifs, le seront au nom du procureur général syndic du département, poursuite et diligence du procureur syndic du district, et ceux qui voudront en intenter contre ces corps seront tenus de les diriger contre ledit procureur général syndic.

14. Il ne pourra être intenté aucune action par le procureur général syndic, qu'ensuite d'un arrêté du directoire du département, pris sur l'avis du district, à peine de nullité et responsabilité, excepté pour les objets de simple recouvrement.

15. Il ne pourra en être exercé aucune contre ledit procureur général syndic, en sadite qualité, par qui que ce soit, sans qu'au préalable on ne se soit pourvu par simple mémoire, d'abord au directoire du district, pour donner son avis, ensuite au directoire du département, pour donner une décision, aussi à peine de nullité. Les directoires de district et de département statueront sur le mémoire dans le mois, à compter du jour qu'il aura été remis, avec les pièces justificatives, au secrétariat du district, dont le secrétaire donnera son récépissé, et dont il fera

mention sur le registre qu'il tiendra à cet effet. La remise et l'enregistrement du mémoire interrompront la prescription et, dans le cas où les corps administratifs n'auraient pas statué à l'expiration du délai ci-dessus, il sera permis de se pourvoir devant les tribunaux.

16. Les frais qui seront légitimement faits par les directoires de département et de district, dans la suite du procès, passeront dans la dépense de leurs comptes.

Avis du Conseil d'État, en date du 28 août 1823, approuvé par le ministre des Finances, sur la marche à suivre par les préfets qui plaident au nom de l'État et par les particuliers qui plaident contre lui. (Voir la 2ᵉ note sur l'art. 69 du règlement.)

Le Conseil d'État, sur le renvoi fait, par Monseigneur le garde des sceaux, des questions suivantes, résultant d'une lettre adressée à sa Grandeur par Son Excellence le ministre des Finances, le 2 mai 1823 :

1° Si, avant d'intenter ou de soutenir des actions dans l'intérêt de l'État, les préfets doivent y être autorisés par les conseils de préfecture, où s'ils ne doivent pas du moins prendre leur avis ;

2° Si les particuliers qui se proposent de plaider contre l'État sont obligés de remettre préalablement à l'autorité administrative un mémoire expositif de leur demande, et si ce mémoire doit être remis au préfet ou au conseil de préfecture :

Sur la première question.

Considérant qu'aux termes de l'art. 14 de la loi du 5 novembre 1790 et de l'art. 13 de celle du 25 mars 1791, les procureurs généraux syndics de département, et les commissaires du gouvernement qui les ont remplacés, ne pouvaient suivre les procès qui concernent l'État sans l'autorisation des directoires de département ou des administrations centrales qui leur ont été substituées ;

Que cette disposition était une conséquence du système d'alors, qui plaçait dans les autorités collectives l'administration tout entière, et réduisait les procureurs généraux syndics et les commissaires du gouvernement à de simples agents d'exécution, qui ne pouvaient agir qu'en vertu d'une délibération ou autorisation ;

Mais que cet état de choses a été changé par la loi du 28 pluviôse an VIII, qui dispose, article 3, que le préfet est chargé seul de l'administration, et statue, par cela même qu'il peut seul, sans le concours d'une autorité secondaire, exercer les actions judiciaires qui le concernent en sa qualité d'administrateur ;

Que d'ailleurs l'art. 4 de la même loi, qui détermine les fonctions des conseils de préfecture, leur attribue la connaissance des demandes formées par les communes pour être autorisées à plaider ; que cet article ni aucun autre ne soumet à leur autorisation, ni à leur examen ou avis, les procès que les préfets doivent intenter ou soutenir ;

Sur la deuxième question.

Considérant qu'aux termes de l'art. 15 de la loi du 5 novembre 1790, les particuliers qui se proposaient de former une demande contre l'État devaient en faire connaître la nature par un mémoire qu'ils étaient tenus de remettre au directoire du département avant de se pourvoir en justice ;

Que cette disposition, utile à toutes les parties en cause,

puisqu'elle a pour objet de prévenir les procès ou de les concilier, s'il est possible, n'a été abrogée explicitement ni implicitement par la loi du 28 pluviôse an VIII ;

Mais que le mémoire dont parle cet article doit être remis au préfet, qui est chargé seul d'administrer et de plaider, et non au conseil de préfecture, qui n'a reçu de la loi aucune attribution à cet égard ;

Est d'avis que : 1° dans l'exercice des actions judiciaires que la loi leur confie, les préfets doivent se conformer aux instructions qu'ils recevront du gouvernement, et que les conseils de préfecture ne peuvent, sous aucun rapport, connaître de ses actions ;

2° Que, conformément à l'art. 15 de la loi du 5 décembre 1790, nul ne peut intenter une action contre l'État, sans avoir préalablement remis à l'autorité administrative le mémoire mentionné en cet article 13 ; et que ce mémoire doit être adressé, non au conseil de préfecture, mais au préfet, qui statuera dans le délai fixé par la loi.

Extrait du décret du 18 août 1807, qui prescrit des formalités pour les saisies-arrêts ou oppositions entre les mains des receveurs ou administrateurs des caisses et deniers publics.

Art. 1er. Indépendamment des formalités communes à tout exploit de saisie-arrêt ou opposition entre les mains des receveurs, dépositaires ou administrateurs dès caisses ou des deniers publics, en cette qualité, exprimera clairement les noms et qualités de la partie saisie ; il contiendra, en outre, la désignation de l'objet saisi.

2. L'exploit énoncera pareillement la somme pour laquelle la saisie-arrêt ou opposition est faite ; il sera

fourni, avec copie de l'exploit, auxdits receveurs, caissiers ou administrateurs, copie ou extrait en forme du titre du saisissant.

3. A défaut, par le saisissant, de remplir les formalités prescrites par les articles 1 et 2 ci-dessus ; la saisie-arrêt ou opposition sera regardée comme non-avenue.

4. La saisie-arrêt ou opposition n'aura d'effet que jusqu'à concurrence de la somme portée en l'exploit.

5. La saisie-arrêt ou opposition formée entre les mains des receveurs, dépositaires ou administrateurs de caisses ou de deniers publics, en cette qualité, ne sera point valable, si l'exploit n'est fait à la personne préposée pour le recevoir, et s'il n'est pas visé par elle sur l'original, ou, en cas de refus, par le procureur impérial près le tribunal de première instance de leur résidence, lequel en donnera de suite avis aux chefs des administrations respectives.

6. Les receveurs, dépositaires ou administrateurs seront tenus de délivrer, sur la demande du saisissant, un certificat qui tiendra lieu, en ce qui les concerne, de tous autres actes et formalités prescrits, à l'égard des tiers saisis, par le titre XX du livre III du Code de procédure civile.

S'il n'est rien dû ou saisi, le certificat l'énoncera.

Si la somme due ou saisie est liquide, le certificat en déclarera le montant.

Si elle n'est pas liquide, le certificat l'exprimera.

7. Dans les cas où il serait survenu des saisies-arrêts ou oppositions sur la même partie et pour le même objet, les receveurs, dépositaires ou administrateurs sont tenus, dans les certificats qui leur seront demandés, de faire mention desdites saisies-arrêts ou oppositions, et de désiguer les

noms et élection de domicile des saisissants, et les causes desdites saisies-arrêts ou oppositions.

8. S'il survient de nouvelles saisies-arrêts ou oppositions depuis la délivrance d'un certificat, les receveurs, dépositaires ou administrateurs seront tenus, sur la demande qui leur en sera faite, d'en fournir un extrait contenant pareillement les noms et élection de domicile des saisissants, et les causes desdites saisies-arrêts ou oppositions.

9. Tout receveur, dépositaire ou administrateur de caisses ou de deniers publics, entre les mains duquel il existera une saisie-arrêt ou opposition sur une partie prenante, ne pourra vider ses mains sans le consentement des parties intéressées, ou sans y être autorisé par justice.

10. Notre grand juge ministre de la justice et nos ministres des Finances et du Trésor public sont chargés, chacun en ce qui le concerne, de l'exécution du présent décret.

Napoléon.

Remises et modérations. — Décharges et réductions. —
Réimpositions.

Remise. — Action de décharger un contribuable de son obligation de payer tout ou partie de ses impôts.

Modération. — Diminution d'un prix de contribution ou d'une taxe.

Décharge. — Dégrèvement d'une cote indûment portée au rôle, ou affaiblissement d'une taxe trop forte.

Réduction. — Enlèvement d'une surtaxe sur les contributions.

Réimposition. — Signifie imposition nouvelle.

Le contribuable qui se croit mal ou trop imposé a le droit de former une demande tendant à faire diminuer ou enlever ses contributions.

La réclamation est, dans l'espèce, l'action par laquelle un contribuable revendique ce qu'il croit être son droit.

Les réclamations sont adressées au préfet lorsqu'elles ont pour objet des contributions imposées dans les communes de l'arrondissement du chef-lieu, et au sous-préfet lorsqu'elles concernent les contributions imposées dans les communes des autres arrondissements.

Les réclamations en matière de contributions directes sont au nombre de quatre, savoir :

1° Demande en décharge ;

2° Demande en réduction ;

3° Demande en remise ;

4° Demande en modération.

Tout contribuable indûment imposé a droit à une *décharge*.

Tout contribuable a droit à une *réduction* quand il existe une surtaxe à son préjudice.

Tout contribuable qui a perdu la totalité du revenu afférent à un objet imposé a droit à une *remise*.

Tout contribuable qui a perdu une partie du revenu pour lequel il est imposé a droit à une *remise*..

Il peut également être accordé, à *titre gracieux*, des remises et des modérations aux contribuables qui ont éprouvé des pertes imprévues, ou que des circonstances malheureuses ont mis dans l'impossibilité d'acquitter leurs contributions.

Toutes les réclamations, sauf celles relatives aux prestations ou aux côtes inférieures à 30 francs, doivent être établies sur des feuilles de papier timbré de cinquante centimes. Ces réclamations doivent être accompagnées de l'avertissement des contributions et de la quittance des termes échus.

(Si la pétition est produite dans le mois de janvier, c'est-à-dire immédiatement après la distribution des avertissements, comme il n'y a pas de termes échus, on peut s'abstenir d'y joindre une quittance.)

Les réclamations doivent être signées par ceux-là même qui les adressent. — Dans le cas où il ne sauraient signer, une tierce personne se substitue à la personne intéressée ; alors elle joindra à l'envoi un pouvoir régulier ou tout au moins une lettre déclarant qu'elle est officiellement investie de cette mission. Au bas de sa réclamation on ajoutera alors : *Ledit réclamant, ci-dessus désigné, déclare ne pas savoir signer.*

Quelque soit le délai que la loi accorde aux réclamants, il leur est avantageux de présenter leurs réclamations le plus vite possible.

Nota. — A la suite de cet ouvrage, nous avons donné des modèles pouvant s'appliquer à tous les cas de réclamations relatifs aux contributions directes.

Par arrêté du 24 floréal an VIII (arrêté complété par l'instruction ministérielle du 26 prairial de la même année) :

« Les contribuables qui ont éprouvé des pertes de re-
« venu soit par vacance de maisons habituellement en lo-
« cation, soit par grêle, soit par incendie, soit par inon-
« dation, soit par tous autres événements extraordinaires,
« sont susceptibles d'obtenir remise entière ou modération
« de leur taxe. »

« Les contribuables qui ont perdu tous les revenus sur
« lesquels portent leur taxe sont susceptibles d'en obtenir,
« la remise ; si toutefois les fonds de non-valeurs étaient
« insuffisants, ils seraient seulement alors dégrevés pro-
« portionnellement aux ressources existantes. »

« Si les contribuables n'ont été privés que de la perte
« d'une partie de leurs revenus faisant l'objet de la taxe,
« ils sont alors susceptibles d'en obtenir modération. »

En vertu des lois du 24 floréal an VIII, article 24 ; du 15 septembre 1807, articles 37 et 38 ; du 25 avril 1844, article 22 ; du 8 juillet 1852, article 13 ; tout contribuable taxé aux rôles de la contribution foncière pour un bien qui n'est pas sien, ou dans une commune autre que celle ou existe sa propriété, est susceptible d'obtenir décharge : il en est de même pour celui qui se trouverait taxé deux fois sur le même rôle pour la même propriété.

Les réclamations contre la contenance, le classement ou l'évaluation des propriétés non bâties, doivent, à peine de déchéance, être présentées dans les six mois qui suivent l'émission du premier rôle cadastral. (Isoard.)

Les propriétaires de propriétés bâties peuvent, en cas de destruction ou d'anéantissement, se pourvoir en décharge, et demander la réduction pour surtaxe, s'il y a eu destruction partielle de bâtiments. Ils peuvent également, à toute époque de l'année, se pourvoir en décharge ou réduction des contributions foncières et des portes et fenêtres, s'il y a eu surtaxe de leurs bâtiments.

Les demandes de dégrèvement pour démolitions ayant eu lieu durant l'année doivent être présentées dans la quinzaine qui suit la fin de la démolition.

Chômages d'usines et vacances de maisons.

Les demandes de remise ou de modération pour vacances de maisons ou chômages d'usines doivent être faites dans la quinzaine qui suit la vacance ou le chômage.

Cet article méritant une étude sérieuse pour les intéressés, ils peuvent consulter à ce sujet les lois du 3 frimaire an VII, article 84 ; 15 septembre 1807, article 38 ; 28 juin 1839, article 5 ; ainsi que les circulaires des 31 août 1844, 16 février 1846 et 14 août 1847.

En vertu des circulaires administratives relatives aux contributions directes des 25 mars et 28 août 1828, 30 juin et 24 septembre 1856, et 27 novembre 1857, il est délivré aux percepteurs, par les préfets, des mandats imputables sur les fonds de non-valeurs pour les frais de poursuites irrécouvrables.

Par circulaire du 12 mars 1823, les réclamations des contribuables et les demandes des percepteurs pour cotes indûment imposées dans les rôles de l'année doivent forcément être instruites et appréciées avant la 2e quinzaine de septembre, de telle sorte que la rectification ou la radiation des articles ainsi que la réimposition des décharges et réductions puissent être faites sur les rôles de l'année suivante, la confection de ces rôles ayant lieu dans le courant d'octobre.

En vertu de la loi du 25 avril 1844 art. 32, les dégrèvements accordés sur la contribution des patentes ne sont jamais réimposés ; car, conformément à la nature de cet impôt de quotité, les erreurs commises dans son assiette, erreurs préjudiciables aux contribuables, ne peuvent influencer en rien la contribution des autres patentables.

Ordonnances de décharges.

L'arrêté du 10 mars 1823 et les circulaires des 20 juin, 5 octobre et 27 novembre 1823, celles des 16 septembre, 25 octobre et 22 décembre 1825, ainsi que celle du 8 mai 1856, prescrivent que les trésoriers-payeurs généraux et les receveurs particuliers des finances adressent aux percepteurs, avec un bordereau *ad hoc*, les ordonnances pour décharges et réductions, remises et modérations délivrées par les préfets ou sous-préfets.

Les percepteurs, au reçu de ces ordonnances, en inscrivent le montant à l'article de chaque contribuable sur le

11

rôle de l'année pour laquelle elles ont été émises : inscription en est faite d'abord sur le registre spécial des ordonnances qui doit être tenu par les percepteurs. (Circulaires de la comptabilité générale des 14 août et 4 octobre 1839, 27 février 1847, 31 août 1848 et 29 juillet 1856.)

Excédants de versements résultant de l'emploi de ces ordonnances.

Lorsqu'il a été payé par les contribuables des sommes qui, jointes aux dégrèvements accordés, surpassent le total de l'article du rôle auquel ils s'appliquent, la partie excédant cet article est imputée en paiement des sommes qui pourraient être dues par ces mêmes contribuables, tant sur les contributions ou frais de poursuites que sur les produits divers (1).

(1) Lorsqu'après avoir acquitté le montant total de ses contributions de l'année, un contribuable obtient, sur sa demande, un dégrèvement sur ces mêmes contributions, le percepteur doit-il appliquer la totalité du dégrèvement au solde des contributions auxquelles le même contribuable a été imposé pour l'exercice suivant, ou ne retenir que la somme nécessaire pour acquitter les termes échus, en remboursant le surplus au contribuable dégrevé ?

La question paraît devoir être résolue dans ce dernier sens. En effet, l'art. 48, § 27, porte : « Lorsque les dégrèvements réunis aux « sommes qui auraient été payées précédemment par les contri- « buables excèdent le montant de l'*article de rôle auquel ils sont* « *applicables*, le reste disponible est imputé en payement des « autres articles que *pourraient devoir les contribuables :* soit « sur contributions, etc. » Or les mots « que *pourraient devoir les contribuables,* » ne s'appliquent évidemment qu'aux sommes exigibles, c'est-à-dire aux termes échus. On ne peut forcer un contribuable à payer des termes non encore échus, même au moyen d'ordonnances de dégrèvement. D'ailleurs l'article 212 de l'instruction générale du 20 juin 1859 (voir le supplément) autorise les percepteurs à rembourser les excédants aux parties intéressées, sur le produit de leurs recettes courantes, jusqu'au 30 novembre de la

Au sujet des réductions ou décharges accordées pour des cotes jugées irrécouvrables et sur lesquelles des versements ont été faits, les percepteurs n'ont point à effectuer de remboursement aux contribuables. Dans l'espèce, la somme restant à percevoir est seule émargée au rôle.

Dans chaque commune le maire ou son délégué certifie les émargements au rôle : ce certificat administratif s'applique à toutes les ordonnances de dégrèvement.

En vertu de la circulaire du 8 mai 1856, les percepteurs ne délivrent point aux contribuables dégrevés des quittances à souche : ils établissent à leurs noms une déclaration faisant connaître l'emploi détaillé de la somme allouée en dégrèvements.

seconde année de l'exercice, et cette disposition est conforme à l'art. 1291 du Code Napoléon, portant que la compensation n'a lieu qu'entre deux dettes également liquides et exigibles.

L'ordonnance devant être appliquée au rôle de l'exercice qu'elle concerne, si elle parvient avant que l'année soit expirée, il est évident qu'aucun remboursement ne doit être fait si elle peut être inscrite en totalité, parce que le trésor, en faisant droit à la demande du contribuable, ne doit rien à ce contribuable, mais au percepteur responsable de la cote.

Par la même raison, une ordonnance ne parvenant au percepteur que l'année suivant celle à laquelle elle appartient doit être remboursée, si le contribuable l'exige, après déduction toutefois des termes échus sur le nouvel exercice, parce que l'avance de cette somme accordée en décharge a été faite par le contribuable l'année précédente, et dans ce cas le trésor doit au contribuable et non au percepteur.

Nous pensons donc que, dans l'espèce, le percepteur doit rembourser les sommes excédant celles dont le contribuable peut se trouver débiteur au moment où le remboursement est effectué, à moins que ce contribuable ne consente à les laisser dans ses mains pour le payement des termes à échoir : ce à quoi le percepteur devrait l'engager amiablement.

Les comptables doivent donc, lorsqu'ils reçoivent une ordonnance d'une somme assez importante, demander au contribuable son intention, soit de se faire rembourser, soit à laisser imputer l'excédant sur le nouvel exercice.

Chaque fois que les percepteurs ont des versements à effectuer dans lesquels sont compris ces sortes de pièces, ils se munissent de leur carnet d'ordonnance de dégrèvement. Ce carnet sert à justifier l'emploi qui a été fait des ordonnances; vérification en est faite à la trésorerie générale ou à la recette particulière (suivant le cas), et un visa y est apposé par les receveurs des finances.

Excédants de versements à rembourser.

Jusqu'au 30 novembre de la seconde année de l'exercice, les percepteurs doivent rembourser aux parties intéressées les excédants provenant de l'emploi des ordonnances. Ces excédants sont prélevés sur le produit de leurs recettes courantes. L'on applique les excédants au compte de l'exercice qui correspond à l'année durant laquelle on les constate. Les ordonnances portées au rôle depuis le 1er janvier jusqu'au 31 décembre de chaque année forment ainsi le compte de l'exercice qui correspond à cette année : ces excédants peuvent être, de la sorte, remboursés ou appliqués au rôle jusqu'au 30 novembre de l'année suivante. Cette date échue, s'il reste encore des excédants n'ayant point été réclamés, le trésorier-payeur général ou le receveur particulier en opère le versement au trésor, sous le titre de reliquats, des exercices sur divers services où ils demeurent pendant cinq ans à la disposition des parties intéressées, sans autorisation préalable. (Circulaires du 24 décembre 1861 et du 23 janvier 1864.)

Pour justifier de ces paiements, les percepteurs rédigent des quittances sur des imprimés spéciaux et dûment acquittés par les contribuables à qui reviennent ces excédants. Ils font, en outre, signer le reçu de ces excédants sur le carnet d'ordonnances de dégrèvement dans une colonne y affectée.

Les percepteurs comprennent ces quittances dans leur plus prochain versement.

Pour constater valablement l'inscription aux rôles des ordonnances de dégrèvement, elles doivent être revêtues de la signature des contribuables intéressés; s'ils laissent écouler le délai d'un mois sans se présenter, délai déterminé pour la rentrée des ordonnances, ou bien s'ils sont illettrés, absents, décédés, ou collectivement imposés, le maire ou l'adjoint de leur commune doivent remplir cette formalité. Les percepteurs rédigent, pour être remis à ces fonctionnaires, des déclarations d'emploi des ordonnances destinées aux contribuables.

En vertu de la circulaire du 10 novembre 1864 : « Lors-
« qu'un percepteur constate un excédant de versement dû
« à un contribuable qui a quitté sa perception, il doit
« préparer d'office une quittance de remboursement et
« l'adresser au receveur particulier, afin qu'elle soit trans-
« mise au percepteur du nouveau domicile du contri-
« buable, soit directement, s'il réside dans l'arrondisse-
« ment, soit par l'entremise du trésorier-payeur général,
« si c'est dans un autre arrondissement ou dans un autre
« département. A la réception de la quittance préparée,
« ce dernier percepteur en donne avis à la partie intéres-
« sée, afin qu'elle vienne toucher la somme à laquelle elle
« a droit. »

Aux termes de la circulaire de la comptabilité générale en date du 27 février 1847, les percepteurs doivent établir tous les ans, s'il y a lieu, après la réception des rôles des contributions directes, un état des sommes non remboursées et qui doivent être émargées aux articles des rôles de l'année courante en acquit des sommes que pourraient devoir les contribuables sur ledit exercice courant. (État des excédants de versements sur contributions directes, s'appliquant à des ordonnances de décharge reçues pendant l'année......., et dont les émargements ont été constatés au rôle de l'année.......)

Une colonne de cet état est réservée pour les signatures apposées par les parties, ou par les maires, pour la constatation des émargements.

Cet état est le relevé fidèle et exact des sommes non remboursées figurant sur le livre des ordonnances de dégrèvement.

Le percepteur doit mentionner en face desdites sommes, sur le carnet des ordonnances de dégrèvement, que la somme non remboursée a été imputée à l'article ...... du rôle de 18....., et certifier cette mention par l'apposition de sa signature.

Les percepteurs souscrivent ensuite, aux noms de chacun des contribuables, des quittances extraites de leur livre à souche constatant la recette desdites sommes au compte de chacun d'eux.

Frais de perception. — Remise des percepteurs.

On appelle frais de perception l'allocation des remises attribuées aux percepteurs pour le recouvrement des contributions directes.

Ces allocations se composent :

1° Des remises allouées aux percepteurs ;

2° Des frais de distribution des premiers avertissements aux contribuables ;

3° D'une allocation uniforme de 0 fr. 03 cent. par franc du montant des impositions communales et des impositions pour frais de bourse et de chambre de commerce.

Conformément à la loi du 5 ventôse an XII, les remises des percepteurs sont basées d'une part sur un tarif décroissant, tarif gradué en raison de l'importance des rôles à recouvrer, et d'autre part sur allocation fixe, allocation attribuée pour chaque article des rôles généraux et supplémentaires.

Les remises des percepteurs ont subi des modifications par suite d'un arrêté du ministre des finances en date du 1er septembre 1861, dont voici la copie textuelle : « A par-
« tir de 1862, et dans les départements autres que celui
« de la Seine, l'allocation fixe accordée aux percepteurs
« des contributions directes, pour chaque article des rôles
« généraux et supplémentaires, sera réduite à 0 fr. 25.

« Les remises proportionnelles sur le montant des rôles
« de chaque perception continueront à être calculées con-
« formément au tarif ci-après, savoir : Pour le départe-
« ment de la Corse, 3 p. 0[0 sur le montant des rôles, quel
« qu'en soit le chiffre.

« Pour les autres départements :
« 2 p. 0[0 pour les premiers 20,000 francs.
« 1 fr. 50 p. 0[0 de 20,001 à 300,000 fr.
« 1 p. 0[0 de 300,001 à 600,000 fr.
« 0 fr. 75 p. 0[0 de 600,001 à 1,000,000 fr.
« 0 fr. 50 p. 0[0 de 1,000,001 à 1,500,000 fr.
« 0 fr. 25 p. 0[0 au-dessus de 1,500,000 fr. »

Les remises proportionnelles sur le montant des rôles de chaque perception sont calculées d'après le tarif décroissant précité ci-dessus.

Une allocation uniforme de trois centimes par franc du montant des impositions communales et des impositions pour frais de bourse et de chambre du commerce est également attribuée aux percepteurs.

Ces fonctionnaires jouissent également d'une remise

uniforme de trois pour cent, ainsi répartie : 1° sur le total de la rétribution pour la vérification des poids et mesures ; 2° les redevances des mines ; 3° les taxes des biens de main-morte ; 4° sur la rétribution s'appliquant aux écoles normales primaires ; 5° sur les souscriptions de travaux concernant un intérêt commun et que, par exception, ils peuvent être chargés de recouvrer.

En vertu de la circulaire du 30 décembre 1867, les percepteurs jouissent maintenant de remises sur le produit des droits de visites chez les pharmaciens, les épiciers-droguistes et les herboristes.

Les percepteurs n'ont droit à aucune remise pour l'encaissement du droit revenant à l'État dans le produit des permis de chasse.

Par arrêté ministériel du 26 mai 1849, le payement des frais de distribution des premiers avertissements doit être fait aux percepteurs dès le commencement de l'année.

Aux termes de la circulaire du 30 décembre 1847, les frais des premiers avertissements distribués aux contribuables sont imputés sur le produit d'une imposition spéciale de 5 centimes affectée à ce sujet : cette imposition atteint indifféremment tous les contribuables, elle est ajoutée au montant de chaque article du rôle.

Deux centimes sur cette imposition de 5 centimes sont affectés aux frais de distribution des premiers avertissements revenant aux percepteurs.

Les circulaires des 23 juillet 1831, 31 juillet 1832, 20 mars 1834, 2 novembre 1840, 1ᵉʳ décembre 1841, 15 mai 1852 et 28 février 1857 établissent que les remises attribuées aux percepteurs relativement au recouvrement des contributions directes sont fixées par les décomptes du montant des contributions, pour chaque perception ainsi que pour le nombre des articles des rôles, le taux et le montant des remises. Dans ces décomptes on doit comprendre aussi les remises attribuées pour les différentes taxes ci-dessus spécifiées.

Article 1er. Les remises dues aux percepteurs pour le recouvrement des contributions directes leur seront allouées par douzièmes, le premier jour de chaque mois, pour le mois écoulé.

Article 2. Les allocations mensuelles seront du douzième des remises du décompte définitif de l'avant-dernier exercice ; elles seront de sommes égales et fixées en chiffre rond, par multiples de dix francs. Les décomptes provisoires sont supprimés.

Article 3. En cas de décès ou de mutation, les remises seront calculées d'après le montant des rôles de l'année courante. L'allocation en sera faite, en ce qui concerne le comptable décédé ou sortant, dans la proportion des douzièmes et portions de douzième recouvrés, et le surplus, divisé en autant de parties qu'il restera de mois à courir, sera pris pour base des allocations mensuelles à faire au nouveau comptable.

Dans le cas où les allocations faites antérieurement dépasseraient le montant des remises revenant aux comptables décédés ou changés de résidence, l'excédant sera répété contre eux ou leurs ayants-droit. La notification au trésorier-payeur général du changement d'un percepteur suspendra de plein droit la liquidation et le payement du mois courant.

Article 4. La dernière allocation mensuelle aura lieu le 30 novembre ; la liquidation complémentaire, établie sous forme de réglement de compte, aura lieu aussitôt après l'établissement des décomptes définitifs de l'exercice, et, au plus tard, le 31 mars de l'année suivante ; elle pourra comprendre le solde des remises, si les recettes dépassent, à cette époque, onze douzièmes et demi du montant des rôles, sauf, en cas de mutation, les répétitions du nouveau comptable pour les recouvrements restant à effectuer.

Article 5. A partir du 20 de chaque mois, la trésorerie générale établira, par arrondissement, la liquidation des sommes revenant aux percepteurs, conformément aux dispositions des articles 2 et 3. Les mandats annexés à ces liquidations seront présentés le 25, au plus tard, à la signature des préfets, qui continueront à les délivrer à valoir sur les ordonnances de délégation à intervenir. Le trésorier-payeur général adressera ensuite, sans aucun retard, à chaque receveur particulier, des formules de quittances préparées au nom des comptables intéressés. (Arrêté du ministre des Finances, 31 janvier 1866.)

Ordonnancement et payement. — Le payement des remises aura lieu en vertu de mandats mensuels présentant, pour chaque perception, la somme à allouer au titulaire, d'après un état de liquidation qui y sera annexé. Ces mandats, préparés par la trésorerie générale, devront être présentés, le 25 de chaque mois, à la signature de MM. les préfets, et conservés par elle. Il sera seulement adressé, aussitôt après, aux receveurs particuliers, des formules de quittances préparées au nom de chacun des percepteurs de leur arrondissement respectif. Le receveur particulier transmettra, de son côté, lesdites formules aux percepteurs qui seront autorisés à les quittancer *le premier jour du mois suivant;* elles seront, dès ce moment, admises comme valeurs de caisse parmi les pièces de dépenses acquittées pour le compte du trésorier général, et comprises dans le plus prochain versement, de manière à ce qu'elles soient, autant que possible, rentrées toutes à la trésorerie

générale avant l'envoi des pièces justificatives de dépenses
au ministère. (Arrêté ministériel, 15 février 1866.)

Fondés de pouvoirs des Percepteurs.

On nomme fondés de pouvoirs ceux qui ont reçu un
mandat ou une procuration leur donnant le pouvoir de
faire quelque chose pour le mandant et en son nom. (Voyez
code Napoléon, article 1984.)

Le fondé de pouvoirs d'un percepteur (fondé de pouvoirs temporaire et dans le cas d'absence motivée, de maladie, ou de tout autre empêchement légal) doit être agréé
par le trésorier général ou le receveur particulier des
finances et accrédité auprès des maires par le préfet ou le
sous-préfet.

Les percepteurs sont tenus d'exercer personnellement
leurs fonctions : cependant ceux des perceptions importantes et dont le bureau est ouvert tous les jours de la
semaine, sans interruption, peuvent avoir des fondés de
pouvoirs permanents (fonctions qu'ils délèguent à l'un de
leurs commis); mais ils n'en sont pas moins tenus de
conserver la direction de leur service dans toute l'accep-
tion du mot, à moins qu'ils ne se trouvent dans le cas
d'un empêchement légitime ou d'une absence autorisée.

Toute infraction à cette disposition du règlement moti-
verait pour ces comptables l'application de cet article :
« Tout agent comptable qui s'absente ou qui dépasse la
« durée de son congé, sans autorisation, peut être privé
« de ses émoluments pendant un temps double de son
« absence irrégulière. » (Instruction générale du 20 juin
1859.)

Dans le cas où un percepteur ne pourrait parvenir à
trouver un fondé de pouvoirs, il peut alors remettre au

trésorier général une procuration en blanc, avec prière de la remplir au nom d'un des employés de son bureau ou d'un des surnuméraires.

Ces derniers peuvent du reste accepter ces fonctions, mais ils ne pourraient remplir ce mandat d'une façon permanente. (Consulter à ce sujet la savante dissertation du Mémorial de 1847, pages 190 et suivantes.)

La procuration, dont le fondé de pouvoirs doit toujours être en mesure de justifier, peut-être donnée sous seing privé : elle est alors sur timbre, enregistrée et légalisée par le maire et le sous-préfet.

La femme du percepteur ne peut être agréée comme fondé de pouvoirs de son mari. (Voy. dans le Mémorial de 1862, pages 55 et 56, la dissertation à ce sujet.)

Le percepteur demeure responsable des faits et gestes de son fondé de pouvoirs qui, à son tour, est soumis à toutes les dispositions des lois et règlements concernant les comptables publics, conformément à l'arrêté du Conseil d'État du 17 janvier 1814.

L'Institution générale ne prescrivant pas d'âge réglementaire pour les fondés de pouvoirs, ce point retombe donc dans le droit commun, et, en vertu de l'article 1990 du Code Napoléon, procuration peut être donnée par un percepteur à un mineur émancipé : reste cependant l'assentiment de l'autorité administrative supérieure, que les règlements lui réservent dans tous les cas. (Consulter à cet effet le Mémorial de 1862, page 215.)

Conformément à l'arrêté du Conseil d'État du 16 décembre 1835, l'autorité administrative n'est compétente que pour connaître les contestations entre des comptables relativement à des actes de leur gestion (de même qu'elle est aussi seule compétente pour régler, en cas de difficultés, les honoraires d'un agent spécial nommé d'office

par elle). En cas de contestation entre un percepteur et
son fondé de pouvoirs, relative à la fixation des appointements de ce dernier, « aux tribunaux seuls appartiendrait le droit de trancher la question. » (Consulter du
reste à cet effet le Mémorial de 1838, pages 318 et suivantes.)

Écritures et Comptabilité.

NOTE.

Les articles qui suivent, et qui sont compris sous ce
titre, se rattachent à tous les différents travaux des percepteurs.

Le cadre de cet ouvrage ne comporte que ce qui traite
de la formation des différents états, de l'époque de leur
rédaction, ainsi que la tenue des différents livres ou
registres à l'usage de ces comptables, et ne traite ni du
service des communes, ni de celui des hospices ou établissements publics. Les lecteurs de cet ouvrage qui voudraient étendre le cercle de leurs études et de leurs observations devront recourir à l'Instruction générale du 1er
juillet 1859, annotée par M. Jules Petetin, au Dictionnaire de la perception de M. Paul Dupont, et principalement au Mémorial des percepteurs.

I. *Cahier de notes.*

Chaque percepteur est tenu d'avoir un cahier de notes
sur lequel il porte tous les renseignements qu'il peut
recueillir relativement à l'amélioration de l'assiette des
contributions (constructions, démolitions, alluvions, corrosions, nouveaux contribuables, faux domiciles, noms

tronqués, etc....) Ce cahier de notes est divisé en autant de parties qu'il y a de communes composant la perception. Il doit être muni de ce cahier lors de ses tournées dans les différentes communes.

Dans les dix premiers jours qui suivent le trimestre écoulé, les percepteurs portent sur un état de rectification et changement le relevé des notes qu'ils ont inscrites sur le cahier ci-dessus désigné et le remettent à la trésorerie générale ou à la recette particulière, qui à son tour le transmet à la direction des contributions directes. L'imprimé de cet état est remis, à cet effet, aux percepteurs en même temps que tous les autres imprimés à leur usage. Dans le cas où il n'y aurait aucune inscription à y porter, il serait transcrit avec la mention *néant*.

Les comptables ne portent point en note sur le cahier précité ci-dessus les faits qui se rattachent aux mutations foncières par eux déjà opérées.

Lors de la tournée du contrôleur, ils lui remettent directement le relevé des notes qu'ils ont pu recueillir depuis l'envoi de leur dernier état trimestriel.

II. *Titres de perception des droits de permis de chasse.*

A la fin de chaque mois, les percepteurs établissent un état récapitulatif des droits de permis de chasse qui ont été délivrés dans cette période d'un mois et dont le montant figure dans leurs bordereaux de versements. Ces bordereaux établis en double expédition ne comportent que les droits revenant à l'état; ceux qui réviennent aux communes figurent à un compte spécial ouvert au nom de la recette municipale dans le livre des comptes divers. (3ᵉ partie.)

Quant à ce qui concerne les droits revenant aux communes, les percepteurs qui ne sont pas en même temps receveurs municipaux versent le montant de ce produit à la caisse municipale, qui lui en fournit récépissé. Ce versement est appuyé d'un bordereau établi en simple expédition. (Voir à ce sujet l'art. *Permis de chasse.*)

III. *Apurement des frais de poursuites de chaque exercice.*

Les délais déterminés pour l'apurement des rôles de chaque exercice et pour leur recouvrement sont identiquement les mêmes pour le recouvrement des frais de poursuites.

Conformément aux circulaires des 25 octobre 1834, 20 juin 1838 et 24 août 1839, les percepteurs doivent, trois ans écoulés, rembourser de leurs fonds personnels aux trésoriers généraux ou aux receveurs particuliers les sommes qui seraient encore à recouvrer sur les états de frais de poursuites. Dans ce cas, ils se délivrent à eux-mêmes des quittances provenant du livre à souche, et en déposent immédiatement le montant à ces hauts fonctionnaires.

Les percepteurs qui ont ainsi avancé de leurs propres fonds les restes à recouvrer de ces frais sur les contribuables en poursuivent le recouvrement pour leur propre compte, et cela selon les règlements établis pour les contributions directes.

Lorsque des frais de poursuites ont été reconnus irrécouvrables, les percepteurs sont autorisés à les comprendre dans les états de cotes irrécouvrables : ils donnent lieu à des mandats spéciaux imputables sur les fonds de non-valeurs.

Les percepteurs au profit desquels des mandats ont été

délivrés pour cet objet s'en chargent en recette et les émargent sur les états de frais, ainsi que sur les rôles, dans les colonnes à ce destinées. Après avoir quittancé ces mandats et y avoir annexé la quittance détachée du journal à souche, ils la comprennent dans leur plus prochain versement. Cette quittance est conservée à titre de renseignement, par le trésorier général ou le receveur particulier.

IV. *Décompte pour les remises.*

En vertu des circulaires des 23 juillet 1831, 31 juillet 1832, 20 mars 1834, 2 novembre 1840, 1er décembre 1841, 15 mai 1853 et 28 février 1857, les remises revenant aux percepteurs pour le recouvrement des contributions directes sont fixées d'après les décomptes établissant pour chaque perception le montant des remises.

Les trésoriers-payeurs généraux établissent les décomptes des remises d'après les états du montant des rôles formés par les percepteurs, selon la marche indiquée ci-après.

Conformément à la circulaire du 15 février 1866, ainsi qu'il est dit au chapitre des remises plus haut relaté, les décomptes provisoires sont supprimés et les remises sont allouées mensuellement aux percepteurs (sauf la remise du dernier mois); elles sont de sommes égales, fixées en chiffre rond, par multiples de 10 francs.

L'état du montant des rôles d'après lequel doit être établi le décompte des remises est formé en minute et en simple expédition, et fourni après le 31 janvier, c'est-à-dire lorsque tous les rôles de l'exercice expiré d'une même perception sont connus.

Cet état doit comprendre :

1° Les remises sur contributions directes ;

2° — sur redevances des mines ;

3° — sur la taxe des biens de main-morte ;

4° — sur rétribution des poids et mesures ;

Etc. . . . . .

Pour calculer les remises sur les contributions directes, il faut déduire du montant des rôles :

1° Les centimes ordinaires,

2° Les centimes extraordinaires,

3° Les centimes pour chemins vicinaux ;

4° Les centimes pour l'instruction primaire (1) ;

qui donnent droit à 3 0/0 payables par la commune à titre de frais de perception.

5° Les fonds de non-valeurs ;

6° Les frais de perception (cette somme est payée par la commune ; c'est le produit des centimes ordinaires, des centimes extraordinaires, des centimes pour chemins vicinaux et pour l'instruction primaire) ;

7° Le montant du rôle pour frais de bourses et de chambre de commerce (2), moins les 0 fr. 05 pour avertissements.

La différence sert de base pour le calcul des remises selon le tarif.

Plus 22 centimes et demi par article des rôles généraux et suppression des patentes, 12 centimes par article sur le rôle des chiens.

3 0/0 sur les biens de main-morte.

3 0/0 pour les poids et mesures.

3 0/0 pour les redevances des mines.

(1) Ces quatre produits, plus les frais de perception qui sont dénommés par centimes communaux.

(2) Qui donne droit à 3 0/0.

12

Plus 2 0|0 pour distribution des avertissements.

Toutes les remises ci-dessus doivent subir la retenue de 5 0|0 pour pension civile (moins cependant le quart, considéré comme frais de bureau).

Cotes indûment imposées.

Conformément aux circulaires des 13 mars et 27 décembre 1826, 18 août 1827, 28 août 1828, 18 août 1833, 31 juillet 1846 et 27 septembre 1854, ainsi qu'aux lois des 3 juillet 1846 et 22 juin 1854, ainsi qu'il a été dit précédemment, les percepteurs forment, s'il y a lieu, dans les trois mois qui suivent la publication des rôles, des états offrant, par sortes de contributions pour chaque commune de leur arrondissement de perception, le relevé des cotes qui leur semblent illégalement imposées. Ces états, remis par les percepteurs aux trésoriers-payeurs généraux ou aux receveurs particuliers, sont ensuite transmis par ces derniers aux préfets ou sous-préfets.

Ces autorités sont tenues de s'assurer que le délai fixé pour leur présentation n'a pas été dépassé.

Cependant, s'il advenait que des cotes illégalement imposées n'eussent point été portées sur ces états, elles pourraient être comprises parmi celles qui figurent sur les états de cotes irrécouvrables présentés dans les deux premiers mois de la seconde année.

Toutefois, comme il est admis en principe que le contribuable qui se trouve illégalement imposé doit adresser lui-même sa réclamation, les percepteurs ne doivent prendre eux-mêmes l'initiative que lorsque ces contribuables ne sont pas en situation de réclamer eux-mêmes, tels sont : les contribuables décédés, inconnus ou disparus avant le 1er janvier, et qu'il est alors matériellement impossible d'effectuer le recouvrement de ces cotes.

Quant à ce qui concerne les contribuables connus et solvables, leur intervention consiste tout simplement à leur faire connaître d'une manière officieuse les moyens qu'ils doivent employer pour se faire décharger de leurs cotes.

Ces états sont formés par nature de contributions et dans l'ordre des articles du rôle. Ils ne doivent contenir que dix lignes au plus par page. Ils contiennent dans une colonne à ce destinée tous les renseignements et détails propres à constater que les cotes ont été mal imposées, ainsi que les dates précises des décès, des déménagements.

Ils sont établis en minute et en double expédition. Les minutes sont conservées durant trois ans au moins pour servir à l'annotation des admissions au dégrèvement ou des rejets.

Les percepteurs ne sont pas recevables à se pourvoir au conseil d'État, lorsque les conseils de préfecture refusent d'admettre les cotes en dégrèvement, à moins que le ministre des finances ne s'approprie les conclusions présentées audit conseil d'État par le percepteur. (Arrêt du conseil d'État du 22 avril 1857.)

Les dispositions ci-dessus s'appliquent aux cotes indûment imposées sur les rôles de la taxe des biens de mainmorte.

Cotes irrécouvrables.

(Instruction du 18 décembre 1815, circulaires des 13 mars et 27 décembre 1826, 5 décembre 1828, 17 mai 1836, 27 septembre 1854, 18 août 1833, 30 septembre 1854, 21 janvier 1836.)

Les cotes de diverses contributions qui, dans le cours de l'année, deviennent irrécouvrables par suite d'absence, de décès ou d'insolvabilité, tombent en non-valeurs.

A cet effet, il est prescrit aux percepteurs de dresser et de soumettre à l'administration des états de cotes irrécouvrables.

Ces états doivent être établis dès le 1er mars (au plus tard) de chaque année pour les cotes de l'année précédente, c'est-à-dire dans les deux premiers mois de la seconde année de chaque exercice.

Ces états, conformément à l'instruction du 10 mai 1849, sont, comme ceux des cotes indûment imposées, établis par nature de contributions et en suivant l'ordre des articles du rôle.

Il est recommandé aux comptables de ne pas mettre plus de dix lignes par page.

Ils sont établis en minute et en double expédition : la minute est destinée au comptable pour lui servir à l'annotation des admissions en non-valeurs.

(Il est expressément interdit aux percepteurs de communiquer aux maires ces états avant qu'ils n'en aient effectué le dépôt.)

Les états des cotes irrécouvrables doivent comporter, dans une colonne à ce destinée, tous les renseignements et tous les détails voulus pour établir leur validité.

Ces états, remis par les percepteurs à l'administration financière, doivent être jugés par le préfet, qui, sous la haute surveillance et la direction du ministre des finances, est chargé *seul* d'en apprécier la validité. (En effet, en compulsant les règlements et les instructions ministérielles sur la matière, on pourra se convaincre que jamais disposition légale n'a attribué cette juridiction au conseil de préfecture. — Pour approfondir cette question, le lecteur est invité à consulter la savante dissertation du *Commentaire sur le règlement des poursuites,* par M. Durieu, art. 20, pages 441 et suivantes.)

En vertu de la circulaire du 29 mars 1853, les états des cotes irrécouvrables doivent être instruits et jugés avant le 1er octobre de chaque année.

Comme aux états des cotes irrécouvrables doivent être annexés les certificats d'absence, d'indigence ou de décès, ainsi que des procès-verbaux de carence ou de déménagement furtif, il est enjoint aux percepteurs, avant que de réclamer aux maires des certificats d'indigence ou autres, de s'assurer d'une façon positive que ces faits sont de notoriété publique.

Il est prescrit à ces fonctionnaires, dans l'établissement de ces états, de préciser d'une façon exacte les dates de décès, de départ, ou les époques de déclarations de faillites et d'indigence (1).

Lorsqu'un percepteur est installé dans ses fonctions, dans les deux premiers mois de l'année, la présentation

______

(1) Le conseil d'État, se conformant aux circulaires ministérielles des 27 et 30 septembre 1854, a admis les demandes des percepteurs en décharge de la contribution personnelle-mobilière à l'égard des contribuables qui avaient quitté leur ancienne résidence avant le 1er janvier, et dont la nouvelle résidence était inconnue.

Il a rejeté les demandes pour les contribuables qui avaient également quitté leur résidence avant le 1er janvier, mais dont le nouveau domicile était connu.

Ce conseil a également rejeté les demandes des percepteurs concernant les contribuables présentés comme indigents au 1er janvier, mais qui, conformément à l'art. 18 de la loi du 21 avril 1832, n'avaient pas été désignés comme tels par le conseil municipal.

En cas de rejet de leurs demandes, les percepteurs ne sont pas admis à se pourvoir devant le conseil d'État : au ministre seul appartient le droit de trancher les questions relatives à cette matière. (Consulter, du reste, pour tout ce qui touche une étude approfondie de cette partie, le *Mémorial des Percepteurs* des années 1843, 1857 et 1858.)

des états de ces cotes irrécouvrables peut être reculée de quelques semaines; mais, dans aucun cas, la présentation ne peut avoir lieu après le 1ᵉʳ mai.

Cette date est également l'extrême limite à l'égard des comptables pour la présentation des cotes irrécouvrables relatives aux rôles supplémentaires de patentes du quatrième trimestre.

Comme il arrive parfois que, faute de renseignements suffisants, les percepteurs n'ont pu porter sur leurs états de cotes indûment imposées (formés dans les mois qui suivent l'émission des rôles) les cotes à la fois indûment imposées et irrécouvrables, ils sont autorisés à porter ces cotes sur les états de cotes irrécouvrables.

Pour bien faire comprendre ce paragraphe, nous donnons ci-dessous à nos lecteurs copie de la circulaire de M. le directeur général des contributions directes. (27 septembre 1854.)

Service des Contributions directes et des recettes des communes. — Circulaire de M. le directeur général des Contributions directes concernant les états de cotes indument imposées. (27 septembre 1854.)

La loi du 3 juillet 1846 (art. 6), en sanctionnant une disposition des règlements antérieurs, a autorisé les percepteurs à présenter, dans les trois mois de la publication des rôles, des états indiquant, par nature de contribution, les cotes qui lui paraîtraient avoir été indument imposées.

Indépendamment de ces états, et en exécution des circulaires ministérielles des 27 décembre 1826 et 18 août 1833, et de l'article 98 de l'instruction générale du 17 juin 1840, ces mêmes comptables sont tenus de dresser et de remettre aux receveurs des finances, dans les deux premiers mois de la seconde année de chaque exercice, des états des cotes devenues irrécouvrables dans le cours de l'année précédente par suite de décès, d'insolvabilité, de disparition des contribuables, etc.

Les instructions avaient autorisé les percepteurs à comprendre dans ces derniers états les cotes indûment imposées qui avaient été omises sur les états rédigés dans les trois premiers mois de l'exercice, et dont le recouvrement n'avait pu avoir lieu. « En principe d'administration « (18 août 1827), les percepteurs doivent faire connaître « chaque année, dans les trois premiers mois de la publi- « cation des rôles, toutes les cotes qui s'y trouvent indû- « ment imposées, afin que l'on puisse effectuer pour l'an- « née suivante la rectification des articles et la réimposi- « tion des sommes passées en décharge; mais, comme il « est possible que quelques-unes de ces cotes échappent « aux recherches des percepteurs, ou que ces derniers, « les considérant comme bien assises dans le principe, « croient devoir les réserver pour leurs états de cotes irré- « couvrables, il y aurait trop de rigueur à rejeter leur de- « mande, sur le seul motif qu'elle est présentée tardive- « ment. Si l'instruction a fait connaître que ces cotes « étaient réellement mal assises, elles doivent être allouées « en décharge et réimposées. C'est pour faciliter l'exécution « de cette mesure que, dans le modèle des états de cotes « irrécouvrables, l'administration a introduit des colonnes « destinées aux cotes réimposables et une place pour rece- « voir les décisions du conseil de préfecture qui doit sta- « tuer sur les demandes en décharge ou réduction.

« Le directeur des contributions directes doit donc, « dans ses rapports, distinguer les côtes indûment impo- « sées des cotes irrécouvrables, et proposer, pour les

« unes la réimposition, et pour les autres l'imputation
« sur le fonds non-valeurs. »

Ces dispositions étaient exécutées depuis longtemps
lorsque le conseil d'État, appelé à juger les pouvoirs formés
par quelques percepteurs contre des arrêtés de conseils de
préfecture portant refus d'accorder décharge de cotes in·
dument imposées comprises dans leurs états de cotes irrécouvrables, rejeta ces pouvoirs, par le motif qu'aucune
disposition législative ne conférait à ces conseils le droit
de prononcer sur les cotes inscrites dans les états de cotes
irrécouvrables présentés, en fin d'année, par les percepteurs, en exécution des articles 98 et 99 de l'instruction
du 17 juin 1840. (Arrêts des 24 juillet 1852 et 17 mars 1853.)

La déchéance opposée aux percepteurs, en vertu de
cette jurisprudence, devait avoir pour résultat ou de faire
supporter par le fonds de non-valeurs des dégrèvements
qui, en raison de leur origine, auraient dû être réimposés,
ou de laisser les cotisations à la charge des comptables.
Dans le premier cas, une partie du fonds de non-valeurs
aurait été détournée de sa destination ; dans le second cas,
la mesure eût pu souvent paraître trop rigoureuse, car il
existe dans les rôles des cotes dont le véritable caractère
ne peut quelquefois être bien connu qu'après de longues
recherches de la part tant des percepteurs que des répartiteurs et des contrôleurs.

Il importait d'éviter ces inconvénients et d'assurer, dans
tous les départements, l'égale application de la loi : tel
est le but de l'art 16 de la loi du 22 juin 1854, ainsi
conçu :

« Les cotes indument imposées aux rôles des contribu-
« tions directes qui n'auraient pas été comprises dans
« les états présentés par les percepteurs dans les trois
« premiers mois de l'exercice, et dont l'irrécouvrabilité

« serait d'ailleurs constatée, pourront être portées sur
« les états de cotes irrécouvrables rédigées en fin d'an-
« née, et être allouées en décharge par le conseil de
« préfecture. »

Cette disposition consacre un état de choses dont l'utilité a été démontrée par une longue expérience. Les
motifs et la portée de la mesure dont il s'agit sont ainsi
expliqués dans l'exposé présenté par le conseil d'État au
Corps législatif, le 13 mars 1854 :

« Sans doute, il est de principe que le contribuable
« indument imposé doit réclamer lui-même ; mais il est
« des circonstances où cette règle doit recevoir une
« exception, par exemple lorsqu'il s'agit de contribuables
« décédés ou disparus avant le 1er janvier, ou inconnus,
« et qu'il y a impossibilité constatée de poursuivre le
« recouvrement des cotes indûment assises. Dans ce cas,
« l'initiative des percepteurs est indispensable, et comme
« elle tend à faire régulariser les rôles et à assurer, au
« moyen de la réimposition, le recouvrement de l'inté-
« gralité du contingent communal, il importe de la main-
« tenir et de diriger son action de la manière la plus
« équitable et la plus conforme aux intérêts du trésor.

« Il ne faut pas perdre de vue, d'ailleurs, que la dispo-
« sition proposée ne s'applique qu'aux cotes à la fois
« indument imposées et irrécouvrables.

« Ainsi, les percepteurs ne seraient point admis à
« inscrire sur leurs états de fin d'année des cotes indu-
« ment imposées omises dans leurs premiers états, et qui
« concerneraient des contribuables connus et solvables ;
« ces cotes seraient laissées à la charge des percepteurs,
« sauf à en poursuivre le recouvrement contre les rede-
« vables. Mais les cotes indument imposées et irrécou-
« vrables seraient allouées en décharge par le conseil de

« préfecture, et l'on éviterait ainsi ou l'imputation de
« ces cotes sur le fonds de non-valeurs, qui n'a pas été
« créé pour cette destination, ou l'obligation de les lais-
« ser à la charge des percepteurs, ce qui serait souvent
« rigoureux et injuste. »

Ce passage indique dans quelles vues et dans quelles
limites doit s'exercer l'initiative des percepteurs, en ce
qui concerne les cotes indûment imposées. Il en résulte
que ces comptables ne doivent former aucune demande
en faveur des contribuables qui peuvent réclamer eux-
mêmes. Au reste, un arrêt du conseil d'État du 27 avril
dernier, imprimé à la suite de la présente circulaire,
contient, à cet égard, des explications qui devront servir
de règle à l'avenir, et préviendront toute équivoque.

Les percepteurs continueront de présenter leurs états
indûment imposés dans les trois mois de la publication
des rôles. Bien que, d'après la jurisprudence du conseil
d'État, la déchéance ne puisse être opposée aux percepteurs lorsqu'ils ont remis leurs états aux receveurs des
finances dans le délai ci-dessus fixé, il est à désirer que
ces comptables n'attendent pas les derniers jours pour les
déposer. La production tardive des états ne pourrait
qu'en retarder l'instruction et le jugement ; or il est de
l'intérêt des percepteurs d'obtenir le plus tôt possible la
décharge des cotes indûment imposées, de même qu'il
importe au service de l'assiette d'assurer la réimposition
de ces cotes aux rôles de l'année suivante.

Je n'ai pas besoin de faire observer que l'exécution de
ces dispositions est indépendante de la formation des états
d'erreurs matérielles commises dans les rôles, états que
la circulaire ministérielle du 31 décembre 1829 prescrit
aux percepteurs de rédiger immédiatement après la réception et l'examen des rôles, et qui continueront d'être

soumis à l'approbation de M. le préfet, après avoir été revêtus de l'avis du directeur des Contributions directes.

Il a paru utile de rédiger de nouveaux modèles de l'état des cotes indûment imposées et de l'état des cotes irrécouvrables, afin de les mettre en harmonie avec la jurisprudence du conseil d'État et les nouvelles instructions. Je joins ici ces modèles; ils ont été établis de concert avec la direction de la comptabilité générale, qui en prescrira l'emploi aux percepteurs.

Je recommande particulièrement aux directeurs et aux contrôleurs de se conformer, en ce qui les concerne, aux dispositions de la présente circulaire et à l'esprit de l'arrêt du conseil d'État, imprimé ci-après.

Le directeur général des contributions directes,

Signé: Ed. VANDAL.

NOTA. Défense la plus formelle est faite à ces comptables de donner aux maires communication de ces états avant que le dépôt n'en soit effectué.

Les états de cotes irrécouvrables doivent comprendre les demandes en non-valeurs pour les frais de poursuites. Des mandats spéciaux sont délivrés pour ces sortes de non-valeurs.

Ordonnances de dégrèvements, etc.

Conformément aux circulaires des 10 mars, 20 juin, et 27 novembre 1823, des 16 septembre, 25 octobre et 22 décembre 1825, ainsi que celle du 8 mai 1856, les trésoriers-payeurs généraux et les receveurs particuliers adressent aux percepteurs, en y joignant un bordereau conforme au modèle ministériel, les ordonnances pour décharges et réductions, remises ou modérations qui leur ont été transmises par la préfecture ou la sous-préfecture.

Sitôt que les percepteurs reçoivent ces ordonnances, ils en inscrivent le montant au chapitre de chaque contribuable, après les avoir transcrites, avec tout leur détail, sur le carnet des ordonnances tenu à cet effet.

Cette inscription est faite sur le rôle de l'exercice pour lequel ces ordonnances ont été émises.

En vertu des circulaires des 14 août et 4 octobre 1839, du 27 février 1847, du 31 août 1848 et du 29 juin 1856, s'il advient que le total des sommes payées précédemment par les contribuables et que celui des dégrèvements surpassent le montant de l'article du rôle auquel ces dégrèvements s'appliquent, cet excédant est imputé soit en paiement des autres articles qui pourraient être dus par ces contribuables, tant sur contributions que sur produits divers et même sur frais de poursuites, soit à titre d'excédants de versements à rembourser.

Les percepteurs portent en recette le montant intégral de ces ordonnances, en un seul article de leur livre à souche, après avoir totalisé les différentes colonnes de leur carnet : ils doivent avoir soin de faire ressortir dans chaque colonne *ad hoc* l'emploi qui en a été fait, soit comme payement de contributions, soit à titre d'excédants.

La quittance de leur journal à souche qu'ils souscrivent au nom du trésorier-payeur général ou du receveur particulier (quittance qui est pour les percepteurs un titre justificatif) doit comporter les mêmes renseignements que la souche.

Les percepteurs doivent de plus établir, au verso du bordereau d'envoi des ordonnances, un état des sommes qui forment excédant : cet état forme titre à leur comptabilité.

Pour tenir lieu de quittance, les percepteurs souscrivent, au nom de chaque contribuable, une déclaration faisant connaître l'emploi de la somme allouée au dégrèvement. Les déclarations relatives aux contribuables qui ne se seront pas présentés avant le versement des ordonnances à la trésorerie générale ou à la recette particuculière seront, comme l'étaient les quittances, remis aux maires, qui les leur feront parvenir. (Circulaire du 8 mai 1856, § 4 ; voyez *Mémorial* 1856, page 146.)

Excédants de versements résultant de l'emploi des ordonnances.

Conformément aux circulaires des 24 décembre 1861, 23 janvier et 10 novembre 1864, les percepteurs ont jusqu'au 31 décembre de la seconde année de l'exercice pour rembourser les excédants aux parties intéressées. Ces excédants sont appliqués non au compte des recettes accidentelles, mais à celui des reliquats sur divers services, où il demeure au moins cinq ans (sauf les droits de permis de chasse) à la disposition des parties intéressées et remboursables à ce titre.

(Le trésorier-payeur général tenant seul la comptabilité des reliquats, et sachant seul, par conséquent, si ces reliquats ont été oui ou non remboursés, en autorise lui-même les remboursements. Et comme tous les cinq ans la direction générale de comptabilité publique procède à l'apurement du compte des reliquats, les sommes qui figurent sur ce compte depuis plus de cinq ans doivent être appliqués au compte des recettes accidentelles.)

Les percepteurs appliquent les excédants au compte de

l'exercice qui correspond à l'année durant laquelle ils ont été constatés ; ainsi, les ordonnances inscrites au rôle depuis le 1er janvier jusqu'au 31 décembre de chaque année forment le compte de l'exercice correspondant à cette année ; ces excédants peuvent alors être remboursés ou appliqués au rôle jusqu'au 30 novembre de l'année suivante. Ces comptables effectuent les remboursements d'excédants au même titre que les autres paiements qu'ils font pour la trésorerie générale.

Les quittances justifiant ces remboursements d'excédants comptent comme acquits du payeur dans les versements que les percepteurs font à la trésorerie générale ou à la recette particulière.

Pour suivre les opérations faisant l'objet du présent chapitre, les comptables se reportent à leur carnet d'enregistrement des ordonnances, sur lequel ces opérations se trouvent constatées.

Lorsque les percepteurs ont à effectuer des remboursements de l'espèce, ils préparent, sur des imprimés à ce destinés, les quittances que doivent souscrire les contribuables intéressés ; ces quittances doivent porter, autant que possible, le numéro donné aux excédants par la trésorerie générale et par la recette particulière.

Indépendamment de ces quittances, les comptables font signer par duplicata le remboursement des excédants sur le carnet ci-dessus précité.

En vertu de la circulaire du 10 novembre 1864 (consulter à cet effet le *Mémorial* de 1864, page 345), quand un percepteur s'aperçoit qu'un excédant de versement est dû à un contribuable ayant quitté sa perception ou domicilié hors sa perception, il doit établir immédiatement une quittance de remboursement et l'adresser, avec tous les renseignements qu'il a pu recueillir, à la trésorerie générale ou à la recette particulière, afin qu'elle soit transmise par cette voie au percepteur du domicile de ce contribuable, lequel, à la réception de cette quittance, prévient aussitôt la partie intéressée du remboursement qu'il a à lui faire. Il convient d'enregistrer cet envoi sur le carnet des ordonnances.

Ainsi qu'il a été dit plus haut, les percepteurs n'ont point à rembourser aux contribuables les excédants de versements lorsqu'il s'agit de remises accordées pour des cotes primitivement jugées irrécouvrables et sur lesquelles des versements auraient été obtenus. On n'émarge au rôle les ordonnances de l'espèce que pour la somme qui reste à recevoir.

Des Livres et Écritures.

Dispositions générales.

L'ordonnance du 31 mai 1838 et la circulaire du 28 janvier 1845 prescrivent pour les écritures des percepteurs l'emploi des livres suivants :

1° *Un journal à souche,* qui sert à l'enregistrement de toutes les recettes et à la délivrance des quittances pour les parties versantes;

2° *Un livre de comptes divers par service;*

3° *Un livre récapitulatif.*

Conformément aux instructions des 31 octobre 1817 et 8 avril 1820, les percepteurs doivent enregistrer sur le journal à souche, à mesure qu'elles ont lieu, les recettes sur contributions directes, et ils doivent, chaque soir, transporter ces recettes sur leur livre récapitulatif.

Les circulaires des 20 juin et 17 septembre 1838 prescrivent que toutes les recettes doivent également être enregistrées au journal à souche.

Ce journal à souche comporte deux colonnes affectées aux produits divers : l'une de ces colonnes est tout spécialement affectée aux frais de poursuites, l'autre aux divers autres produits et services.

« Celles des recettes qui concernent des services pour « lesquels il n'est pas tenu de livre de détail sont consta-« tées immédiatement au compte ouvert à chaque service « sur le livre des comptes divers.

« Les paiements faits pour ces mêmes services sont « aussi constatés sur le livre des comptes divers, à me-« sure qu'ils ont lieu. »

On constate d'abord sur des livres de détail les dépenses et les recettes appartenant à des services dont les opérations exigent l'existence de ces livres : ces recettes et ces dépenses sont à la fin de la journée seulement portées au titre de chaque service sur le livre des comptes divers. On transporte ensuite les sommes enregistrées sur ce livre dans les colonnes des produits divers au livre récapitulatif.

Voici les règles particulières d'après lesquelles doivent être tenus les livres ci-dessous :

JOURNAL A SOUCHE.

Le journal à souche est un livre destiné à enregistrer, au moment où elles ont lieu, les recettes effectuées à la caisse des percepteurs.

Ce livre doit être tenu par année et conformément au modèle ministériel.

Avant de le mettre en service, il est enjoint au percepteur de le présenter au visa du maire administrant la commune chef-lieu de la perception : les cotes et les paraphes sont posés conformément à la formule relatée en tête de chacun de ces livres.

Au premier janvier de chaque année, les percepteurs commencent un nouveau journal à souche, sur lequel ils doivent soigneusement et successivement enregistrer, d'une façon détaillée, toutes sommes versées à leur caisse, tant sur les contributions directes que les divers produits dont la perception leur est confiée.

Il est expressément enjoint à ces comptables (instruction des 31 octobre 1817, 8 avril 1820, 7 novembre 1821, 18 septembre 1825 et 2 juin 1826) de faire chaque enregistrement en la présence des parties versantes; ils apportent la plus grande exactitude à constater sur la souche ou corps du livre :

1° Le numéro d'ordre de l'enregistrement ;

2° La date de la recette;

3° Le nom de la partie versante (communes, établissements ou redevables) ;

4° L'article du rôle ;

5° La désignation du produit et de l'exercice sur lequel il est recouvré. (Instruction ministérielle du 8 février 1823.)

Ce journal à souche comporte une colonne pour les contributions directes des deux derniers exercices et de l'exercice courant, une colonne pour les frais de poursuites, une autre pour les produits et services divers, et une colonne spécialement destinée à inscrire le montant total de chaque versement.

Après avoir porté le montant total du versement dans cette dernière colonne, le comptable en opère le détail dans les colonnes de contributions ou de produits divers, et par imputation. Il remplit ensuite la quittance attenant à la souche en face de chaque article de recette, laquelle doit porter les mêmes détails que ladite souche, et, la détachant du journal à souche, il la remet à la partie versante.

Les duplicata de quittance qui peuvent être réclamés par la suite ne doivent point être extraits de ce journal ; les comptables font usage pour cet objet d'imprimés *ad hoc,* dont ils doivent être pourvus.

Les percepteurs, en vertu de la circulaire des 20 juin et 17 septembre 1838, ne doivent point signer d'avance les quittances de leurs livres à souche.

Dans les colonnes destinées aux recettes sur contributions directes de ce journal à souche, les percepteurs doivent comprendre, indépendamment du numéraire versé, les ordonnances de décharges et réductions, remises ou modérations que les contribuables auraient obtenues.

Conformément aux circulaires des 17 novembre 1821, 18 septembre 1825, 25 avril 1826 et 14 avril 1839, les percepteurs portent en recettes, dans la colonne des frais de poursuites, les paiements effectués par les redevables en remboursement des frais inscrits aux états de frais de poursuites rendus exécutoires par la préfecture ou la sous-préfecture, et dont le trésorier général ou le receveur particulier leur a remis ampliation.

Ils ne doivent pas omettre, en enregistrant cette recette sur leur journal, de porter en regard le numéro de l'état de frais.

La colonne de ce journal intitulée *autres produits et services divers* sert à enregistrer les produits de toute nature comprenant les catégories suivantes :

1° Les redevances des mines, la taxe des biens de main-morte, les rétributions pour vérification des poids et mesures ;

2° Les droits de visites chez les pharmaciens, épiciers-droguistes et herboristes, les cotisations particulières ;

3° Les excédants de versements sur contributions directes ;

4° Les recouvrements en vertu de contraintes extérieures ;

5° Les droits de permis de chasse revenant à l'État et aux communes, les droits dé passeports à l'étranger ;

6° Les restitutions au trésor ;

7° Les recettes accessoires ou accidentelles ayant trait au service de la perception ;

8° Enfin les recouvrements relatifs au service des communes et établissements publics dont l'étude ne fait pas partie du présent ouvrage.

A la fin de chaque journée, les percepteurs totalisent les recettes du jour, et reportent ensuite au-dessous les totaux des journées antérieures, de façon à pouvoir reproduire les totaux conformes aux résultats du livre récapitulatif. Le journal à souche doit donc porter en tête, au commencement de chaque exercice, les résultats du report fait en tête du livre récapitulatif.

Toutes surcharges ou ratures étant formellement interdites, le chiffre erroné dans l'inscription d'une somme doit être simplement biffé, et le chiffre réel doit être porté ou au-dessus ou au-dessous. Quant aux erreurs additionnelles qui pourraient se glisser dans la rédaction des opérations sur ce journal, elles doivent être rectifiées par déduction ou par augmentation.

Le trésorier général ou le receveur particulier annule, à la fin de chaque année, les quittances qui resteraient non employées dans le dernier volume. (Circulaires des 26 décembre 1824, 20 avril 1846 et 12 mai 1856.)

Chaque percepteur ne reçoit qu'un volume à la fois :

cependant il leur est recommandé, afin de ne pas entraver le service, d'en réclamer un nouveau avant le complet épuisement de celui qu'ils ont en main.

Il n'y a qu'une seule série de numéros pour toute l'année, même en cas d'interruption de gestion; cette série commence au 1er janvier. (Instruction générale du 26 janvier 1859, page 159, n° 1526.)

Après trois ans d'existence ils sont compris dans l'inventaire général des rôles, livres, registres et états à déposer aux archives.

L'imprimerie impériale a seule le monopole de l'établissement des journaux à souche.

Livre des comptes divers par service.

Le livre des comptes divers par service, livre où est ouvert un compte particulier pour chacune des recettes et dépenses relatives aux différents services dont sont chargés les percepteurs, est tenu par année.

Ce livre, ainsi que nous venons de le dire pour le journal à souche, doit être soumis au visa du maire administrant la commune chef-lieu de la perception.

Le livre des comptes divers se divise en quatre sections.

La première section comporte toutes les opérations relatives au service des communes et des établissements publics et hospitaliers.

La seconde section comporte les recouvrements qui sont effectués en vertu de titres de perception; les comptes à ouvrir dans cette section sont :

1° Les redevances des mines ;

2° La taxe des biens de main-morte;

3° Les rétributions pour la vérification des poids et mesures ;

4° Les taxes de la télégraphie privée ;

5° Les produits départementaux (souscription pour les chemins de grande communication, frais et honoraires pour travaux d'intérêts publics, pensions aux écoles normales) ;

6° Les droits de visite chez les pharmaciens, épiciers-droguistes et herboristes ;

7° Les cotisations municipales et particulières (travaux d'élagage, de curage, entretien des étalons ou reproducteurs de toute nature, etc.) ;

8° Les frais de poursuites pour recouvrements des contributions ;

9° Les recouvrements de contraintes extérieures ;

10° La rétribution scolaire (recouvrement particulier au compte des institutrices) ;

11° Les recouvrements de rentes et créances pour le compte des hospices ou établissements hospitaliers ;

12° Les restes à recouvrer, s'il en existe, pour le comptable précédent ;

13° Les effets à recouvrer pour le compte de la trésorerie générale.

Chacun des comptes de cette section offre trois divisions principales, qui sont : *titre de perception, recettes, dépenses,* et ces divisions se subdivisent elles-mêmes en autant de colonnes que les besoins du service le comportent.

La troisième section comporte les différents services ne possédant pas de titres de perception, dont les comptes à ouvrir sont :

1° Les droits de permis de chasse revenant à l'État ;

2° Les droits de permis de chasse revenant aux communes, pour les percepteurs qui ne sont pas en même temps receveurs des communes ;

3ᵉ Les droits de passeports à l'étranger ;

4° Les excédants de versements sur contributions publiques ;

5° Les restitutions au trésor ;

6° Les recettes faites avant l'ouverture de l'exercice.

La quatrième section comporte exclusivement les opérations se rattachant au service municipal et hospitalier, ainsi que celles des avances à recouvrer.

Les recettes se rattachant aux divers comptes relatés ci-dessus sont enregistrées, jour par jour, dans la colonne de l'exercice qu'elles concernent ; sont portés en dépense, à mesure qu'ils ont lieu, les versements que font les percepteurs à la trésorerie générale ou à la recette particulière.

En ce qui concerne le compte des frais de poursuites pour le recouvrement des contributions directes, le montant des états formant titres de perception est inscrit, pour chaque exercice différent, dans des colonnes distinctes. La date de la contrainte, date toujours indiquée sur les états de frais, détermine chaque exercice.

Conformément à la circulaire du 20 juin 1838, l'exercice auquel ces titres de perception s'appliquent est déterminé, savoir : par l'année pendant laquelle les contraintes ont été rendues exécutoires pour les poursuites par garnison et commandement ; par l'année pendant laquelle ont été dressées les contraintes pour la saisie-arrêt et pour les poursuites postérieures au commandement, ces derniers degrés de poursuites étant exécutés en vertu de la contrainte décernée pour les commandements.

Conformément aux circulaires des 20 juin et 17 septembre 1838, ainsi que celle du 14 août 1839, les percepteurs, au commencement de chaque année, doivent, comme point de départ au compte des frais de poursuites, lorsqu'il existe des recettes à recouvrer, rapporter le montant total des titres de perception, des recouvrements et des versements relatifs aux frais des deux derniers exercices.

En vertu des circulaires des 14 août et 4 octobre 1839, ainsi que celle du 17 mai 1857, s'il arrive que les percepteurs, en émargeant aux rôles les ordonnances de décharge, font ressortir des excédants à rembourser aux contribuables, ils ouvrent, comme il est dit ci-dessus, sur leur livre de comptes divers (3ᵉ section), un compte auquel ils donnent le titre de : DIVERS, *leurs comptes d'excédants de versements sur les contributions publiques, Ex. 18...* Ils font dépense à ce même compte du montant des récépissés que la trésorerie générale ou la recette particulière leur délivre à titre d'excédants de versements.

Ils portent également à ce même compte les sommes qui, par erreur, leur seraient versées en trop.

Aux termes de la circulaire du 8 mai 1856, les percepteurs qui, à l'expiration de la troisième année de l'exercice, soldent de leurs propres deniers la portion des contributions et des frais de poursuites non recouvrés, doivent en porter le montant au débit d'un compte d'avances. Ils ouvrent ce compte d'avances à la quatrième section de leur livre des comptes divers, et ils l'intitulent : DIVERS, *leur compte de restes à payer sur les contributions et les frais de poursuites de l'Ex. 18..*, en se reportant, pour reconnaître les noms des redevables et la somme due par chacun, aux détails que renferme leur état de restes à recouvrer.

Pour ces recouvrements effectués en atténuation de leurs avances) les comptables se contentent d'enregistrer sur leur journal à souche la somme reçue au-dessous du nom du redevable, et ajoutent la mention « pour mémoire » dans la colonne des produits divers, ainsi que dans celle intitulée : *somme totale reçue*.

Comme cette avance leur est personnelle, ils n'ont point à faire figurer dans leurs bordereaux de situation le solde du compte dont il est ici question.

A la fin de chaque journée, les percepteurs doivent réunir, par une accolade faisant ressortir le montant des recettes et celui des dépenses à inscrire au livre récapitulatif, les sommes enregistrées dans les colonnes de recettes et dans celles des dépenses des comptes ouverts dans les trois premières sections du livre des comptes divers. En formant leurs bordereaux de situation sommaire, ces comptables additionnent les diverses colonnes de chaque compte.

Les comptes de toute nature sont arrêtés et clos le soir du 31 décembre de chaque année.

Le total des opérations faites sur les exercices en cours d'exécution et relatives aux redevances des mines, de la taxe des biens de main-morte, de rétribution pour vérification des poids et mesures, des frais de poursuites, ainsi que les divers autres comptes constatant des opérations dont la situation est suivie par exercice, sont transportés, en ce qui concerne les recouvrements et les versements, sont reportés sur le nouveau livre des comptes divers par service de l'année qui va s'ouvrir.

Livre récapitulatif.

On appelle *livre récapitulatif des Percepteurs* le livre sur lequel ces comptables établissent la situation complète de toutes les parties du service qu'ils doivent administrer. Ils tiennent ce livre par année, et ils doivent avoir soin de le faire viser et parapher par le maire de la commune chef-lieu de la perception.

A la fin de chaque journée, après avoir totalisé les différentes colonnes de son journal à souche, le percepteur doit en transcrire les résultats sur son livre récapitulatif.

Conformément aux instructions des 31 octobre 1817 et 8 avril 1820, l'inscription des totaux journaliers des colonnes du journal à souche doit avoir lieu de la manière suivante, sur le livre récapitulatif :

1° Le montant par exercice des recouvrements opérés soit en argent, soit en ordonnances de non-valeurs, soit en ordonnances de dégrèvements, doit être transporté dans les colonnes des contributions directes ;

2° Le montant des sommes recouvrées à titre de frais de poursuites doit être transporté dans la colonne de ce nom ;

3° Le total des recettes inscrites au journal à souche sous le titre de produits divers doit être transporté dans les colonnes portant cette désignation, par nature de produits.

Comme ce relevé doit présenter au total un chiffre exactement semblable à celui du journal à souche, c'est un moyen sûr pour le percepteur de s'assurer que le rapport des recettes a été établi d'une manière exacte au livre des comptes divers.

L'on opère le transport des dépenses au livre récapitulatif, ainsi qu'il vient d'être expliqué au chapitre des recettes ; cependant le moyen de contrôle n'existe pas.

Chaque mois, les percepteurs doivent additionner les colonnes de leur livre récapitulatif, ainsi que chaque fois qu'ils ont à faire un versement.

La tenue de ce livre exige que les erreurs commises, soit en additionnant les colonnes du livre, soit en attribuant à un exercice les recettes appartenant à un autre, soient rectifiées par réductions ou par augmentations sur ce livre lui-même.

En vertu des instructions ministérielles des 8 avril 1820, 18 juin 1824 et 28 mai 1829, les percepteurs doivent arrêter leur livre récapitulatif le 31 décembre de chaque année, et ils en transcrivent les résultats sur le livre de l'année suivante.

Les trésoriers-payeurs généraux et les receveurs particuliers, afin de s'assurer de l'exactitude des recouvrements, doivent faire établir par les percepteurs des *états de restes à recouvrer*.

Ces états doivent être établis en même temps et à la même époque que ceux des cotes irrécouvrables, c'est-à-dire dans les deux premiers mois de l'année de chaque exercice (derniers jours de février de chaque année).

Le trésorier-payeur général ou le receveur particulier fait alors un rapprochement des restes à recouvrer du montant des rôles de l'exercice. Ce rapprochement doit présenter comme différence une somme égale à celle du total du livre récapitulatif où sont inscrits les recouvrements de ce même exercice.

S'il y a différence en moins, le comptable prend sur ses propres deniers la somme nécessaire pour rétablir cette différence de recettes; s'il y a, au contraire, différence en plus, il doit appliquer cet excédant au compte des excédants de versements.

La circulaire du 20 juin 1838 prescrit que le même travail doit être suivi pour transporter au livre récapitulatif les recouvrements ainsi que les versements relatés sur le livre des comptes divers, tels que les redevances des mines, la taxe des biens de main-morte, les rétributions pour vérification des poids et mesures, les frais de poursuites, ainsi que tous les autres produits dont la situation est établie par exercice.

Un état de restes à recouvrer est établi pour les frais de poursuites, ainsi qu'il vient d'être dit pour les contributions directes.

Le livre récapitulatif doit offrir dans des colonnes spéciales, et au commencement du volume, l'enregistrement abrégé des rôles des contributions directes.

Des bordereaux.

Un bordereau est une note explicative et détaillée article par article.

Un bordereau de caisse ou de situation est l'état des recettes et dépenses ou des opérations financières dont sont chargés les comptables des deniers publics.

Un bordereau de caisse est une note indiquant par catégorie les différentes valeurs contenues dans une caisse.

Un bordereau de situation est un état récapitulatif que fournit tout comptable à la fin de chaque mois; l'établissement d'un bordereau se fait par le relevé des écritures.

Les percepteurs sont tenus de remettre chaque mois à la trésorerie générale ou à la recette particulière des bordereaux sommaires donnant le détail des valeurs de caisse et de portefeuille représentant l'excédant des recettes et des dépenses. Ces bordereaux doivent être revêtus de la signature du maire de la commune où réside le percepteur.

Ces comptables sont également tenus de remettre chaque trimestre à la trésorerie générale ou à la recette particulière des bordereaux détaillés qui indiquent les recettes et les dépenses faites sur chacun des articles.

Ces bordereaux ont été établis conformément aux circulaires et instructions des 8 avril 1820 et 15 juin 1824.

Bordereau de situation.

Un bordereau de situation sommaire devant présenter un aperçu exact des opérations de sa comptabilité, la situation complète de chacune des branches de son service, les excédants tant en recette qu'en dépense, et enfin la situation de sa caisse, le percepteur, se conformant à l'instruction du 8 avril 1820 et aux circulaires des 30 septembre 1827 et 17 septembre 1828, établit son bordereau de la manière suivante :

Les recettes et dépenses de chacun des comptes ouverts sur le livre des comptes divers étant additionnées, l'on transcrit d'abord les résultats des comptes de chaque établissement dans la première partie du bordereau ; l'on transporte ensuite les comptes des produits recouvrés en vertu des titres de perception.

Le total des recettes et celui des dépenses de chaque compte ou service, ainsi que les excédants résultant de la balance de ces deux totaux, est inscrit dans des colonnes *ad hoc.* Le percepteur forme séparément les totaux relatifs aux comptes des établissements publics : il agit de même pour les totaux relatifs aux comptes des communes, s'il y a lieu. Il place également sur ce bordereau sommaire, comme les deniers des comptes de produits divers, le compte des frais de poursuites pour le recouvrement des contributions.

Le bordereau établi, la réunion des totaux des divers comptes, comptes autres que les contributions directes, doit égaler le montant des colonnes de produits divers du livre récapitulatif.

Après avoir totalisé sur le livre récapitulatif les colonnes de recouvrements et de versements effectués au titre des contributions directes, le percepteur reporte ensuite successivement tous ces totaux sur son bordereau, où il les fait ressortir, ainsi que les excédants.

Les reports terminés, ce comptable achève son bordereau en totalisant les colonnes d'excédants et les recettes et dépenses de quelque nature qu'elles soient.

Les totaux de ce bordereau, ainsi que ceux du livre récapitulatif, doivent être les mêmes.

Enfin, les montants des titres de perception appartenant aux divers produits doivent être énoncés, afin qu'ils puissent être comparés aux recouvrements, et que les restes à recouvrer puissent être aussi mis en évidence.

Bordereau de versement.

Les percepteurs doivent former, lorsqu'ils ont à faire un versement, un bordereau des recettes et dépenses et verser la différence.

Le bordereau doit comprendre en tête le résultat des additions faites sur le livre récapitulatif au jour du versement.

Il doit énoncer, en outre, le montant des sommes à recouvrer sur les contributions et produits divers, les recouvrements effectués, et faire ressortir la différence dans la colonne à ce destinée : la différence entre les recouvrements et les dépenses doit être portée par chaque compte dans une colonne ; l'addition de cette colonne doit être égale à la colonne des excédants sur tous les services en tête du bordereau.

Versements.

Les percepteurs sont tenus d'effectuer plusieurs fois par mois, à la trésorerie générale ou à la recette particulière,

le versement de la totalité de leurs recettes, soit en numé-
raires, soit en pièces de dépenses.

Le nombre de versements mensuels auquel est astreint
un percepteur varie en raison directe de l'importance de sa
perception, de l'éloignement où il se trouve et aussi des
rigueurs du service.

Chacun des versements de ces comptables doit être
accompagné du bordereau de versement dont il vient
d'être parlé ci-dessus.

Les trésoriers généraux ou les receveurs particuliers ne
peuvent exiger d'eux des versements supérieurs aux
sommes qu'ils ont recouvré, et les percepteurs trop zélés
qui voudraient, pour faire parade d'un certain nombre de
douzièmes, avancer de leurs propres deniers, ne pourraient excéder un demi-douzième du montant des rôles.

Ces deux questions, du reste, ont été tranchées par les
circulaires ministérielles des 1er novembre 1833, 25 octobre 1834, 10 octobre 1835 et 10 décembre 1853.

Conformément au décret du 4 janvier 1808 et à l'ordonnance du 12 mai 1833, les percepteurs doivent recevoir à
chacun de leurs versements des récépissés comptables à
talon et distincts pour chaque exercice.

Clôture des livres.

Les dispositions des ordonnances du 31 octobre 1821 et
23 avril 1823, ainsi que les instructions ministérielles des
8 février, 30 novembre 1823 et 30 mai 1827, prescrivent
que les différents livres ou registres des percepteurs doivent être clos et arrêtés le 31 décembre de chaque année,
revêtus des visas des maires des communes, des administrateurs des bureaux de bienfaisance et des divers établissements publics qui y sont intéressés, et soumis à l'appro-

bation des trésoriers-payeurs généraux ou des receveurs particuliers. Toutes les règles à suivre pour cette clôture annuelle ont été minutieusement détaillées dans l'*Instruction générale* du 1er juillet 1859, à laquelle nous renvoyons ceux de nos lecteurs qui seraient désireux d'approfondir cette question. (Consulter à cet effet les numéros 1519 et 1520.)

Imprimés.

Conformément aux instructions des 8 avril et 28 juillet 1820, à l'arrêté ministériel du 25 novembre 1824 et aux circulaires des 12 avril 1837 et 23 février 1839, les trésoriers-payeurs généraux ou les receveurs particuliers doivent fournir aux percepteurs tous les imprimés de registres et cadres en blanc nécessaires pour le service : cette avance leur est ensuite remboursée par ces comptables, à la charge de qui elle incombe.

Une circulaire du 1er décembre 1865 a déterminé les différentes sortes de registres ou imprimés que les percepteurs doivent payer de leurs propres deniers.

Mutations de percepteurs.

Chaque fois qu'un percepteur est suspendu, révoqué, démissionnaire, décédé ou appelé à d'autres fonctions, le trésorier-payeur général ou le receveur particulier doit se faire faire en personne la remise du service dont ce comptable était chargé. Il en résulte que l'intérimaire ou le titulaire qui vient occuper cette place n'a à se préoccuper en rien de la gestion de celui qui l'a précédé.

Un procès-verbal, en triple expédition et conforme aux prescriptions ministérielles, constate la remise de service de l'ancien comptable (ou de ses ayants-cause en cas de décès) et l'installation du gérant intérimaire ou du comptable qui lui succède. (Circulaires des 31 décembre 1839 et 3 mai 1842.)

Remplacement provisoire.

Lorsqu'il faut faire remplacer un percepteur pour un des cas précités ci-dessus, le préfet, sur la demande du trésorier-payeur général, ou le sous-préfet, sur la demande du receveur particulier, désigne un comptable qui prend alors le nom de gérant intérimaire.

Ce gérant intérimaire jouit de tous les droits et prérogatives du percepteur qu'il remplace : durant toute sa gestion il reçoit des émoluments qui sont réglés par le ministère des finances.

Conformément aux instructions du 30 novembre 1823 et du 15 juin 1824, le gérant intérimaire exerce sous sa responsabilité personnelle et sous celle du receveur des finances.

La circulaire du 6 février 1838 enjoint aux trésoriers-payeurs généraux, et cela sous leur propre responsabilité, de notifier à chacun des maires de la circonscription qu'un gérant intérimaire vient d'être placé aux lieu et place du titulaire, et ceux-ci doivent en donner immédiatement avis à leurs administrés.

Un reçu de cet avis doit être adressé par chaque maire, sitôt réception de la notification, au trésorier-payeur général, qui peut ainsi, au besoin, justifier des mesures qu'il a prises.

Remplacement définitif.

Quand la nomination d'un nouveau titulaire qui doit remplacer l'ancien est connue, avis en est aussitôt transmis par le préfet au trésorier-payeur général.

Ce nouveau percepteur doit aussitôt effectuer le versement de son cautionnement et prêter serment conformément à la loi. (Voir à ce sujet les circulaires des 26 juin 1820 et 26 décembre 1824.)

Le procès-verbal d'installation du nouveau comptable fait une mention toute spéciale du dépôt du cautionnement et de la prestation de serment. (Lois des 27 avril et 25 mai 1791, — art. 14 de la Constitution du 14 janvier 1852, — et art. 16 du sénatus-consulte du 25 décembre 1852.)

Conformément à la circulaire ministérielle du 16 juin 1855 (justice) et à l'instruction administrative du 15 octobre 1855 (enregistrement), l'acte de prestation de serment doit être enregistré, et quinze francs est le chiffre déterminé pour l'acquit de ces droits.

Percepteurs appelés à l'avancement.

Le percepteur déjà en fonctions et promu à une classe supérieure n'est pas tenu de prêter un nouveau serment : il doit seulement, pour justifier de cette formalité, faire enregistrer l'acte de prestation de serment déjà établi à la préfecture ou à la sous-préfecture de sa nouvelle résidence. (Circulaire du 16 décembre 1863. — Consulter, du reste, à cet effet le *Mémorial,* page 11.)

Quant au nouveau cautionnement à fournir, le trésorier-payeur général ou le receveur particulier de la nouvelle résidence peut se contenter du supplément de cautionnement demandé, mais en exigeant qu'il produise :

1° Le procès-verbal de sa remise de service ou tout au moins un certificat prouvant la situation régulière de la caisse qu'il vient de quitter ;

2° Le certificat d'inscription du cautionnement relatif à son ancienne gestion ;

14

3° Un certificat prouvant que ce comptable est parfaitement libre d'appliquer son ancien cautionnement à sa nouvelle gestion ;

4° Un certificat de non-opposition émanant du greffe du tribunal civil ;

5° Le récépissé du supplément de cautionnement.

En vertu de l'article 12 du 13 brumaire an VII et des instructions des 2 mai 1831 et 25 mai 1852, les commissions des percepteurs sont assujéties au timbre de dimension. Les comptables de tout grade, en prenant possession de leur service, doivent justifier de cette formalité à la trésorerie générale ou à la recette particulière.

Conformément aux circulaires des 5 et 23 juillet 1845, les percepteurs sont forcés, sous peine de déchéance, de prendre possession de leur service dans le délai d'un mois, qui compte du jour de la notification de leur nomination.

Retenues pour pensions civiles.

On appelle *retenue* le prélèvement d'une portion du traitement ayant pour but d'assurer une retraite.

Les fonctionnaires et employés directement rétribués par l'État ont droit à une *pension*, et supportent indistinctement les retenues ci-après indiquées :

1° Une retenue de 5 0/0 sur leur traitement fixe ou éventuel (remises, etc.) ou émoluments personnels ;

2° Une retenue d'un douzième lors de leur nomination d'entrée au service ou de leur réintégration, et du douzième de toute augmentation ;

3° Les retenues pour cause de congé, d'absence ou de mesures disciplinaires.

Ces retenues sont, du reste, prescrites par les lois du

9 juin 1853, articles 3 et 18, et du 9 novembre 1853, article 25.

Pour les percepteurs, ces retenues ne portent que sur les trois quarts de leurs émoluments, le dernier quart étant considéré comme indemnité de loyer et frais de bureau. (Loi du 9 juin 1853, articles 3 et 4, décret du 9 novembre 1853, articles 13 et 20.)

La règle générale d'après laquelle le droit à pension n'appartient qu'aux fonctionnaires et employés directement rétribués par l'État souffre quelques exceptions.

Ainsi les fonctionnaires de l'enregistrement rétribués en tout ou en partie sur les fonds départementaux ou communaux ont droit à pension, et supportent sur leur traitement et leurs différentes rétributions la retenue déterminée par la loi. Il en est de même des employés et des fonctionnaires qui, sans cesser d'appartenir au cadre permanent d'une administration publique, et en conservant leurs droits à l'avancement hiérarchique, sont rétribués en tout ou en partie sur les fonds départementaux ou communaux. (Loi du 9 juin 1853.)

Les percepteurs des contributions directes qui sont en même temps receveurs municipaux et receveurs d'établissements de bienfaisance, sont appelés au bénéfice de la loi pour l'ensemble de leur gestion et soumis aux retenues pour la totalité de leurs émoluments personnels payés soit sur les fonds de l'État, soit sur ceux des communes.

Le droit à la pension de retraite est acquis par ancienneté à soixante ans d'âge, et après trente ans de service.

Il suffit de cinquante ans d'âge et de vingt-cinq ans de service pour les fonctionnaires qui ont passé quinze ans dans la partie active.

Le titulaire qui est reconnu par le ministère hors d'état

de continuer ses fonctions est dispensé de la condition d'âge.

Ceux des comptables qui étaient en fonction au 1er janvier 1854 peuvent faire valoir la totalité de leurs services admissibles pour constituer le droit à pension.

Toutefois, cette pension n'est liquidée que pour le temps pendant lequel ces comptables ont subi la retenue, et n'est réglée qu'à raison d'*un cent vingtième du traitement* moyen pour chaque année des services civils; mais le montant de la pension ainsi fixée est alors augmenté *d'un trentième* pour chacune des années liquidées.

Le traitement moyen des percepteurs et des autres agents ressortissant du ministère des finances (comptables rétribués par des remises variables sujettes à liquidation) est établi sur les six années antérieures à celle dans le cours de laquelle cesse l'activité, et sauf déduction du quart des remises considéré comme indemnité de loyer et frais de bureau.

Les *anciens services* des percepteurs dans les *armées de terre et de mer* concourent avec leurs services civils pour établir le droit à pension, et sont comptés pour leur durée effective, pourvu toutefois que la durée des *services* civils soit au moins de *douze ans*. Si les services militaires ont déjà été rémunérés par une pension, ils n'entrent pas dans le calcul de la liquidation; s'ils ne l'ont pas été, la liquidation est opérée d'après le *minimum* attribué au grade.

Par services admissibles pour la pension, il faut entendre, outre les services militaires, ceux qui ont donné lieu à des retenues. Ainsi le temps d'exercice qu'aurait un percepteur comme maire ne peut lui être compté pour établir son droit à la pension. (*Mémorial* de 1863, page 71.)

Les services civils rendus hors d'Europe par les fonctionnaires envoyés d'Europe par le gouvernement sont comptés pour moitié en sus, sans toutefois que cette bonification puisse réduire de plus d'un cinquième le temps de services effectifs pour constituer le droit à pension.

Fonds de secours.

Il reste au budget de l'État un *fonds de secours* pour les percepteurs, leurs veuves et leurs orphelins.

Les secours qui sont alloués aux percepteurs ne peuvent excéder *le cinquième des remises* de la dernière année d'activité; quant à ceux qui sont accordés aux veuves et aux orphelins de ces comptables, ils ne peuvent dépasser *le maximum de trois cents francs*.

Ces secours sont annuels, et la demande doit en être renouvelée chaque année.

Incompatibilité.

Les lois des 24 vendémiaire et 17 frimaire an III, du 2 ventôse an XI et du 14 décembre 1810, ainsi que différentes circulaires ministérielles de 1823, 1825, 1836, 1848 et du 18 octobre 1850, établissent comme règle qu'il y a *incompatibilité* entre deux emplois, lorsque le titulaire de l'un d'eux est tenu d'exercer ou de concourir à exercer une surveillance directe, médiate ou immédiate, sur la gestion du titulaire de l'autre emploi. D'où il résulte que les percepteurs receveurs municipaux ne peuvent cumuler avec leur charge les fonctions de conseillers de préfectures, de membres de commissions administratives d'établissements de bienfaisance, de maires, d'adjoints ou de conseillers municipaux, dans les communes qui dépendent de leur circonscription perceptorale; mais il n'existe aucun article de loi ni aucun décret qui empêche un percepteur d'être conseiller municipal dans une commune où il serait propriétaire, si cette commune est hors du cercle de ses opérations et de sa gestion.

Une circulaire ministérielle du 25 avril 1840 établit qu'un receveur de bureau de bienfaisance et qu'un percepteur de ville qui n'est pas receveur municipal (bien qu'il soit chargé du recouvrement des centimes additionnels communaux) peuvent faire partie d'un conseil municipal. (Consulter à ce sujet les arrêts du conseil d'État des 8 janvier 1837 et 17 septembre 1838, ainsi que le *Mémorial* de 1840, page 136.)

L'instruction générale des 20 juin 1859, page 437, établit que : *Les parents ou alliés, jusqu'au degré de cousins-germains inclusivement, ne peuvent être chargés de fonctions dans lesquelles ils exerceraient ou concourraient à exercer l'un sur l'autre une surveillance médiate ou immédiate.*

Une décision ministérielle du 28 octobre 1856 interdit aux percepteurs de cumuler avec leurs fonctions une industrie, une profession ou un commerce quelconque.

Les circulaires des 10 mai et 14 juin 1841 établissent que les percepteurs ne doivent leur concours à aucun travail étranger à celui que comporte leur service; au cas où l'on voudrait leur imposer tout autre travail, ils doivent immédiatement en référer d'abord au trésorier-payeur général de leur département, et, s'il y avait lieu ensuite, au ministère des finances.

Mesures de comptabilité.

Les trésoriers-payeurs généraux se chargent en recette du montant des retenues faites pour les pensions, et en délivrent récépissé.

Les percepteurs touchant actuellement leurs remises par douzièmes, la retenue est calculée dans le corps du mandat qui leur est remis vers la fin de chaque mois, et aucune écriture n'est à passer par eux comme percepteurs.

Il n'est pas exercé de retenue sur les frais des premiers avertissements, ni sur les allocations pour installations foncières.

Des Chiens.

Depuis le 1ᵉʳ janvier 1856, il est perçu en France une taxe sur les chiens, taxe qui varie de 1 franc à 10 francs.

Les tarifs ne comprennent que deux taxes : la plus élevée porte sur les chiens d'agrément ou servant à la chasse; la moins élevée sur les chiens de garde, et, en général, sur tous ceux qui ne sont pas compris dans la première catégorie. La taxe est due pour l'année entière, et s'applique à tous les chiens existants au 1ᵉʳ janvier, excepté ceux qui sont encore nourris par la mère; elle s'acquitte par douzièmes, comme la contribution mobilière, mais, en cas de déménagement hors du ressort de la perception, elle est *immédiatement exigible* pour la totalité de l'année courante.

Conformément à la loi du 2 mai 1855 et au décret impérial du 4 août de la même année, du 1ᵉʳ octobre au

15 janvier, les possesseurs de chiens doivent faire à la mairie une déclaration indiquant le nombre de leurs chiens et les usages auxquels ils sont destinés : *ils retirent un reçu de leur déclaration.* Ceux qui négligent de faire cette déclaration, ou qui la font incomplète ou inexacte, sont passibles d'un accroissement de taxe ; elle est *triplée* lorsque la déclaration n'a pas été faite ; elle est *doublée* si elle est inexacte ; elle est *quadruplée* si la seconde déclaration est incomplète.

L'arrêt du conseil d'État, en date du 3 mars 1858, déclare que l'absence ni la bonne foi ne peuvent être invoquées comme moyen d'échapper à l'application des peines portées contre les déclarations inexactes. (Consulter à ce sujet l'arrêté complet dans le *Mémorial* de 1860, page 265.)

Les articles 10 du décret en date du 4 août 1855 et 1 et 2 du décret en date du 3 août 1861 établissent qu'un contribuable qui, pour l'année suivante, ne fera pas de déclaration ou en fera une incomplète ou inexacte, sera soumis à un accroissement de taxe, laquelle sera quadruplée dans le premier cas et triplée dans le second.

L'arrêt du conseil d'État du 14 janvier 1858 dit que le contribuable qui n'a pas fait à la mairie de son domicile la déclaration des chiens qu'il possède et des usages auxquels il les emploie, ne peut, pour échapper à la triple taxe, se prévaloir de la circonstance qu'il a fait la déclaration de ses chiens à la mairie de la commune dans laquelle il se trouvait à l'époque fixée pour les déclarations, pour exercer accidentellement sa profession.

L'arrêt du conseil d'État, en date du 24 mars 1869, décide que celui qui, ayant déclaré son chien, a refusé de faire connaître l'usage auquel il l'employait est passible de la triple taxe, comme n'ayant pas fait la déclaration prescrite par la loi.

Un arrêté du conseil d'État, en date du 13 mars 1862, établit :

1° La responsabilité des propriétaires et des principaux locataires en ce qui concerne la contribution personnelle et mobilière, et celle des patentes, ne s'applique pas à la taxe sur les chiens;

2° Un propriétaire n'est pas responsable d'une taxe sur les chiens imposés au nom de son fermier. (Consulter à cet effet le *Mémorial* de 1860, page 115, et celui de 1863, page 42.)

La déclaration doit être faite dans la commune où le contribuable habite le 1er janvier.

Un arrêt du conseil d'État, en date du 18 mars 1857, déclare que tout fait nouveau postérieur au 1er janvier n'a aucune influence sur la taxe régulièrement établie. (Exemple : La taxe est due pour un chien mort ou perdu le 8 janvier; elle n'est pas due par celui qui n'est devenu possesseur d'un chien qu'après le 1er janvier.)

Afin de rendre plus familière à tous la distinction des chiens par catégories, voici comment elles se partagent :

Chiens de première catégorie.

1° Le chien servant à la fois à la garde de l'habitation et à l'agrément de son maître (Arrêt du conseil d'État du 30 juin 1858);

2° Le chien qui n'est pas exclusivement destiné à la garde, qui n'est pas tenu à l'attache et qui accompagne son maître quand il se promène, va à la campagne ou vaque à ses affaires (Arrêt du conseil d'État du 14 janvier 1858);

3° Le chien qui est employé à la garde de l'habitation et qui sert également pour la chasse (Arrêt du conseil d'État du 3 mars 1858);

4° Le chien dressé à chercher des truffes (Arrêt du conseil d'État du 2 mars 1858);

5° Le chien courant, de la race des bassets, qui chasse fréquemment, bien qu'il serve aussi à la garde (Arrêt du conseil d'État du 5 mars 1858);

6° Le chien qui est employé à la garde d'une métairie et qui sert en même temps à l'agrément de son maître (Arrêt du conseil d'État du 30 juin 1858);

7° Le chien qui, en raison de son âge ou de ses infirmités, ne peut plus rendre aucun service à ses maîtres (Arrêt du conseil d'État du 22 avril 1857);

Chiens de deuxième catégorie.

1° Le chien destiné à garder un magasin et les marchandises qu'un patentable transporte dans les foires et marchés (Arrêt du conseil d'État du 11 février 1857);

2° Le chien qui n'est employé qu'à la garde du bureau d'un receveur d'octroi (Arrêt du conseil d'État du 11 février 1857);

3° Le chien qui sert à garder un troupeau et une maison isolée de toute habitation, lors même qu'il ne serait pas tenu à l'attache (Arrêt du conseil d'État du 22 avril 1857);

4° Le chien qui accompagne son maître hors de chez lui, soit pour les besoins de son commerce, soit pour la défense de sa personne (Arrêt du conseil d'État du 5 octobre 1857);

5° Le chien qui, sans avoir d'autre destination, est

employé à la garde d'une brasserie ou d'un magasin
(Arrêt du conseil d'État du 2 juin 1857.)

Conformément à la loi du 2 mars 1855, articles 3 et 4,
les tarifs de la taxe municipale sur les chiens peuvent être
changés à la fin de chaque période de trois années.

Tout contribuable, quel qu'il soit, est libre d'avoir autant de chiens de garde que bon lui semble, et, pourvu
que ces chiens, quelque nombreux qu'ils puissent être, ne
soient employés à autre chose qu'à la garde de l'habitation des fermes ou métairies, ils ne peuvent être imposés
comme chiens de la première catégorie. (Voir à ce sujet
le *Mémorial* de 1862, page 13.)

Un arrêt du conseil d'État, en date du 28 avril 1864,
établit que :

1° Lorsqu'un contribuable habite plusieurs communes
simultanément, ses chiens doivent être taxés dans la
commune où ils gîtent au 1er janvier ;

2° Lorsqu'un contribuable résidant habituellement
dans une commune possède un chenil dans une autre
commune où il est propriétaire, et que ses chiens y résident au 1er janvier, ils doivent être taxés dans la commune
où leur chenil est établi.

Du reste, pour ceux de nos lecteurs qui voudraient
étudier d'une façon toute spéciale cette sorte de contribution, nous les renvoyons aux savantes dissertations du
Mémorial des Percepteurs, année 1859, page 10 ;
1864, page 142 ; 1865, page 169 ; 1866, pages 240 et 271.

Établissement de l'état-matrice des chiens.

Chaque année, du 15 au 31 janvier, l'état matrice des
chiens est établi par les percepteurs, assistés du maire et
des répartiteurs.

A cet effet, les maires convoquent, quelques jours à l'avance, les répartiteurs, et, au jour fixé, percepteurs et répartiteurs se réunissent à la mairie, conformément au décret du 4 août 1855.

Le concours du percepteur à ce travail doit être réel et efficace, et non de pure formalité; de plus, l'avis émis par les répartiteurs doit, sous peine de nullité, être signé par cinq d'entre eux au moins, ainsi que le prescrit l'arrêt du conseil d'État en date du 5 avril 1858.

Le percepteur remplit les formules de l'état-matrice qui comporte les noms, prénoms et demeures des contribuables, le nombre de chiens qu'ils ont en leur possession et la catégorie où chaque chien doit être classé. Un décret du 4 août 1855 veut, en outre, que cet état comporte les déclarations faites par les propriétaires des chiens, ainsi que les détails nécessaires pour qu'il soit possible d'apprécier les différences qui existent entre les déclarations et les faits constatés.

Les répartiteurs, à l'inscription par le percepteur de chaque article sur l'état-matrice, doivent se reporter au registre des déclarations et faire annoter les constatations qui ont été faites dans le cours de la tournée du garde-champêtre, en suivant avec mesure l'ordre dans lequel on fait habituellement le parcours pour les recouvrements et autres opérations administratives de ce genre.

Le résultat des déclarations reçues est ensuite porté dans les colonnes 3, 4 et 5 de cet état, et si des observations sont utiles, elles sont mentionnées dans la colonne 8.

Une circulaire ministérielle, en date du 15 novembre 1861, enjoint aux percepteurs de veiller à ce que toutes les dispositions de la loi soient exécutées ponctuellement et rigoureusement.

Dans les premiers jours de février au plus tard, ces comptables transmettent à la trésorerie générale ou à la recette particulière ces états-matrices, lesquels sont ensuite envoyés de ces bureaux à la direction des contributions directes.

En vertu de la circulaire ministérielle du 17 mai 1857, la taxe des chiens étant assimilée, quant au recouvrement, aux contributions directes, ce recouvrement est opéré dans les mêmes conditions.

Un jugement du tribunal de Blois, en date du 10 avril 1866 (consulter à ce sujet le *Mémorial* de 1866, page 156), établit que la taxe municipale sur les chiens jouit, ainsi que les contributions directes, du privilége conféré par la loi du 12 novembre 1828.

Dans les villes ou localités où le service des contributions directes est séparé du service de la commune, c'est-à-dire où il y a en même temps percepteur et receveur municipal, le percepteur seul concourt à la formation de l'état-matrice, et le receveur municipal seul concourt à son recouvrement.

Une allocation de douze centimes par article est accordée aux percepteurs pour le concours qu'ils apportent à la formation de ces états.

Mutations.

On appelle mutation la transmission des biens d'une personne à une autre.

Il peut y avoir mutation par vente, échange, donation et succession.

Les percepteurs étant appelés à concourir aux travaux des mutations, c'est-à-dire :

1° A recevoir les déclarations de mutations foncières et à

rédiger les extraits de matrice ou feuilles de mutation;

2° A faire des tournées dans les communes de leur arrondissement de perception, soit seuls, soit avec les contrôleurs;

3° A fournir tous les renseignements qu'ils pourront recueillir pour l'amélioration de l'assiette de l'impôt et pour celle de la confection des rôles.

Nous ne croyons mieux faire tant pour eux que pour nos lecteurs, quels qu'ils soient, que de leur donner copie des principaux articles de l'*Instruction générale* du 18 décembre 1853, qui fait force de loi en cette matière.

Pour faciliter ce travail, chaque percepteur doit tenir un cahier de notes pour chacune des communes de sa perception.

Il porte toujours ce cahier avec lui dans ses tournées, et il s'empresse d'y inscrire tous les renseignements qu'il peut y recueillir.

Il a été parlé de ce cahier de notes dans un chapitre spécial.

NOTE.

Dans le commencement de cet ouvrage, au chapitre *Cadastre,* il a été donné les éclaircissements préliminaires à ce travail.

*Instruction générale sur les mutations
du 18 décembre 1853.*

Art. 1ᵉʳ. Le travail des mutations comprend :

1° *La réception des déclarations de mutation* des propriétés foncières, et la rédaction des extraits de matrice ou feuilles de mutation indiquant les parcelles objet des changements;

2° *La recherche des propriétés* non bâties devenues imposables ou ayant cessé de l'être ; celle des constructions et des démolitions susceptibles d'affecter le revenu imposable des propriétés bâties ;

3° *La formation du relevé des mutations foncières* donnant lieu à des changements sur la matrice des biens de main-morte ;

4° *La formation des états de changement* concernant la contribution des portes et fenêtres, et la contribution personnelle-mobilière, et le redressement des erreurs commises antérieurement dans la désignation des noms, prénoms, profession et domicile des contribuables ;

5° *L'établissement* de la matrice des patentes ;

6° *La rédaction* ou la *rectification* de l'état-matrice des prestations pour l'entretien et la réparation des chemins vicinaux ;

7° *L'application des mutations* sur les matrices de la direction et sur celles des communes.

Art. 2. Le travail des mutations, dans les communes, est fait par le contrôleur des contributions ou par le percepteur, dans les cas et les conditions ci-après déterminés.

Art. 3. Des tournées spéciales et une tournée générale ont lieu chaque année pour l'exécution du travail des mutations.

Il est donné avis au maire du jour et de l'heure où l'agent chargé du travail doit se rendre dans la commune.

Pour les tournées spéciales, l'avis est donné par l'agent lui-même.

Pour la tournée générale, l'avis est donné par le directeur des contributions directes.

Le maire porte les avis qu'il a reçus à la connaissance

des habitants par les voies ordinaires de publication, et il convoque les répartiteurs pour prendre part au travail, dans les cas où leur concours est nécessaire.

Art. 4. Les tournées spéciales ont pour objet les mutations foncières et l'établissement des matrices de patentes. Les époques de ces tournées sont fixées par le directeur des contributions, sur la proposition du contrôleur, lorsqu'il s'agit d'un travail que ce dernier doit faire personnellement : elles sont réglées de concert par le trésorier-payeur général et le directeur des contributions directes, pour les communes où les percepteurs doivent opérer.

Les contrôleurs et les percepteurs reçoivent de leurs chefs directs l'avis des jours et des heures fixés pour les tournées spéciales auxquelles ils doivent concourir.

Art. 5. Les tournées spéciales relatives aux mutations foncières sont faites tant par le contrôleur que par le percepteur.

Celles qui sont relatives aux patentes sont faites par le contrôleur.

Art. 6. Le contrôleur procède au recensement des patentables, dans les communes que comprend la tournée spéciale.

Art. 7. A défaut d'ordres contraires, la tournée générale s'ouvre le 1er mai de chaque année. Néanmoins, si, dans quelques départements, les directeurs jugeaient qu'il fût utile d'avancer ou de reculer cette ouverture, ils soumettraient leurs propositions à l'administration.

L'ordre de la tournée est réglé par un itinéraire dont le projet est soumis par le contrôleur au directeur, en double expédition, avant le 1er avril.

Art. 10. Aussitôt que l'itinéraire est arrêté, une copie en est transmise au receveur général, qui le fait notifier aux percepteurs, avec recommandation de se rendre dans les communes aux jours et heures indiqués, et d'être présents, pendant toute la durée du travail, à la réunion des répartiteurs et du contrôleur, afin d'y donner les renseignements qui leur seront demandés.

Art. 11. Le directeur renvoie immédiatement au contrôleur un double de l'itinéraire tel qu'il a été arrêté; il y joint les imprimés nécessaires pour la rédaction des pièces ci-après désignées, savoir :

États des changements à opérer aux relevés sommaires des biens de main-morte ;

États des constructions et démolitions ;

États des changements concernant la contribution des portes et fenêtres ;

États des changements concernant la contribution personnelle et mobilière ;

Matrices primitives et supplémentaires des patentes.

Il y joint également les états-matrices de prestations, et, s'il y a lieu, les cadres nécessaires pour leur renouvellement.

Art. 12. La communication de l'itinéraire du contrôleur au maire de chaque commune doit être faite, par le directeur, dix jours au moins à l'avance. Le directeur joint à sa lettre des affiches indiquant les jours et heures où le contrôleur se rendra dans la commune et dans chacune des communes limitrophes. Ces affiches doivent être en nombre suffisant pour qu'il en soit apposé non-seulement au chef-lieu, mais encore dans les principales sections de la commune.

Art. 13. Le contrôleur est tenu de suivre exactement l'itinéraire arrêté; le directeur seul peut y apporter des modifications, et il ne doit le faire que pour des motifs graves.

15

Art. 16. Indépendamment des faits relatifs aux mutations foncières, le contrôleur, en compulsant les registres pour la formation des extraits, ne doit pas négliger de recueillir, dans la forme prescrite par l'article 35 de l'instruction du 10 juillet 1850, tous les autres faits qui peuvent lui fournir des renseignements utiles pour l'assiette des droits de patentes, tels que : adjudications de travaux et de fournitures, actes de société, traités de commerce, transactions, marchés, etc.

Art. 17. En mentionnant sur son registre d'ordre ses opérations chez les receveurs de l'enregistrement, le contrôleur a soin de relater, pour chaque bureau, la date à laquelle s'est arrêté son relevé. Cette date servira de point de départ aux relevés ultérieurs.

Art. 22. Le percepteur procède à la réception des déclarations de mutation et à la rédaction des extraits de matrice dans toutes les communes où le contrôleur ne doit pas opérer par lui-même. Il peut se livrer à ce travail chaque fois qu'étant dans la commune, il se trouve, soit à l'aide des déclarations des propriétaires, soit à l'aide de documents officiels ou authentiques, à portée de constater les changements survenus dans les propriétés. Toutefois, il est tenu de faire, en outre, même dans les communes où il a ainsi opéré, deux tournées spéciales. La première a lieu immédiatement après que les mutations de l'année précédente ont été appliquées sur les matrices des communes; la seconde est fixée de manière à précéder, en s'en rapprochant autant que possible, l'époque où le contrôleur doit se rendre, pour la tournée générale, dans les mêmes communes.

Comme le contrôleur, le percepteur adresse aux propriétaires intéressés dans des mutations précédemment ajournées des lettres individuelles pour les inviter à se rendre dans la commune au jour de la tournée spéciale, afin de lui fournir les renseignements nécessaires pour opérer leurs mutations.

Art. 23. Le percepteur tient un cahier de notes qu'il porte avec lui dans les communes et sur lequel il indique, soit d'après la demande des contribuables, soit d'après les faits parvenus à sa connaissance, les changements ou rectifications à opérer dans les rôles. Il y inscrit les divers renseignements qu'il a pu recueillir pour l'amélioration de l'assiette des contributions, notamment en ce qui concerne les constructions et les démolitions, les alluvions et les corrosions, les patentables à imposer et ceux à supprimer des rôles.

Il rédige tous les trois mois, sur des cadres remis à cet effet par le directeur au receveur général, un extrait du cahier de notes, et le fait parvenir au contrôleur par la voie hiérarchique : lorsque le cahier de notes n'a reçu aucune inscription, il est transmis un certificat négatif.

Le percepteur n'a à inscrire, ni sur le cahier de notes, ni sur les extraits de ce cahier, les faits relatifs aux mutations foncières dont il a déjà rédigé les feuilles.

Les notes prises postérieurement au dernier envoi qui précède le passage du contrôleur, pour la tournée générale sont remises directement à celui-ci par le percepteur, pendant cette tournée.

Art. 24. Lorsque des difficultés particulières auront empêché le percepteur d'effectuer une mutation foncière, il fera mention de cette circonstance sur le cahier de notes et sur l'extrait trimestriel, avec tous les détails propres à faire apprécier l'importance de la mutation et le temps qu'elle peut exiger. Si les difficultés s'étaient présentées après l'envoi du dernier extrait qui doit précéder la tournée générale, le percepteur en ferait parvenir immédiatement un avis spécial au contrôleur par les voies ci-dessus indiquées, afin que cet agent pût faire, en temps utile, les dispositions nécessaires pour opérer la mutation.

Au cas d'ajournement de l'espèce, le percepteur fait savoir aux contribuables intéressés que le contrôleur devra opérer lui-même les mutations; il les invite à se rendre auprès de ce dernier, au moment de la tournée générale, et il leur donne connaissance, à cet effet, aussitôt que l'itinéraire lui est notifié, du jour et de l'heure où le contrôleur se trouvera dans la commune.

Art. 25. Les contrôleurs sont chargés de tenir les percepteurs approvisionnés des cadres imprimés nécessaires pour la rédaction des feuilles de mutation.

Art. 26. Dans le cas où il s'élèverait quelque dissentiment entre les agents chargés de coopérer au travail des mutations, le directeur et le receveur général se concerteraient pour le faire cesser; si ces chefs de service ne pouvaient eux-mêmes s'accorder sur l'un des points qu'ils sont appelés à régler, ils en référeraient respectivement à leur administration.

Art. 27. L'agent chargé d'opérer dans les communes doit être muni des extraits relevés dans les bureaux de l'enregistrement et des divers renseignements qui lui ont été fournis ou qu'il a recueillis concernant les mutations.

Il se fait remettre :

1° L'atlas du plan parcellaire;

2° Les états de section des propriétés non bâties et bâties;

3° La matrice cadastrale des propriétés foncières;

4° La matrice générale.

Au besoin, il invite le maire à faire publier de nouveau l'avis de son arrivée, et même à faire appeler individuellement les propriétaires qui ne se présenteraient point sur l'invitation qu'ils ont reçue.

Il procède à la réception des déclarations de mutation, conformément aux règles tracées dans les articles suivants.

Art. 28. La mutation peut avoir pour objet :

1° L'article entier d'un propriétaire ;

2° Des parcelles entières ;

3° Des portions de parcelles d'une seule classe ;

4° Des portions de parcelles de classes différentes.

Dans le premier cas, si l'article entier passe à un acquéreur (on emploie le mot *acquéreur* pour désigner le nouveau propriétaire, et le mot *vendeur* pour désigner l'ancien propriétaire) non encore inscrit dans la matrice cadastrale de la commune, on indique qu'il y a lieu de substituer le nom de l'acquéreur à celui du vendeur, en se bornant à inscrire sur l'extrait de matrice le total de la convenance et du revenu. Si l'article renferme quelques objets devenus non imposables, tels que : une maison convertie en bâtiment rural ou démolie, une ou plusieurs parcelles ou parties de parcelles corrodées par les eaux, cédées pour un chemin, ou affectées à un service qui les affranchisse de l'impôt, on ne porte sur l'extrait que les totaux de la contenance et du revenu qui doivent rester imposés, et l'on rédige un extrait détaillé pour les parcelles à retrancher. Si l'article entier passe à un acquéreur déjà inscrit à la matrice, on porte sur l'extrait le détail de toutes les parcelles acquises. Cependant, si l'article de l'ancien propriétaire comprenait plusieurs pages, à la suite desquelles il resterait un ou plusieurs folios en blanc, et si l'article de l'acquéreur ne comprenait que quelques parcelles non suivies de l'espace en blanc, nécessaire pour la retranscription de la totalité de l'article acquis,

on opérerait comme s'il s'agissait d'un nouveau propriétaire, en substituant le nom de l'acquéreur à celui du
vendeur, et l'on rédigerait un second extrait de matrice
pour faire retranscrire en détail à la suite de l'article de
l'ancien propriétaire les parcelles que l'acquéreur possédait déjà.

Dans le second cas, on copie sur l'extrait la ligne que
chaque parcelle occupe dans la matrice.

Dans le troisième cas, on porte sur l'extrait la section,
le numéro du plan, le lieu dit, la nature de propriété, la
portion de contenance, la classe et la portion de revenu
y afférente. Le revenu se détermine en multipliant la
contenance par le prix attribué à la classe de la parcelle
dans le tarif placé en tête de la matrice.

Dans le quatrième cas, le revenu de chaque fraction
est déterminé proportionnellement à la contenance, à
moins que les parties intéressées ne conviennent de la
portion de revenu à attribuer à chacune d'elles; on fait
alors mention de la convention des parties dans la colonne
de l'extrait intitulée : *Motifs des changements,* et, de
plus, on indique, dans la colonne du classement, la contenance ou la proportion de la contenance afférente à
chaque classe, si la portion de parcelle objet de la mutation appartient à plusieurs classes. Dans aucun cas, le
revenu attribué à chacune des portions de la parcelle ne
peut être supérieur à celui qui résulterait du tarif de la
classe la plus élevée, ni inférieur à celui du tarif de la
classe la moins élevée de la parcelle.

On place la lettre P (partie) sous le numéro du plan
des parcelles divisées. Ce signe suit la fraction de parcelle
qui en a été affectée dans les mutations ultérieures, alors
même que cette fraction ne subirait plus de nouvelle
division. On indique, en outre, dans la colonne 9 de l'ex-

trait, toutes les fois qu'il y a possibilité de le faire, le chiffre exprimant la fraction de parcelle à porter de l'ancien au nouveau propriétaire. Cette indication, qui est utile sur l'extrait, parce qu'elle sert à vérifier l'exactitude des divisions, ne doit, en aucun cas, être reproduite sur la matrice.

Art. 29. Chaque extrait de matrice ne doit comprendre que des parcelles transférées d'un même article à un seul propriétaire. Il faut, par conséquent, rédiger deux extraits pour faire passer des parcelles inscrites sous le nom d'un même propriétaire à deux propriétaires différents, de même qu'il faut en rédiger deux également pour porter à un même acquéreur des parcelles tirées de deux articles de la matrice.

Art. 30. Lorsqu'un propriétaire nouveau a acquis en entier plusieurs articles, on opère *sommairement,* c'est-à-dire par voie de *substitution,* sur l'article renfermant le plus grand nombre de parcelles, et on transcrit en détail sur d'autres extraits les parcelles provenant des autres articles.

Si l'acquéreur prenait un article entier de matrice et seulement des parcelles ou portions de parcelles tirées d'un ou de plusieurs autres articles, on porterait le total de la contenance et du revenu de l'article entier sur un extrait, et l'on transcrirait en détail sur d'autres extraits les parcelles ou portions de parcelles tirées des autres articles, à moins que les parcelles ne fussent, pour l'un de ces articles, plus nombreuses que celles de l'article entier, et qu'il n'y eût lieu, selon le cas prévu ci-après, d'en faire la mutation par voie de *substitution.*

Art. 31. Lorsque la totalité d'un article de matrice passe à plusieurs acquéreurs, et que l'un d'eux, nouveau propriétaire, prend une partie notable des parcelles, on opère *sommairement* en ce qui concerne cet acquéreur, sauf le cas où cette manière de procéder devrait occasionner quelque confusion, eu égard à l'état actuel de la matrice, c'est-à-dire à l'ordre d'inscription des parcelles (consécutives ou plus ou moins éparses) qui doivent former l'article du nouveau propriétaire, aux radiations résultant des mutations antérieures, etc. La clarté des matrices est, dans les cas de l'espèce, le point que l'agent des mutations doit surtout avoir en vue; c'est pourquoi il lui est laissé, à cet égard, une certaine liberté d'action : toutefois, lorsqu'il ne juge pas à propos d'employer le mode de *substitution*, il doit expliquer sur l'extrait les motifs qui l'en ont empêché. Il appartient au directeur, lors de l'application des mutations, d'apprécier ces motifs et de modifier, s'il y a lieu, le travail.

Art. 32. Lorsque la mutation n'affecte qu'une portion de parcelle, il est rédigé un extrait de matrice pour constater la partie de cette parcelle qui reste à l'ancien propriétaire. Cet extrait est nécessaire pour faciliter la retranscription de la partie restante à la suite de l'article du vendeur, et pour fixer l'ordre qu'elle doit y prendre dans le cas où il y aurait à opérer plusieurs retranscriptions de l'espèce, ou à porter à l'article du vendeur des parcelles qu'il aurait acquises.

Art. 33. Pour les mutations relatives aux propriétés bâties, on porte sur l'extrait des matrices la nature et le nombre des ouvertures, à moins qu'il ne s'agisse d'une propriété exempte de la contribution des portes et fenêtres, auquel cas on indique la destination qui a motivé l'exemption.

Si la propriété se trouvait déjà imposée pour les portes et fenêtres au nom du nouveau propriétaire, comme il arrive quelquefois au cas de constructions nouvelles, il

serait fait mention de cette circonstance, et l'on rappelle-
rait, pour mémoire, dans la colonne 11 de l'extrait, le
nombre des ouvertures déjà imposées.

Art. 34. On ne doit pas procéder à la division d'un
domaine, ou même d'une simple parcelle, entre plusieurs
co-propriétaires, lorsqu'il n'y a pas eu de partage effectif.
Tant que les propriétés sont possédées en commun, elles
sont imposables sous la désignation collective : N... (*héritiers de*), ou N... *et consorts*. Il ne peut y avoir d'exception à cette règle que pour certaines espèces de propriétés
qui, par leur nature, restent habituellement dans l'état
d'indivision, telles que des pâturages, des prés, des bois,
des cours ou aires : ces propriétés, lorsqu'elles appartiennent à des particuliers, peuvent être portées aux articles
des co-propriétaires, d'après les droits de chacun ; si elles
appartiennent à des communes, hameaux ou sections de
communes, elles doivent être imposées au nom des communautés.

Art. 35. Toute mutation doit être circonscrite, tant en
contenance qu'en revenu, dans les quantités constatées
par le cadastre. Par conséquent, la réunion des diverses
parties d'une parcelle divisée doit reproduire la contenance et le revenu d'une parcelle entière, de même que la
somme des totaux partiels des différents extraits qui ont
pu être rédigés pour la mutation d'un article entier doit
être égale au total de cet article. Tous les rapprochements
nécessaires pour vérifier ces concordances doivent être
établis avec le plus grand soin.

Art. 36. L'agent qui opère les mutations inscrit sur une
feuille ou sur un cahier particulier, par chaque commune,
tous les calculs et toutes les notes relatives à son travail.
Cette pièce, très-utile pour les vérifications ultérieures,
doit être annexée au dossier du travail des mutations.

Art. 37. Aucune mutation ne doit être opérée qu'après que l'identité des parcelles qui en sont l'objet a été constatée au vu du plan, des états de section et même du terrain, s'il est nécesaire.

Art. 38. Les feuilles de mutation indiquent les noms, prénoms, professions et demeures du vendeur et de l'acquéreur, les folios où ils sont inscrits à la matrice cadastrale, leur article à la matrice générale et le total du revenu foncier pour lequel ils sont imposés au dernier rôle.

L'indication complète et l'écriture très-lisible des noms, prénoms, qualités ou professions et demeures, sont surtout nécessaires à l'égard des contribuables qu'il s'agit d'inscrire pour la première fois aux matrices.

Lorsque l'article auquel se rapporte la mutation occupe plusieurs folios sur la matrice, on n'indique en tête de l'extrait que le folio où l'article commence, mais les folios où les parcelles sont inscrites sont, en outre, rappelés dans le corps de l'extrait, colonne I, sur chaque ligne de mutation.

Les parcelles sont, autant que possible, inscrites sur les feuilles dans l'ordre des sections et des numéros du plan.

Art. 39. En règle générale, les mutations foncières doivent être effectuées sur la déclaration des parties intéressées, dont la présence, d'ailleurs, est souvent indispensable pour la constatation de l'identité des parcelles.

Toutefois, les mutations à faire en vertu d'actes enregistrés peuvent être opérées d'office, et en l'absence des parties, s'il n'existe aucune incertitude sur la désignation des propriétés qui en sont l'objet. Il suffit, dans ce cas, que les feuilles mentionnent la date des actes et qu'elles soient signées par l'agent qui les a rédigées.

Art. 40. Si les mutations de propriétés ne sont point constatées par des actes enregistrés dont il soit justifié, les extraits de matrice doivent être signés par l'ancien et par le nouveau propriétaire.

Art. 41. S'il ne s'agit que de rectifier une erreur d'attribution ou de transporter le sol d'une propriété bâtie à l'article du propriétaire imposé pour *l'élévation,* la mutation peut être opérée sur la signature des répartiteurs.

Avant de transmettre les extraits de matrice au directeur, le contrôleur donne avis des mutations de l'espèce au propriétaire à qui la parcelle est nouvellement attribuée, si d'ailleurs ce propriétaire n'est pas intervenu.

Il est fait sur l'extrait mention de l'accomplissement de cette formalité ou du motif qui l'aurait rendue inutile.

Art. 42. Les causes des mutations et, autant que possible, la date des décès, des mariages, ainsi que la nature et la date des actes translatifs de propriétés, sont énoncées dans la colonne des extraits de matrice intitulée : *Motifs des changements.* Lorsque l'acte qui donne lieu à la mutation figure sur un des extraits de l'enregistrement, le numéro d'ordre de cet extrait doit aussi être mentionné dans ladite colonne.

Art. 43. Les propriétaires ont la faculté de se faire représenter pour les déclarations de mutation, et leur délégation peut être donnée par simple lettre.

Au bas des extraits de matrice rédigés sur la déclaration d'un mandataire, on énonce que le déclarant était dûment autorisé à représenter la partie intéressée. Cette mention suffit pour les procurations par acte authentique ou enregistré, à la condition toutefois que la date de l'enregistrement soit rappelée sur l'extrait. Lorsque les déclarations sont faites en vertu de simples lettres, ces lettres doivent être annexées aux extraits de matrice.

Quand un déclarant ne sait pas signer, il en est fait sur l'extrait de matrice une mention que le maire signe.

Art. 46. L'agent chargé du travail des mutations appelle chaque parcelle sous ses diverses assignations cadastrales; il en fait reconnaître la contenance aux déclarants; il leur en explique la configuration, leur indique les propriétés y attenant, et a soin de s'informer s'il n'a pas été réuni à cette parcelle, depuis le cadastre, quelque parcelle contiguë qui se trouverait inscrite plus loin dans le même article de la matrice, ou dont la mutation ne serait pas encore faite. Si des réunions de l'espèce ont eu lieu, il inscrit, à la suite les uns des autres, sur l'extrait, les différents numéros réunis, quelle que soit la place qu'ils occupent sur la matrice, et il indique, par une accolade et les lettres M P (même parcelle), que ces divers numéros ne forment plus maintenant qu'une parcelle.

Si l'un des numéros ainsi réunis postérieurement au cadastre n'a pas encore été changé, on en opère immédiatement la mutation, en le portant directement du nom de l'ancien propriétaire au nom du propriétaire actuel. On indique sur chacun des extraits que les portions de propriétés qu'ils concernent, bien que séparées, ne forment qu'une même parcelle.

Art. 47. Lorsqu'une mutation a pour objet la totalité (on entend ici par la totalité d'une parcelle tout ce qui appartient au vendeur dans un numéro du plan, lors même que ce numéro du plan serait divisé entre le vendeur et d'autres propriétaires) d'une parcelle qui se trouve inscrite sur plusieurs lignes dans un même article de matrice, soit parce que cette parcelle a été acquise en plusieurs fois d'un même individu, soit parce qu'elle a été acquise de plusieurs individus entre lesquels elle aurait été antérieurement partagée, on réunit en une seule ligne, sur l'extrait, les différentes fractions du même numéro du plan dont elle se compose, en indiquant seulement le nombre de lignes qu'elles occupent sur la matrice.

Art. 48. Lorsqu'un acquéreur possède déjà une parcelle contiguë à celle qu'il acquiert pour y être réunie, on doit, autant que possible, mentionner cette circonstance sur la feuille de mutation.

La même mention est faite sur la matrice au moment de l'application des mutations.

Art. 49. Lorsque la mutation n'affecte qu'une portion de parcelle, ou que la parcelle est partagée entre plusieurs acquéreurs, on procède à la division en se conformant aux règles générales ci-dessus rappelées.

. Si la division peut être exprimée en parties aliquotes, comme 1/2, 1/3, 1/4, etc.; on divise les quantités portées sur la matrice par 1/2, 1/3, 1/4, etc.

Art. 50. Pour procéder à la division d'une propriété composée de plusieurs numéros du plan contigu, il ne faut point, si la division du terrain ne l'exige pas effective-ment, donner à chaque copartageant une partie de tous les numéros du plan, proportionnellement à son droit dans l'ensemble de la propriété; on doit lui attribuer seulement les numéros ou portions de numéros qui se rap-portent à son terrain.

Art. 53. Les mutations s'opèrent directement du pro-priétaire imposé au propriétaire actuel. Les mutations intermédiaires ne donnent pas lieu à la rédaction d'extraits de matrices. Il convient, toutefois, d'en faire mention, à titre de renseignements, dans la colonne intitulée : *Motifs des changements.*

Art. 54. Si, dans l'intervalle des opérations faites dans une même année pour la constatation des changements fonciers, les éléments d'une mutation déjà recueillie venaient à être modifiés par des faits nouveaux, l'extrait rédigé serait annulé et remplacé par un autre extrait présentant le dernier état des choses.

Art. 55. Pour chaque parcelle dont la mutation est opérée, on compare les désignations de section : numéro du plan, canton, triage ou lieu-dit, contenance, classe, revenu, etc., portées sur la matrice, avec les désignations portées sur le plan et les états de section. Les indications *exactes* sont seules transcrites dans les colonnes *ad hoc* des extraits ; mais, pour faciliter les vérifications de la direction, les désignations défectueuses sont rappelées dans la colonne II des extraits.

Art. 56. Les changements survenus depuis le cadastre dans les natures de culture et dans la valeur des propriétés ne peuvent donner lieu à aucune rectification.

Il en est de même des erreurs matérielles qui auraient pu être commises au moment du cadastre. Toutefois, lorsque ces erreurs affectent d'une manière sensible la contenance ou le revenu, le contrôleur rédige et joint aux pièces de mutations un rapport dans lequel il explique la nature, les causes et l'importance des erreurs. Le directeur demande, s'il y a lieu, à l'administration l'autorisation de faire rectifier les erreurs, en joignant à sa demande le rapport du contrôleur.

Art. 57. Les parcelles pour lesquelles il a reçu des déclarations de mutation et rédigé des extraits sont immédiatement marquées sur la matrice par un petit trait placé en avant du numéro du plan. Cette indication avertit que la mutation est faite, et prévient la rédaction d'un second extrait, dans le cas où un déclarant autre que celui qui s'est présenté viendrait, à son tour, demander le changement. Au moment de l'application des mutations sur la matrice de la commune, ce trait facilite d'ailleurs la reconnaissance des parcelles qui doivent être rayées.

Art. 58. Les accroissements et les pertes de matière imposables survenues dans les propriétés non bâties, les constructions et les démolitions totales ou partielles de propriétés bâties, et les changements donnant lieu à une simple modification de revenu, sont constatés dans la même forme que les mutations.

Art. 59. Pour l'imposition d'une matière imposable nouvelle, on porte, sur le cadre de la feuille de mutation, dans l'espace réservé pour l'indication du nom de l'ancien propriétaire, les mots *non imposé*. On inscrit le propriétaire à imposer comme acquéreur, et on désigne, dans le corps de l'état, la propriété nouvelle, avec toutes les indications propres à la faire inscrire sur la matrice.

Lorsqu'il s'agit d'une parcelle qui ne porte pas de numéro au plan, ainsi qu'il arrive quand des portions de chemins ou de places publiques deviennent imposables, on la désigne, dans la colonne à ce destinée, par la lettre de la section à laquelle elle appartient, et, dans la colonne des numéros du plan, par un numéro d'ordre faisant suite au dernier numéro de la section ou des parcelles de l'espèce déjà imposée antérieurement.

Art. 61. Pour la suppression d'une propriété qui cesse d'être imposable, on inscrit comme vendeur le propriétaire actuellement imposé, en tête de l'extrait de matrice; on porte, dans l'espace réservé pour l'indication du nouveau propriétaire, les mots *non imposable*, et l'on transcrit, dans le corps de l'extrait, la désignation détaillée de la propriété à supprimer.

Art. 63. Dans le cas de modification de revenu, soit par suite de réclamation, soit par suite d'augmentation ou de réduction de construction, le changement est constaté au moyen d'un extrait sur lequel on fait figurer la propriété sur deux lignes, l'une présentant son état ancien et l'autre son état nouveau.

Art. 69. Le percepteur doit se trouver aussi dans la commune au jour et à l'heure fixés par l'itinéraire.

Il remet au contrôleur les extraits d'actes translatifs de propriétés qui lui ont été laissés au moment de la précédente tournée générale, ou qui lui ont été transmis depuis cette tournée ; il lui remet également les extraits de matrice ou feuilles de mutation qu'il a rédigés, la feuille ou cahier de calculs et notes ci-dessus mentionné, et l'état des renseignements ou faits qu'il aurait pu recueillir depuis l'envoi du dernier état trimestriel de son cahier de notes.

Le percepteur doit être muni des rôles, du cahier de notes et des documents de toute nature qui peuvent faciliter ou rendre plus fructueux son concours au travail des mutations.

Dans le cas où, par une cause de force majeure, le percepteur se trouverait dans l'impossibilité de se rendre dans la commune au jour et à l'heure fixés par l'itinéraire, il serait tenu d'y envoyer les pièces qu'il devait remettre au contrôleur, de sorte que le travail des mutations ne pût éprouver ni retard ni obstacle. Les pièces dont il s'agit pourraient même, dans tous les cas, être déposées, quelques jours à l'avance, entre les mains du maire, à qui il serait recommandé de les joindre aux pièces communales qui doivent être tenues prêtes pour l'arrivée du contrôleur.

Art. 70. Le contrôleur, avant toute autre opération, appose sur le cahier de notes du percepteur un visa énonçant le nombre d'articles qui y ont été inscrits depuis la précédente tournée générale.

Il est procédé ensuite aux diverses parties du travail, dans l'ordre suivant, avec l'assistance du maire et des répartiteurs, en ce qui concerne les contributions foncières, personnelle-mobilière et des portes et fenêtres ; et avec l'assistance du maire seul, en ce qui concerne la contribution des patentes.

Art. 71. Le contrôleur vérifie, au vu des pièces cadastrales et en présence des répartiteurs et du percepteur, les extraits de matrice rédigés par ce dernier.

Il rectifie immédiatement les erreurs matérielles.

Il demande des explications sur les points qui ont besoin d'éclaircissements, et il prend note des vérifications à faire sur le terrain, ou pour lesquelles il serait nécessaire d'inviter le maire à faire appeler les parties intéressées.

Il compare les feuilles de mutation avec les extraits de partages, ventes et autres actes translatifs de propriété. Il reconnaît les mutations effectuées et celles restant à opérer, et il examine s'il y a lieu, pour ces dernières, de faire appeler aussi les parties intéressées. A l'arrivée des personnes appelées ou de celles qui se présentent spontanément, le contrôleur régularise les mutations incomplètes, il refait les mutations défectueuses, et il opère les mutations non effectuées.

Art. 72. Le contrôleur se transporte sur le terrain pour constater les mutations qui ne peuvent être faites qu'au moyen de mesurage, ou au moins de l'inspection des lieux.

Il fait le parcours de la commune :

1º Pour rechercher les propriétés non bâties devenues imposables ou ayant cessé de l'être (Circulaire du 6 mars 1847) ;

2º Pour constater les démolitions ;

3º Pour reconnaître et évaluer les nouvelles constructions (Circulaire du 24 avril 1846) ;

4º Pour prendre note des bâtiments en construction ou reconstruction (Circulaire du 12 mai 1843).

16

Il consigne les résultats de ses opérations et de ses recherches, en ce qui concerne les trois premiers points, sur des extraits de matrice.

Il annote, en outre, sur le registre annexé à la matrice de la commune, et sur le double qui en est tenu pour le contrôle, tous les faits relatifs aux constructions et reconstructions.

Art. 78. Le contrôleur veille à ce que le revenu foncier des nouvelles constructions soit estimé proportionnellement au revenu des autres propriétés bâties de la commune ;

A ce que le nombre des *portes et fenêtres* des mêmes constructions soit inscrit sur l'état, tel qu'il résulte du recensement exécuté conformément à la loi, sans tenir compte des modifications que les répartiteurs lui auraient fait subir au point de vue de la répartition individuelle ;

A ce que leur *valeur locative* soit estimée exactement d'après le cours actuel des loyers, et sans avoir égard aux évaluations matricielles qui servent de base pour la répartition individuelle.

Art. 80. Le contrôleur est tenu d'inscrire sur les extraits de matrice concernant les nouvelles constructions et les reconstructions les chiffres arrêtés par les répartiteurs pour la répartition individuelle. Toutefois, lorsque ces chiffres diffèrent de ceux qui doivent servir de base à la modification des contingents, il rappelle ces derniers dans la colonne 11 des extraits. Il relate, dans la même colonne, la valeur locative réelle des nouvelles constructions.

Art. 89. Les contribuables dont la désignation sur la matrice générale est reconnue incomplète, inexacte ou défectueuse, sont portés sur l'état des changements de la contribution personnelle-mobilière, comme ceux dont les éléments de cotisation doivent être modifiés, et dans l'ordre de leurs articles à la matrice générale.

Art. 91. Dans les communes où le travail des patentes n'est pas réservé pour une tournée spéciale, le contrôleur, en parcourant la commune pour les opérations ci-dessus désignées, fait, en outre, le recensement des patentables.

Art. 101. Le contrôleur recueille, pendant la tournée générale des mutations, les documents dont il peut avoir besoin pour former, compléter ou tenir au courant le registre statistique. (Circulaire du 28 mars 1846 et du 15 septembre 1853.)

Art. 102. L'état des constructions et démolitions, et les divers états de changements, sont rédigés dans la commune et ne doivent être soumis à la signature des répartiteurs que quand ils sont entièrement remplis.

Art. 103. Avant de quitter la commune, le contrôleur met le percepteur à même de relever les noms des individus qui seront imposés pour la première fois dans le rôle de l'année suivante à la contribution personnelle-mobilière et à la patente, afin que ce comptable ait le temps de se procurer, sur les nouveaux contribuables, les renseignements nécessaires pour bien apprécier leur position avant le terme fixé pour la présentation des états de cotes indûment imposées.

Paris, le 18 décembre 1853.

Le Directeur général des contributions directes,

Signé : Ed. VANDAL.

Approuvé :

Ce 22 décembre 1853.

Le ministre des finances,
Signé : BINEAU.

Du Timbre.

On appelle timbre la marque imprimée par l'État sur le papier dont la loi oblige à se servir pour certaines écritures.

On distingue cinq sortes de timbres :

1° Le timbre de dimension, servant à toute espèce d'actes authentiques. (Application en noir.)

2° Le timbre proportionnel, servant à tous les effets de commerce. (Application à sec, sans encre.)

3° Le timbre à l'extraordinaire, servant, par son application subséquente, aux pièces qui auraient du premier abord été établies sur papier timbré. (Application en noir.)

4° Les timbres mobiles qui, depuis 1859, s'appliquent sur les effets étrangers qui deviennent passifs de droit à leur entrée en France.

5° Les timbres mobiles qui, depuis le 2 juillet 1862, sont établis pour tout le service de la comptabilité financière et des impôts.

L'origine du timbre est bien ancienne : elle remonte à l'an 538 de notre ère, et c'est l'empereur Justinien qui l'institua. Ce timbre portait alors le nom de *protocole*.

L'Espagne et les Pays-Bas ne s'en servirent pour la première fois qu'en 1553, et son usage ne fut établi en France qu'en 1635.

Une loi du 11 nivôse an IV réglementa son usage et établit une distinction entre les *timbres fixes* ou de dimension et les *timbres proportionnels*.

En 1849, l'administration générale des postes fit graver des timbres adhésifs nommés *timbres-poste,* afin que chacun pût lui-même affranchir ses lettres.

Les contraventions aux lois sur le timbre sont punis avec la plus grande rigueur.

Timbres mobiles.

Aux termes de l'arrêté ministériel du 20 juillet 1863 sur les timbres mobiles de dimension créés par l'art. 24 de la loi du 2 juillet 1862, les percepteurs doivent faire usage de timbres mobiles pour les quittances et les récépissés qu'ils délivrent, ainsi que pour les acquits qui leur sont donnés par les parties prenantes. (L'application des timbres mobiles sur tous autres actes ou écrits leur est expressément interdite.)

Ces timbres, aussitôt qu'ils ont été apposés sur les pièces, doivent être oblitérés à l'aide d'une griffe et d'un tampon à encre grasse. La griffe doit être appliquée de telle sorte qu'une partie de l'empreinte soit imprimée sur la feuille de papier, de chaque côté du timbre.

Ces comptables doivent toujours en avoir un approvisionnement suffisant ; ils en payent le prix comptant au bureau de l'enregistrement qui les leur délivre, et ils les comprennent comme numéraire dans leur situation de caisse. (Art. 4 de l'arrêté du 20 juillet 1863.)

Les frais d'achat et d'entretien des griffes et des tampons sont à la charge de ces comptables. (Art. 6 de l'arrêté du 20 juillet 1863.)

Aux termes de la loi du 13 brumaire an VII, art. 1er, la contribution du timbre est établie sur tous les papiers destinés aux actes civils, administratifs et judiciaires, et aux écritures qui peuvent être produites en justice et y faire foi, sauf les exceptions nommément réprimées dans la loi.

Les prestations de serment devant les autorités administratives sont soumises au timbre. (Loi du 27 ventôse an IX, art. 14.)

Les commissions d'emploi délivrées en original ou en expédition sont également assujéties au timbre.

Il en est de même pour les certificats de vie des pensionnaires de l'État.

Les actes de poursuites de matrice des contributions directes sont sujettes au timbre.

Loi du 4 juillet 1862, art. 25 : L'emploi des timbres mobiles est autorisé pour les actes écrits sujets au timbre de dimension, mais seulement dans le cas où ils sont de nature à être visés pour timbre.

Loi du 11 juin 1859, art. 19 : Le timbre mobile sera apposé sur les effets pour lesquels l'emploi en est autorisé avant tout usage de ces effets en France, soit qu'ils viennent de l'étranger, des îles ou des colonies dans lesquelles le timbre n'a pas encore été établi.

L'établissement des timbres mobiles n'a pas exclu l'usage du visa pour timbre pour les actes dont il vient d'être parlé : on peut employer l'un ou l'autre de ces modes de timbrage.

L'application du timbre extraordinaire a spécialement lieu aux actes et écrits suivants :

1° Les actes administratifs et ceux des établissements publics et les expéditions qui en sont délivrées;

2° Les formules imprimées pour les actes et pièces autres que ceux sur lesquels le timbre mobile peut être apposé, concernant la comptabilité de l'État, des départements, des communes et des établissements publics;

3° Les imprimés de formules d'actes de poursuites concernant les contributions directes. (Circulaire du 6 février 1838.)

Loi du 28 avril 1816, art. 76 : Le recouvrement des droits de timbre et des amendes de contravention y relatives sera poursuivi par voie de contraintes; et en cas d'opposition, les instances seront instruites et jugées par les lois des 22 frimaire an VII et 27 ventôse an IX sur l'enregistrement. En cas de décès des contrevenants, lesdits droits et amendes seront dus par leurs successeurs, et jouiront, soit dans les successions, soit dans les faillites ou tous autres cas, du privilége des contributions directes. (Voyez le *Bulletin des Lois,* 7ᵉ série, n. 623.)

Timbre de dimension.

Conformément à la loi du 2 juillet 1862, art. 17, les prix des timbres de dimension sont de :

0 fr. 50 pour la demi-feuille du petit papier.
1 fr. pour la feuille de petit papier.
1 fr. 50 pour la feuille de papier moyen.
2 fr. pour la feuille de grand papier.
3 fr. pour la feuille de grand registre.

(Loi du 15 brumaire an VII, art. 12, § 1ᵉʳ.)

Sont soumis au timbre de dimension : les actes des notaires et les extraits, copies et expéditions qui en sont délivrés ; — ceux des huissiers et les copies et expéditions qu'ils en délivrent; — les actes et les procès-verbaux des gardes et de tous autres employés ou agents ayant le droit de verbaliser, et les copies qui en sont délivrées; — les actes et jugements de la justice de paix, des bureaux de paix et de conciliation, de la police ordinaire, des tribunaux et des arbitres, et les extraits, copies et expéditions qui en sont délivrés; — les actes particuliers des juges de paix et de leurs greffiers, ceux des autres juges et commissaires du Directoire exécutif, et ceux reçus aux greffes ou par les greffiers, ainsi que les extraits, copies et expéditions qui s'en délivrent ; — les actes des avoués ou défenseurs officieux près les tribunaux, et les copies ou expéditions qui en seront faites ou signifiées ; — les consultations, mémoires, observations et précis signés des hommes de loi et défenseurs officieux ; — les actes des autorités constituées administratives qui sont assujétis à l'enregistrement ou qui se délivrent aux citoyens, et toutes les expéditions et extraits des actes, arrêtés et délibérations desdites autorités qui sont délivrés aux citoyens ; — les pétitions et mémoires, même en forme de lettres, présentés au Directoire exécutif, aux ministres, à toutes les autorités constituées, — aux commissaires de la trésorerie nationale, à ceux de la comptabilité nationale, aux directeurs de la liquidation générale et aux administrations ou établissements publics ; — les actes entre particuliers sous signature privée, et le double des comptes de recette ou gestion particulière ; — et généralement tous actes et écritures, extraits, copies et expéditions, soit publics, soit privés, devant ou pouvant faire titre, ou être produits pour obligation, décharge, justification, demande ou défense.

§ 12. Les formules de patenté sont affranchies du droit de timbre établi par l'art. 26 de la loi du 25 avril 1844.

En remplacement de ce droit, il est ajouté quatre centimes additionnels au principal de la contribution des patentes. (Loi du 4 juin 1858. — *Bulletin des Lois*, 11ᵉ série, n. 5664.)

Timbre proportionnel.

La loi du 5 juin 1850, art. 1ᵉʳ, fixe ainsi le prix du timbre proportionnel.

Cinq centimes pour les effets de cent francs et au-dessous.

Dix centimes pour ceux au-dessus de cent francs jusqu'à deux cents francs.

Vingt centimes pour ceux au-dessus de trois cents francs jusqu'à quatre cents francs.

Vingt-cinq centimes pour ceux au-dessus de quatre cents francs jusqu'à cinq cents francs.

Cinquante centimes pour ceux au-dessus de cinq cents francs jusqu'à mille francs.

Un franc pour ceux au-dessus de mille francs jusqu'à deux mille francs.

Un franc cinquante centimes pour ceux au-dessus de deux mille francs jusqu'à trois mille francs.

Deux francs pour ceux de trois mille à quatre mille francs et ainsi de suite, en suivant la même progression et sans fraction. (*Bulletin des Lois,* 10e série, n. 2204.)

Art. 4, § 1er. En cas de contravention aux articles précédents, le souscripteur l'acceptant, le bénéficiaire ou premier endosseur de l'effet non timbré ou non visé pour timbre, seront passibles d'une amende de six pour cent. (*Bulletin des Lois.* — Voyez la série ci-dessus précitée.)

Exemption du timbre.

Par décision du ministère des finances du 18 germinal an IX, sont exempts du droit et de la formalité du timbre :

1º Les comptes rendus par les comptables publics, les doubles, autres que celui du comptable de chaque compte de recette en gestion particulière et privée (Loi du 13 brumaire an VII, art. 12. — Voy. *Bulletin des Lois,* 2e série, n. 2136) ;

2º Les quittances de traitements et émoluments de fonctionnaires ou employés de l'État (Voy. la loi ci-dessus précitée) ;

3° Les quittances de traitements payés par les départements (Décision ministérielle du 25 octobre 1858);

4° Les états et quittances de traitements ou remises d'employés des communes et des établissements publics, lorsque les traitements ou remises ne s'élèvent pas à plus de trois cents francs par an (Circulaires ministérielles des 7 juillet 1856 et 20 février 1858);

5° Les récépissés délivrés aux percepteurs et receveurs des deniers publics; les quittances que les percepteurs des contributions directes peuvent délivrer aux contribuables, celles des contributions indirectes qui s'expédient sur les actes et celles de toutes les autres contributions qui se délivrent sur feuilles particulières et qui n'excèdent pas dix francs. (Loi du 13 brumaire an VII, art. 16. — Voyez le *Bulletin des Lois,* 2ᵉ série, n. 2136.)

NOTA.

Chaque percepteur est tenu d'avoir un carnet de timbres de vingt centimes.

Ce carnet doit être conforme au modèle donné par la circulaire ministérielle en date du 1ᵉʳ décembre 1865.

Le receveur de l'enregistrement certifie sur ce cahier la quantité de timbres de vingt centimes qu'il a délivrés à ce comptable, et dont le montant lui a été remis en numéraire, séance tenante.

Comme le plan de cet ouvrage ne peut comporter la nomenclature de toutes les pièces de comptabilité qui sont ou passibles de timbre ou affranchies de ce droit, les lecteurs qui voudront en faire une étude toute spéciale pourront consulter avec les plus grands fruits le remarquable ouvrage de M. Sollier, intitulé : *Dictionnaire du timbre et de l'enregistrement.*

Par décisions ministérielles en date des 24 mai 1819 et 16 février 1835, les comptables sont responsables des droits et amendes de timbre dûs à raison des quittances jointes aux comptes de leur gestion.

L'article 21 de la loi du 13 brumaire an VII prescrit, sous peine d'amende de cinq francs, de ne jamais couvrir ni altérer l'empreinte du timbre.

Moyens pour les contribuables de reconnaître s'ils sont bien ou mal imposés.

L'assiette de l'impôt est la répartition de l'impôt des contributions ;

L'assiette de l'impôt est la base d'estimation de la valeur sur laquelle il frappe ;

L'assiette la plus solide de l'impôt est la contribution foncière.

L'avertissement est une invitation de payer envoyée à un contribuable par le percepteur.

Il y a deux sortes d'avertissements :

1° L'avertissement sans frais ;

2° L'avertissement avec frais.

Le bordereau est la note explicative et détaillée, article par article, de chaque partie des impositions.

Quand un contribuable reçoit ses bordereaux ou avertissements, il doit examiner soigneusement les bases de sa cotisation et les comparer à celles des deux dernières années, principalement la dernière.

Si, en faisant cette comparaison, il trouve une différence entre les bases de sa cotisation actuelle et celle de l'année précédente, il devra alors s'enquérir de la cause.

Pour cela faire, il devra d'abord vérifier soigneusement les additions, afin de s'assurer si la différence qu'il trouve ne provient pas d'une erreur matérielle, et il doit alors en demander immédiatement le redressement.

Si les chiffres sont justes, il devra se reporter à son folio de matrice cadastrale et examiner si des mutations de quelque nature que ce soit ont eu lieu, tant dans ses propriétés bâties que dans ses propriétés non bâties, et, dans le cas où cette différence proviendrait d'une erreur de mutation, il devrait alors s'entendre (si faire se peut) avec le propriétaire, ou en référer au percepteur ou au contrôleur, afin que rectification soit faite; dans le cas où il ne pourrait ainsi faire cette rectification, il devrait alors adresser une demande au préfet ou au sous-préfet.

Quant à ce qui est de sa cotisation foncière, le contribuable possède un moyen bien simple : ce moyen consiste à multiplier le revenu cadastral par le centime le franc foncier (ou marc le franc); le produit sera le chiffre exact de sa cotisation.

Le centime le franc (ou marc le franc) devant être toujours porté en marge de son bordereau, cette opération sera, comme on le voit, bien facile.

Relativement à la cotisation mobilière, qui n'est nullement influencée par l'importance du mobilier, puisque cet impôt porte seulement sur le loyer, sans avoir égard aux meubles, il faut que la base de cette cotisation soit en proportion avec la masse des bases de cotisation du loyer d'habitation des autres habitants de la localité.

Dans le cas où cette proportion n'existerait pas, il serait évident qu'il y aurait erreur, et la réclamation serait alors de toute justice.

Afin de s'assurer si la cotisation mobilière n'est pas affectée d'une erreur matérielle, il y a à multiplier le loyer d'habitation qui est attribué par le centime le franc (ou marc le franc), mobilier porté en marge sur le bordereau.

Quand un contribuable voudra se rendre compte des bases de sa cotisation des portes et fenêtres, voici comment il devra procéder pour cette vérification :

1° Compter séparément, dans chaque corps de bâtiment, les portes charretières, les portes et fenêtres de chaque étage;

2° Compter le nombre de ses maisons à une, à deux, à trois, à quatre ou à cinq ouvertures;

3° Réunir toutes les ouvertures de même catégorie et les totaliser à part : ces totaux devront reproduire exactement les bases de cotisation que comporte la feuille d'avertissement, s'il n'a pas fait d'erreur dans son calcul, qu'il devra vérifier.

Quand il sera sûr de ses chiffres, il devra faire rectifier l'erreur reconnue dans ce versement; il lui sera ensuite facile annuellement de comparer les bases de cotisation figurant sur son bordereau de l'année actuelle avec les bases du bordereau de l'année précédente. Si, en comparant ainsi ses bordereaux, il découvrait une erreur, ou cette erreur serait toute matérielle, ou ses ouvertures auraient éprouvé des modifications par suite de changement de destination.

Dans le cas où un contribuable aurait modifié, avant le 1er janvier de l'année actuelle, ou le nombre, ou la catégorie de ses ouvertures, il devrait alors, se trouvant surtaxé, adresser sa réclamation.

Comme, en dehors des trois plus grandes villes de France, la quotité d'impôt que doivent supporter, chaque année, les différentes catégories de portes et fenêtres n'est pas portée sur le bordereau, ceux des contribuables qui désirent s'assurer qu'il n'existe pas d'erreur dans la taxe des portes et fenêtres que comportent leurs avertissements doivent prendre, sur la feuille de tête de la matrice cadastrale en dépôt dans chaque mairie, le tarif correspondant à l'année pour laquelle le rôle est établi.

La multiplication des taux se rapportant à chaque catégorie d'ouvertures par le nombre des ouvertures particulières à chaque catégorie produit la cotisation totale cherchée.

Les droits de patente comportent deux sortes de bases de cotisations. Ces deux bases sont :

1° Les droits fixes ;

2° Les droits proportionnels.

Le patentable qui voudra s'assurer si sa feuille de patente est juste devra donc d'abord examiner les droits fixes, puis les droits proportionnels.

Voici comment il devra procéder pour les droits fixes :
1° S'assurer d'abord si les qualifications qui lui sont attribuées sont rigoureusement celles que comporte son commerce ou son industrie ;

2° Examiner si le nombre d'ouvriers qu'il emploie, et si le nombre de paires de meules ou machines qu'il utilise sont exacts, si ses fours, cuves ou chaudières cubent le chiffre qui leur est attribué ;

3° Vérifier si, quand il exerce plusieurs industries, les professions portées sur son avertissement comme affectées à des demi-droits fixes additionnels sont positivement celles qu'il exerce.

En cas où il s'apercevrait d'une erreur, il devrait la prendre en note et continuer ses investigations sur les droits proportionnels.

Voici comment il devra procéder pour les droits proportionnels : 1° Rechercher si la valeur locative des locaux qu'il occupe, tant pour son habitation personnelle que pour son industrie, n'est pas taxée supérieurement au taux de ses loyers ou à celui de son bail ;

2° S'assurer si l'on a déduit du taux de son bail la valeur locative des terres ou jardins dont il pourrait jouir, et qui ne doivent pas entrer dans les droits proportionnels de patente ;

3° Vérifier enfin si, par hasard, on n'aurait pas attribué à son habitation une valeur locative plus élevée que celle qui leur appartient réellement.

Cette vérification est d'autant plus essentielle que, comme il arrive parfois que l'habitation est passible d'un taux supérieur à l'établissement proprement dit du patentable, la conséquence serait naturellement une surtaxe.

Les lois des 25 avril 1844 et 18 mai 1850 ont établi d'une façon rigoureuse la nomenclature des professions, commerces ou industries assujétis aux droits fixes et aux droits proportionnels.

Cette nomenclature a été établie d'une façon si nette, si claire et si précise, dans le *Guide du contribuable*, de M. Isoard, dont le prix si modique est à la portée de toutes les bourses, que nous ne saurions mieux faire que d'y renvoyer ceux de nos lecteurs qui n'auraient pas entre les mains les codes de l'empire français.

Le droit proportionnel est fixé au vingtième de la valeur locative pour toutes les professions imposables, sauf les exceptions énoncées au tableau D annexé à la loi du 4 juin 1858, trop nombreuses pour être rappelées ici. (Voyez le *Guide du contribuable*, par M. Isoard (1).

(1) Il est remis ainsi qu'il a été dit au chapitre *Patente* une for-

Tout patentable désireux de vérifier les centimes additionnels qui lui sont appliqués, tant sur le principal des droits fixes que sur le principal des droits proportionnels de sa patente, devra additionner les cotisations de ces droits et multiplier ce total par le nombre des centimes additionnels attribués à la commune. Ces centimes sont toujours portés sur l'avertissement ou bordereau, au-dessous de l'article du rôle.

Quant à ce qui est des prestations et de la taxe municipale sur les chiens, le contribuable a tout simplement à examiner si, parmi les individus compris pour prestations, il n'y en a pas que la loi exempte de la taxe, et si le nombre de chevaux, mulets, ânes, bœufs ou vaches, attelés ou non attelés, est exact, et, enfin, s'il possède réellement le nombre de chiens qui lui est imputé.

Il n'est pas dressé d'avertissement particulier aux redevables de rétributions pour la *vérification des poids et mesures;* les percepteurs en donnent avis aux contribuables, conformément aux prescriptions ministérielles, et cet avis tient lieu pour eux de sommation sans frais.

Les pages précédentes donnent aux contribuables les moyens de vérifier leurs avertissements ou bordereaux, et

mule de patente : cette formule est affranchie du droit de timbre. (Loi du 4 juin 1858). — Elle doit être exhibée à toute réquisition des maires, commissaires de polices et autres agents de l'ordre judiciaire.

« Les marchandises mises en vente par des individus non munis
« de patentes ou vendant hors de leur domicile seront saisies ou
« séquestrées aux frais du vendeur, à moins qu'il ne donne caution
« suffisante, jusqu'à la présentation de cette patente, ou la preuve
« que cette patente a été délivrée. (Loi du 25 avril 1844.)

« Les patentés sont admis à prouver la justice de leurs réclama-
« tions par la présentation d'actes de société légalement publiés,
« de journaux et livres de commerce. » (Loi du 25 avril 1844.)

ils trouveront à la fin de ce volume tous les différents modèles de pétitions.

Comme justice doit être rendue à tous, il est bon de dire que bien souvent, à l'inspection seule des totaux de ces feuilles d'avertissements, les contribuables jettent les hauts cris avant d'approfondir les causes de leurs augmentations, et accusent l'État de l'aggravation de leurs charges.

Or, un peu de réflexion leur eût prouvé tout aussitôt que la part de l'État ne varie jamais tant que les bases de la cotisation ne changent pas : le moyen de s'en assurer est de voir la part qu'il prélève sur chaque contribution ; cette part est relatée sur tous les avertissements.

L'augmentation, qui parfois les frappe si péniblement, vient presque toujours du département ou de la commune.

En effet :

Le montant de chaque impôt de répartition étant fixé par une loi annuelle qui le détermine pour chaque département, l'on voit successivement intervenir :

1° Le conseil général, pour déterminer la quote-part de chaque arrondissement ;

2° Le conseil d'arrondissement, pour régler la part de chaque commune ;

3° Le conseil de répartition (les répartiteurs de chaque commune), qui règle l'impôt de chacun des contribuables.

Tels sont les dispensateurs des centimes additionnels, ordinaires ou extraordinaires.

C'est avec ces centimes que se font les travaux que tout le monde connaît et apprécie : c'est cette part si minime prélevée sur chacun qui permet ces choses grandes et petites qui concourent à notre prospérité, à notre bien-être et à la grandeur de notre belle France.

Sans centimes additionnels, nos communes, qui n'ont, en général qu'un revenu assez restreint, demeureraient forcément en arrière de la marche progressive des choses actuelles.

C'est, au contraire, grâce à eux, grâce à cette obole donnée par chacun, que le champ du progrès est ouvert à la prospérité et à la richesse de notre pays.

Du droit général des réclamations,

Chaque contribuable a le droit, quand il suppose sa réclamation fondée, de demander que justice lui soit rendue.

Les réclamations peuvent se diviser en quatre catégories :

1° *Décharge.* — Il a le droit de demander décharge pour toute cote indûment portée au rôle : cette décharge doit être l'objet d'un dégrèvement intégral ;

2° *Réduction.* — Il a le droit de demander réduction quand il y a surtaxe dans la cotisation : cette réduction doit être l'objet d'un dégrèvement égal au montant de la surtaxe ;

3° *Remise.* — Il peut demander remise lorsqu'il vient à perdre la totalité des revenus qui avaient été dans le principe justement imposés ; cette remise, qui est une affaire d'humanité et de bienfaisance, peut être accordée intégralement ou en partie seulement : cela dépend du fonds de non-valeurs alors à la disposition de la préfecture ;

4° *Modération.* — Il peut demander modération lorsqu'il vient à perdre une partie notable des revenus sur lesquels il était dans le principe justement imposé : cette modération retombe dans le même cas que celui de remise ci-dessus précité ; sa prise en considération est relative en tout point au fonds de non-valeurs dont la préfecture dispose.

Tout contribuable inscrit au rôle a toujours qualité pour réclamer.

Quand des réclamations sont faites par des tiers, ces tiers doivent être porteurs d'un mandat régulier.

L'article 28 de la loi du 28 avril 1832 dit que les demandes en décharge ou réduction doivent être rédigées sur papier timbré, lorsqu'elles sont relatives à des cotes de trente francs et au-dessus : un arrêt du conseil d'État en date du 9 juillet 1856 dit que cette règle est applicable quand bien même le dégrèvement ne s'élève pas à trente francs; et un arrêt du même conseil en date du 7 juin 1855 dit que l'état de gêne n'est pas un motif valable pour un contribuable de se dispenser de présenter sa demande sur papier timbré.

Les réclamations des contribuables doivent toujours être individuelles, et il n'y a que deux cas où elles peuvent être collectives :

1° Quand, pour une cause d'indivision ou toute autre de ce genre, plusieurs contribuables se trouvent compris collectivement sur le même article du rôle;

2° Quand, par suite d'un sinistre général (inondation, grêle, incendie, gelée, etc.), un maire réclame pour ses administrés.

Quand les contribuables réclament pour des cotes (chacune en particulier) supérieures à trente francs, ils doivent établir chaque pétition sur papier timbré de cinquante centimes; ils peuvent n'en établir qu'une si chacune de ces différentes cotes est inférieure à trente francs.

Délai.

En vertu des articles 28 de la loi du 28 avril 1832 et 8 de la loi du 4 août 1844, les demandes en décharge ou réduction doivent être faites dans le délai de trois mois, qui court à partir du lendemain du jour où les rôles sont publiés.

Conformément aux circulaires des 31 août 1844, 16 février 1846 et 10 mai 1849, les demandes en remise ou modération doivent être faites dans les quinze jours qui suivent l'année ou le dernier trimestre d'inhabitation ou de chômage.

Pièces relatives aux pétitions.

Tout contribuable qui fait une réclamation doit joindre à sa pétition :

1° L'avertissement ou en son lieu et place un extrait de rôle ;

2° La quittance des termes échus ;

3° Un extrait de la matrice cadastrale revêtu de l'approbation (certifiée véritable) du maire de la commune, en ce qui concerne la partie bâtie ou non bâtie qui est le motif de la pétition.

A qui doivent être adressées les réclamations.

Tout contribuable qui réclame doit se conformer à ce qui vient d'être dit pour le timbre, pour les délais et pour les pièces à joindre à sa pétition, qui doit être datée, signée, et énoncer ses noms, prénoms, titres et qualités, profession et demeure.

Il doit adresser sa pétition au préfet ou au sous-préfet, et la déposer au secrétariat de la préfecture ou de la sous-préfecture de l'arrondissement où il est imposé.

NOTA.

Il est toujours donné avis au contribuable de la décision intervenue sur sa réclamation.

Il arrive parfois que la réclamation du contribuable amène forcément une expertise.

Si la demande est rejetée, l'expertise est à la charge du réclamant : si la demande est admise, ces frais incombent à l'état ou au fonds de non-valeurs, suivant les contributions dont il s'agit.

Pourvois,

Le pourvoi est l'action par laquelle on attaque devant une juridiction supérieure la décision d'un tribunal supérieur. (Jurisprudence.)

Les contribuables qui croient ne pas devoir accepter les décisions de la préfecture peuvent se pourvoir en conseil d'État. (Décret du 22 juillet 1806, art. 11.)

Conseil d'État.

L'organisation actuelle du conseil d'État a été réglée par un décret du 25 janvier 1852.

Le conseil d'État se compose, outre l'empereur et les membres de sa famille par lui désignés, d'un président, d'un vice-président, de six présidents de sections, de cinquante conseillers en service ordinaire, de dix-huit conseillers en service ordinaire hors sections, de vingt conseillers en service extraordinaire, de quarante maîtres des requêtes, de quarante auditeurs et d'un secrétaire général ayant titre et rang de maître des requêtes.

L'empereur nomme et révoque tous les membres du conseil.

Le réclamant doit s'adresser à un avocat au conseil d'État et à la Cour de cassation, à Paris ; il doit envoyer immédiatement une somme portant le nom de provision, destinée à couvrir les frais et honoraires.

L'intervention d'un avocat au conseil n'est pas exigée en matière de contributions. Le conseil d'État est saisi du recours par une requête sur papier timbré, déposée et inscrite au secrétariat (bureaux, rue de Lille, à Paris.)

Les arrêts du conseil d'État sont formulés en décrets et soumis à la signature de l'empereur.

Tout le contentieux des communes rentre dans la juridiction de ce conseil, qui confirme ou annule les décisions des conseils de préfectures.

La commune ou le contribuable auquel l'autorisation d'introduire une action en justice a été refusée par le conseil de préfecture peut se pourvoir devant l'empereur en conseil d'Etat. Le pourvoi est introduit et jugé en la forme adminis-
ntive : il doit, sous peine de déchéance, avoir lieu dans le
tr.   ' de trois mois, à dater de la notification de l'arrêté du
délai .   ᵈe préfecture. (Article 50 de la loi du 18 juillet 1837.)
conseil ᴜ

ᵥois devant le Conseil d'État.

Pourᵥ   ᵗ d'être dit ci-dessus, tout contribuable
Ainsi qu'il vieᴜ   une solution négative faite à sa récla-
qui se croit lésé par .   ᵘu conseil de préfecture peut se
mation au préfet ou ᴜ.   ᵗÉtat.
pourvoir devant le conseil ᴜ.   ᵗs les trois mois de la noti-
Il doit exercer ce recours danᴜ   ᵈu conseil d'État des
fication de la décision. (Arrêts ᴜ   ᵗ48.)
30 mars 1844, 5 août et 6 décembre 1�.   ' avril 1832, la
En vertu de l'article 30 de la loi du 21 .   ᵗe la cote
requête doit être formée sur papier timbré lorsqᴜ.   ᵗncs.
qui en est l'objet s'élève ou est supérieure à trente fra.

Le contribuable qui se pourvoit en conseil d'État contre un arrêté du conseil de préfecture ne peut être tenu de produire autre chose que la notification, c'est-à-dire la lettre d'avis qui lui a été adressée par le directeur des contributions directes. Mais si le réclamant désire accompagner sa requête d'une copie entière de la décision du conseil de préfecture et du rapport sur lequel elle est intervenue, cette copie lui est délivrée à raison de soixante-quinze centimes le rôle, pour frais d'expédition, non compris le papier timbré, conformément à la loi du 2 messidor an VII. (Arrêt du conseil d'État du 26 avril 1851.)

Les pourvois au conseil d'État n'ayant pas d'effet suspensif, les décisions attaquées sont dans tous les cas exécutoires. (Décret du 22 juillet 1866.)

Nul ne peut se pourvoir dans l'intérêt d'autrui, s'il ne justifie qu'il a qualité pour le faire. (Arrêt du conseil d'État du 6 juin 1844.)

Le recours au conseil d'État n'est soumis qu'au droit du timbre et peut être transmis au gouvernement sans frais, par l'intermédiaire du préfet. (Article 30 de la loi du 21 avril 1832.)

FORMULES DE PÉTITIONS.

Demandes en décharge ou réduction sur contribution foncière.

Nota. — Toutes les pétitions doivent être datées et signées.

—

1. — *Disparition de fonds par suite de corrosion.*

Le   18 .

Monsieur le Préfet (ou Sous-Préfet),

J'ai l'honneur de vous exposer que je suis imposé en 1869 au rôle de la commune de   , pour une parcelle de pré sise sous le n°   de la section . du plan cadrastral, inscrite à la matrice pour un revenu foncier de   .

Cette parcelle se trouve aujourd'hui réduite à   , par l'effet des corrosions des eaux du Cher.

Veuillez, je vous prie, Monsieur le Préfet, faire prononcer en ma faveur la réduction de l'impôt foncier afférent au revenu cadastral de   francs qui s'applique à la contenance du fonds disparu.

Veuillez agréer, Monsieur le Préfet, l'assurance de mon respect.

(Signer.)

Pièces à joindre :

1° Feuille d'avertissement ;

2° Quittance des termes échus ;

3° Extrait de la matrice cadastrale.

Délai de la réclamation : dans les trois mois de la publication du rôle.

2.— Maison dont le revenu cadastral est trop élevé.

Le   18 .

Monsieur le Préfet (ou Sous-Préfet),

J'ai l'honneur de vous exposer que je suis imposé en 1869 au rôle de la commune de   , pour une maison cadastrée sous le n°   de la section   ; que le revenu cadastral de   francs, qui est attribué à cette propriété, se trouve exagéré, eu égard aux revenus assignés aux maisons de   *(Citer les noms des propriétaires de toutes les maisons auxquelles vous voulez comparer la vôtre)*, et eu égard, en un mot, aux revenus de la généralité des propriétés bâties de la commune.

C'est pourquoi je vous prie, Monsieur le Préfet, de faire ramener à   francs le revenu cadastral de ma maison, et prononcer en ma faveur la réduction de l'impôt foncier afférent à   francs du revenu cadastral.

Veuillez agréer, Monsieur le Préfet, l'assurance de mon respect.

(Signer.)

Pièces à joindre :
1° Feuille d'avertissement ;
2° Quittance des termes échus ;
3° Extrait de la matrice cadastrale.
Délai de la réclamation : dans les trois mois de la publication du rôle.

3. — Erreur d'évaluation.

Le   18 .

Monsieur le Préfet (ou Sous-Préfet),

J'ai l'honneur de vous exposer que la parcelle   , désignée dans l'extrait ci-joint de la matrice cadastrale, a été l'objet d'une évaluation erronée, car le chiffre que le tarif des évaluations applique à ladite parcelle donne comme résultat un revenu moins élevé que celui qui lui a été attribué.

Veuillez donc, Monsieur le Préfet, faire rectifier l'erreur que j'ai l'honneur de vous signaler, et m'accorder une réduction de contributions.

Veuillez agréer, Monsieur le Préfet, l'assurance de mon respect.

(Signer.)

Pièces à joindre :

1° Feuilles d'avertissement ;

2° Quittance des termes échus ;

3° Extrait de la matrice cadastrale.

Délai de la réclamation : dans les trois mois de la publication du rôle.

4. — Erreur de classement.

Le   18   .

Monsieur le Préfet (ou Sous-Préfet),

J'ai l'honneur de vous exposer que la parcelle désignée dans l'extrait ci-joint de la matrice cadastrale a été classée à tort de   classe, puisque les parcelles n^{os}
(*Citer les numéros des parcelles voisines*), qui sont de même nature et de même qualité, ne sont portées que de   classe.

C'est pourquoi j'ai l'honneur de vous demander, Monsieur le Préfet, de vouloir bien faire descendre cette parcelle à la   classe, et de m'accorder une réduction de contribution foncière pour l'exercice ayant cours.

Veuillez agréer, Monsieur le Préfet, l'assurance de mon respect.

(Signer.)

Mêmes pièces à joindre et même délai que pour les pétitions ci-dessus n°s 1, 2 et 3.

5. — *Erreur de contenance.*

Le   18   .

Monsieur le Préfet (ou Sous-Préfet),

J'ai l'honneur de vous exposer que la parcelle désignée dans l'extrait ci-joint de la matrice cadastrale a été cotée à tort pour une contenance de   , tandis qu'elle ne comporte réellement qu'une contenance de   .

En conséquence, j'ai l'honneur, Monsieur le Préfet, de vous demander la rectification de cette erreur, ainsi que la réduction de contribution foncière à laquelle donne lieu cette rectification.

Veuillez agréer, Monsieur le Préfet, l'assurance de mon respect.

(Signer.)

Mêmes pièces à joindre et même délai que pour les pétitions ci-dessus nos 1, 2, 3 et 4.

6. — *Incendie d'une maison, bâtiment rural, ou usine,*
avant le 1ᵉʳ janvier.

Le   18   .

Monsieur le Préfet (ou Sous-Préfet),

J'ai l'honneur de vous exposer que la maison (*usine ou bâtiment rural*) sise dans la section   nᵒ   du plan cadastral, inscrite à la matrice pour un revenu foncier de   , a été (*totalement ou en partie*) incendiée avant le 1ᵉʳ janvier dernier.

En conséquence, Monsieur le Préfet, j'ai l'honneur de vous demander décharge de la contribution foncière afférente à l'immeuble (*ou à la partie de l'immeuble incendiée*) dont il s'agit.

Veuillez agréer, Monsieur le Préfet, l'assurance de mon respect.

(Signer.)

Mêmes pièces à joindre et même délai que pour les pétitions n°s 1, 2, 3 et 4.

7. — *Démolition ou conversion en bâtiment rural d'une maison ou d'une usine avant le 1er janvier.*

Le   18   .

Monsieur le Préfet (ou Sous-Préfet),

J'ai l'honneur de vous exposer que la maison (*ou usine*) sise dans la section -   n°   du plan cadastral, inscrite à la matrice pour un revenu foncier de   , a été convertie en bâtiment rural avant le 1er janvier dernier.

En conséquence, Monsieur le Préfet, j'ai l'honneur de vous demander décharge de la contribution foncière afférente à l'immeuble dont il s'agit.

Veuillez agréer, Monsieur le Préfet, l'assurance de mon respect.

(Signer.)

Pièces à joindre :
1° Feuilles d'avertissement ;
2° Quittance des termes échus.
Délai de réclamation : dans les trois mois de la publication du rôle.

8. — Propriété détruite ou ensablée partiellement ou en totalité à la suite d'inondations ayant eu lieu avant le 1ᵉʳ janvier.

Le   18 .

Monsieur le Préfet (ou Sous-Préfet),

J'ai l'honneur de vous exposer que, par suite de l'inondation du   (*ou débordement du cours d'eau, rivière ou torrent....*), la parcelle désignée dans l'extrait ci-annexé de la matrice cadastrale a disparu totalement *(ou partiellement, ou bien a été ensablée totalement ou partiellement)*.

En conséquence, Monsieur le Préfet, veuillez, je vous prie, me faire accorder décharge de la contribution foncière y afférente *(si la parcelle a totalement disparu)*, ou une réduction de la contribution y afférente *(si la parcelle n'a été détruite qu'en partie ou a été seulement ensablée)*.

Veuillez agréer, Monsieur le Préfet, l'assurance de mon respect.

(Signer.)

Nota. — Dans le cas où la parcelle en question aurait complétement disparu dans les ravages de l'inondation, le réclamant devrait demander en outre la suppression totale de ladite parcelle de la matière imposable, ou un nouveau classement si la parcelle en question n'avait disparu qu'en partie.

Pièces à joindre :
1º Feuille d'avertissement ;
2º Quittance des termes échus ;
3º Extrait de la matrice cadastrale.
Délai de la réclamation : il n'y a pas de délai ; il faut réclamer le plus tôt que l'on peut.

*9. — Maison vendue à une commune pour servir d'école,
ou vendue au département pour servir de caserne de
gendarmerie.*

Le   18   .

Monsieur le Préfet (ou Sous-Préfet),

J'ai l'honneur de vous exposer que la maison section   ,
n°   du plan cadastral, inscrite à la matrice pour un
revenu foncier de   , et qui se trouve encore
imposée en mon nom pour l'exercice ayant cours, au rôle
de la commune de   , a été vendue par
moi à cette commune pour servir de maison d'école (*ou au
département de   pour servir de caserne de
gendarmerie*).

C'est pourquoi je vous prie de faire prononcer en ma
faveur la décharge de l'impôt foncier afférent, pour cette
année, au revenu cadastral de   francs, assigné
à cette maison.

Veuillez agréer, Monsieur le Préfet, l'assurance de mon
respect.

(Signer.)

Pièces à joindre :
1° Feuille d'avertissement ;
2° Quittance des termes échus.
Délai pour la réclamation : dans les trois mois de la publication
du rôle.

*10. — Terrains pris par la voie publique avant le
1er janvier.*

Le   18   .

Monsieur le Préfet (ou Sous-Préfet),

J'ai l'honneur de vous exposer que la parcelle de terrain en nature de   , sise sous le n°   de la

section   du plan cadastral de la commune de   ,
inscrite à la matrice pour un revenu foncier de   ,
a été prise en totalité *(ou jusqu'à concurrence de
hectares   ares   centiares)* pour l'établissement
de la route *(impériale, départementale, ou du chemin
de grande communication   vicinal, portant le nom
de   )* n°   , par suite de la vente qui
en a été faite par moi, soussigné, à l'État *(ou au département ou à la commune)*, par acte en date du   ,
passé par-devant M^e   , notaire à
(ou indiquer l'autorité administrative qui a reçu l'acte).

En conséquence, Monsieur le Préfet, comme j'ai cessé avant le 1er janvier de cette présente année de jouir de ladite parcelle, je viens vous demander décharge de la contribution foncière qui lui est afférente.

Veuillez agréer, Monsieur le Préfet, l'assurance de mon respect.

(Signer.)

Pièces à joindre :
1° Feuilles d'avertissement ;
2° Quittance des termes échus ;
3° Extrait de la matrice cadastrale.
Délai de réclamation : dans les trois mois de la publication du rôle.

NOTA.

Si le contribuable pétitionnaire a l'intention arrêtée de recourir à la vérification des experts, dans le cas où les avis de l'administration lui seraient défavorables, il doit insérer dans sa réclamation, avant le mot : *Veuillez agréer :*

« Dans le cas où il ne serait pas fait droit à ma demande,
« veuillez prescrire qu'elle soit vérifiée par experts, et
« acceptez pour être mon expert M.
« demeurant à

Demandes en remise ou modération sur contribution foncière.

11. — *Pertes de revenus ou pertes immobilières par suite de gelée, grêle, inondation ou incendie, ayant le caractère d'un événement majeur survenu après le 1er janvier.*

Demande collective à présenter par le maire de la commune.

Monsieur le Préfet (ou Sous-Préfet),

Par l'effet d'une grêle (*inondation, gelée ou incendie*), en date du   , plusieurs de mes administrés dont suivent les noms ont éprouvé des dommages importants.

Je m'empresse de vous donner connaissance de ce malheureux événement.

Permettez-moi, Monsieur le Préfet (ou Sous-Préfet), de faire appel à votre sollicitude et à votre bienveillance en faveur des victimes du désastre que j'ai l'honneur de vous signaler.

Une vérification sur les lieux par un agent de l'administration étant indispensable, et nos instructions prescrivant que les maires doivent présenter des commissaires pour aider et éclairer cet agent inspecteur, j'ai l'honneur de vous signaler MM.   (*Désigner nominativement deux personnes*), dont le caractère digne et honorable semble, concurremment à leur aptitude toute spéciale, vous offrir toutes les garanties voulues en cette circonstance.

Veuillez agréez, Monsieur le Préfet, l'assurance de mon respect et de mon dévouement.

Fait en mairie de   , le   18 .

Le Maire,

(Signature et cachet.)

Cette pétition n'exige aucunes pièces : elle doit être établie dans les quinze jours qui suivent le sinistre.

18

Demande isolée d'un contribuable.

Le   18   .

Monsieur le Préfet (ou Sous-Préfet),

J'ai l'honneur de vous exposer qu'à la suite de (*Faire connaître le genre de sinistre*) qui a ravagé la commune de   le   , mes récoltes en (*Désigner les sortes de récoltes*) ont été fortement endommagées.

Cette perte, que j'estime s'élever à la somme de   , m'est d'autant plus préjudiciable que je possède une nombreuse famille et que ces récoltes détruites n'étaient pas assurées.

Je viens donc vous prier, Monsieur le Préfet, après que vous aurez fait vérifier mes dommages, de vouloir bien me faire accorder un dégrèvement de contributions et me faire obtenir, si c'est possible, un secours du gouvernement.

Veuillez agréer, Monsieur le Préfet, l'assurance de mon respect.

(Signer.)

Pièce à joindre : la feuille d'avertissement.

Délai de réclamation : dans les quinze jours qui suivent l'événement.

12. — Pertes par suite d'incendie postérieur
au 1er janvier.

Le   18   .

. Monsieur le Préfet (ou Sous-Préfet),

J'ai l'honneur de vous exposer que ma maison sise section   , n°   , a été incendiée à la date du

Cette maison comporte à la matrice cadastrale un revenu foncier de   et elle représentait approximativement, comme valeur vénale, la somme de   .

La maison dont il s'agit ayant été détruite totalement (*ou dans la portion de….*), j'évalue à la somme de   la perte que j'éprouve, y compris la perte mobilière montant à la somme de   .

(Si cette réclamation est adressée par un locataire, il faut spécifier que le mobilier a été entièrement consumé.)

Plein de confiance dans votre bienveillance, Monsieur le Préfet, j'ose espérer que vous voudrez bien me faire accorder remise de mes impôts; et, si cela vous était possible, un secours spécial qui me serait bien nécessaire dans cette déplorable circonstance.

(Si c'est le locataire qui adresse cette réclamation, il doit demander la remise ou une modération de la contribution mobilière.)

Veuillez agréer, Monsieur le Préfet, l'assurance de mon respect.

(Signer.)

Nota. — Si c'est le propriétaire qui présente la pétition ci-dessus, il doit adresser la même réclamation pour les portes et fenêtres, en indiquant bien exactement leur nombre.

Pièces à joindre :
1º Feuille d'avertissement ;
2º Quittances des termes échus.
Délai de réclamation : dans les quinze jours qui suivent l'événement.

13. — *Vacance de maison.*

1ᵉʳ *Cas :* Vacance totale et annuelle.

Le   18   .

Monsieur le Préfet (ou Sous-Préfet),

J'ai l'honneur de vous exposer que je suis imposé, article 105 du rôle de 1869, pour une maison section G, n. 76; que cette maison, habituellement destinée à la location, et dont je retire un loyer de   , est restée vacante dans sa totalité depuis le 25 janvier 1868 jusqu'au 25 janvier 1869; que cette vacance a été en tout point contraire à ma volonté, puisque j'ai fait toutes les démarches nécessaires pour la louer, tant par la voie de publicité des journaux que par des affiches.

C'est pourquoi je viens vous prier, Monsieur le Préfet, de m'accorder, pour une année de vacance (du 25 janvier 1868 au 25 janvier 1869), la remise de la contribution foncière afférente au revenu cadastral de 65 francs attribué à la maison, ainsi que la remise de la contribution des portes et fenêtres afférente à ladite maison, dont le nombre des ouvertures est de

Veuillez agréer, Monsieur le Préfet, l'assurance de mon respect.

(Signer.)

2ᵉ *Cas :* Vacance partielle et trimestrielle.

Le   18   .

Monsieur le Préfet (ou Sous-Préfet),

J'ai l'honneur de vous exposer que je suis propriétaire à Orléans d'une maison section H, n. 626, inscrite à mon nom sur la matrice cadastrale.

Cette maison, destinée à être louée et qui l'avait toujours été jusqu'ici, se compose de trois logements complétement séparés les uns des autres, qui sont un magasin avec entre-sol, un 2ᵉ et un 3ᵉ étages. Le magasin et entresol a toujours été loué 800 francs ; le 2ᵉ étage l'a toujours été 400 francs ; et le 3ᵉ étage 250 francs. Soit en tout 1,450 francs.

Le logement de 800 fr. (magasin et entresol) n'a plus été loué depuis le 10 mars 1868, et bien que j'aie mis en avant, pour le louer, tous les moyens de publicité connus, je ne suis parvenu à le louer que le 1ᵉʳ février 1869.

Ayant supporté, pendant onze mois que cette vacance a duré, une perte sèche de 1/8 du revenu total de ma maison, je viens vous prier, Monsieur le Préfet, de m'accorder, pour trois trimestres, la modération d'impôt de 17 fr., formant le 1/8 du revenu cadastral de toute cette maison.

Veuillez agréer, Monsieur le Préfet, l'assurance de mon respect.

(Signer.)

Pièces à joindre :
1° Feuille d'avertissement ;
2° Quittance des termes échus ;
3° Extrait de la matrice cadastrale.
Délai de réclamation :
Quand la vacance est du 1ᵉʳ cas, le délai est dans les quinze jours qui suivent l'année de vacance.
Quand la vacance est du 2ᵉ cas, le délai est dans les quinze jours qui suivent la cessation de la vacance.

Demandes en décharge ou réduction sur contribution des portes et fenêtres.

14. — Erreur dans le nombre des ouvertures.

Le   18 .

Monsieur le Préfet (ou Sous-Préfet),

J'ai l'honneur de vous exposer que ma maison sise section , n° du plan cadastral (*ou seulement, pour les villes, telle rue et tel numéro*), est imposée pour portes et fenêtres, bien qu'elle n'en ait réellement que .

En conséquence, Monsieur le Préfet, je viens vous demander une réduction de contribution pour la présente année, et une rectification définitive de cette erreur qui a été commise à mon détriment.

Veuillez agréer, Monsieur le Préfet, l'assurance de mon respect.

(Signer.)

Pièces à joindre :
1° Feuille d'avertissement ;
2° Quittance des termes échus.
Délai de la réclamation : dans les trois mois de la publication du rôle.

15. — Erreur dans la catégorie des ouvertures.

Le   18 .

Monsieur le Préfet (ou Sous-Préfet),

J'ai l'honneur de vous exposer que je suis propriétaire d'une maison située rue , n° (*ou section , n° du plan cadastral de la commune de*). Cette maison est imposée pour 24 portes et fenêtres aux rez-de-chaussée, 1er, 2e et 3e étages.

Je ne conteste pas le chiffre des ouvertures, qui est exact ; mais elles n'existent pas toutes de la même façon qu'elles sont indiquées. Ainsi, ma maison se composant de trois étages, rez-de-chaussée non compris, les six fenêtres du 3e étage supportent, conformément à la loi du 21 avril 1832, une taxe moins élevée que celle qu'on leur attribue.

En conséquence, Monsieur le Préfet, je viens vous demander la réduction de contribution qui m'est due.

Veuillez agréer, Monsieur le Préfet, l'assurance de mon respect.

(Signer.)

Pièces à joindre :
1° Feuille d'avertissement ;
2° Quittance des termes échus.
Délai de la réclamation : dans les trois mois de la publication du rôle.

16. — *Conversion d'une porte cochère en porte ordinaire.*

Le 18 .

Monsieur le Préfet (ou Sous-Préfet),

J'ai l'honneur de vous exposer que je viens de faire transformer une porte cochère en porte ordinaire, avant le 1er janvier, dans ma maison sise section , n° (*ou bien, si c'est en ville, rue* , *n°*).

En conséquence, Monsieur le Préfet, je viens vous prier de vouloir bien me faire accorder, pour l'année courante, décharge de la différence de contribution devant résulter de cette modification, et de me faire également déclasser définitivement cette porte cochère.

Veuillez agréer, Monsieur le Préfet, l'assurance de mon respect.

(Signer.)

17. — *Suppression d'ouvertures.*

Le   18 .

Monsieur le Préfet (ou Sous-Préfet),

J'ai l'honneur de vous exposer que j'ai fait supprimer
ouvertures à ma maison sise section   , n°
(*ou bien, si c'est en ville, rue   , n°*), avant le
1er janvier dernier.

En conséquence, Monsieur le Préfet, je viens vous prier
de vouloir bien, pour l'année courante, me faire décharger
de la différence de contribution qui résulte forcément de
cette modification, et de me faire supprimer définitivement les ouvertures pour lesquelles j'ai l'honneur de vous
adresser cette réclamation.

Veuillez agréer, Monsieur le Préfet, l'assurance de mon
respect.

(Signer.)

Pièces à joindre pour les modèles 16 et 17 :
1° Feuille d'avertissement;
2° Quittance des termes échus.
Délai de réclamation pour ces deux modèles : dans les trois mois
de la publication du rôle.

18. — *Double emploi dans la même commune.*

Le   18 .

Monsieur le Préfet (ou Sous-Préfet),

J'ai l'honneur de vous exposer que je suis imposé par
double emploi à la contribution personnelle et mobilière,
sous les articles   (*Indiquer le numéro de chacun
des articles*), ainsi que le prouvent les deux avertissements ci-joints.

En conséquence, Monsieur le Préfet, je viens vous prier

de me faire accorder décharge et radiation de l'article
(*Préciser l'article qui doit être supprimé.*)

Veuillez agréer, Monsieur le Préfet, l'assurance de mon respect.

(Signer.)

Pièces à joindre :
1° Feuille d'avertissement ;
2° Quittance des termes échus.
Délai de la réclamation : dans les trois mois de la publication du rôle.

19. — *Imposition dans deux communes à la fois.*

Le   18 .

Monsieur le Préfet (ou Sous-Préfet),

J'ai l'honneur de vous exposer que je suis indûment imposé à la contribution personnelle et mobilière dans la commune de   , commune où je n'habite plus depuis le mois de   , et dans laquelle je n'ai conservé aucune habitation meublée.

Comme preuve à l'appui de mon dire, j'ai l'honneur de joindre l'avertissement de la commune de   pour la même rétribution que celui de la commune de   , où je réside actuellement, et dont ci-joint également l'avertissement.

En conséquence, Monsieur le Préfet, je viens vous prier de me faire accorder décharge de la cotisation de la commune de

Veuillez agréer, Monsieur le Préfet, l'assurance de mon respect.

(Signer.)

Pièces à joindre :
1° Les deux feuilles d'avertissement ;
2° La quittance des termes échus.
Délai de la réclamation : dans les trois mois de la publication du rôle.

20. — *Indigence.*

Le   18   .

Monsieur le Préfet (ou Sous-Préfet),

J'ai l'honneur de vous exposer que ma position est des plus précaires, malgré un travail assidu, que je n'ai que mes deux bras pour subvenir aux besoins de ma famille, et que je ne pourrais même leur procurer l'indispensable sans les secours que je reçois du Bureau de Bienfaisance.

Supposant que, vu ma malheureuse position, mon imposition à la taxe personnelle et mobilière est le résultat d'une erreur, je viens vous prier de me faire décharger de ma cotisation.

Veuillez agréez, Monsieur le Préfet, l'assurance de mon respect.

(Signer.)

Pièces à joindre :
1° Feuille d'avertissement ;
2° Certificat d'indigence du maire ou quittance des termes échus.
Délai de réclamation : dans les trois mois de la publication du rôle.

21. — *Surtaxe comparative.*

Le   18   .

Monsieur le Préfet (ou Sous-Préfet),

J'ai l'honneur de vous exposer que mon loyer d'habitation servant de base à ma contribution mobilière est trop élevé comparativement à la plupart des loyers de la commune, et en particulier ceux attribués à... (*Indiquer les noms, prénoms et domiciles des personnes que l'on désigne comme termes de comparaison en cette circonstance*).

En conséquence, veuillez donc, je vous prie, Monsieur le Préfet, me faire accorder une réduction proportionnelle.

Veuillez agréez, Monsieur le Préfet, l'assurance de mon respect.

(Signer.)

Pièces à joindre :
1° La feuille d'avertissement ;
2° La quittance des termes échus.

Délai de réclamation : dans les trois mois de la publication du rôle.

22. — *Décès*.

Le   18 .

Monsieur le Préfet (ou Sous-Préfet),

J'ai l'honneur de vous exposer que mon frère, dont je suis héritier (*ou tout autre parent*), est décédé le 10 septembre 1868 ; que, néanmoins, il se trouve encore imposé en 1869 à la taxe personnelle-mobilière, ainsi qu'il résulte de l'avertissement ci-joint.

Peu de jours après le décès, à la suite de partage (*ou pour toute autre cause*), le logement occupé par le défunt ayant été déménagé, veuillez, je vous prie, Monsieur le Préfet, faire prononcer la décharge de cette taxe personnelle-mobilière.

Veuillez agréer, Monsieur le Préfet, l'assurance de mon respect.

(Signer.)

Pièces à joindre :
1° Feuille d'avertissement ;
2° Quittance des termes échus.

Délai de réclamation : dans les trois mois de la publication du rôle.

Nota. — Dans le cas présent, si l'héritier avait laissé garni de meubles le logement du défunt et s'en était réservé la jouissance, il n'aurait pas à réclamer décharge de la taxe mobilière qui incomberait naturellement à sa charge; mais il aurait à réclamer décharge de la taxe personnelle du défunt.

23. — *Fonctionnaire ayant quitté la commune avant le 1er janvier.*

Le   18 .

Monsieur le Préfet (ou Sous-Préfet),

J'ai l'honneur de vous exposer que le 1er octobre 1868 j'ai quitté la commune de   , où j'exerçais les fonctions d'instituteur (*ou toute autre fonction*); que, néanmoins, ainsi qu'il résulte de l'avertissement ci-joint, je continue à être taxé en 1869 pour les six ouvertures du logement que j'occupais à   .

C'est pourquoi, Monsieur le Préfet, je viens vous prier de faire prononcer en ma faveur la décharge de   , montant de la taxe dont il s'agit.

Veuillez agréer, Monsieur le Préfet, l'assurance de mon profond respect et de mon dévouement.

(Signer.)

Pièces à fournir :
1° Feuille d'avertissement ;
2° Quittance des termes échus.

Délai de la réclamation : dans les trois mois de la publication du rôle.

Demandes en remise ou modération sur contribution personnelle-mobilière.

24. — *Indigence.*

Le   18   .

Monsieur le Préfet (ou Sous-Préfet),

J'ai l'honneur de vous exposer humblement que l'état d'indigence extrême où je suis actuellement réduit me met dans l'impossibilité absolue de pouvoir acquitter le montant de ma contribution personnelle-mobilière (*ou tout simplement ma cote personnelle*), qui est de   , ainsi que le relate l'article   du rôle général.

Dans l'espérance, Monsieur le Préfet, que vous daignerez faire à ma demande un accueil favorable et me faire accorder remise de cette contribution, veuillez agréer l'assurance de mon bien profond respect.

(Signer.)

Pièce à joindre :
La feuille d'avertissement :
Délai de réclamation :
Sans délai fatal, mais le plus possible dès le commencement de l'année.

25. — *Gêne momentanée.*

Le   18   .

Monsieur le Préfet (ou Sous-Préfet),

J'ai l'honneur de vous exposer que, par suite d'une longue et cruelle maladie, je me trouve actuellement le seul soutien d'une nombreuse famille, et que c'est à peine si mon travail de chaque jour peut subvenir à ses premiers besoins.

Par suite de ce malheureux événement, je me trouve en ce moment dans l'impossibilité absolue de pouvoir acquitter ma contribution personnelle-mobilière.

Dans l'espérance, Monsieur le Préfet, que vous daignerez prendre en considération la déplorable position où je me trouve présentement, et que vous voudrez bien me faire obtenir pour cette année le dégrèvement de cette contribution, veuillez agréer l'assurance de mon bien profond respect.

(Signer.)

Pièces à joindre :

1º La feuille d'avertissement ;

2º La quittance de la partie de la cote qui a pu être payée, si toutefois la chose a été possible.

Délai de réclamation : à toute époque de l'année.

Demandes en décharge ou réduction sur contribution des patentes.

26. — *Décès d'un patentable avant le 1ᵉʳ janvier.*

Le   18 .

Monsieur le Préfet (ou Sous-Préfet),

J'ai l'honneur de vous exposer que mon (*père, frère, oncle, cousin ou fils... ou mari*), qui exerçait la profession de   , est décédé à à la date du   , et que toutes les affaires relatives à sa profession ont cessé avant le 1ᵉʳ janvier de cette année.

En conséquence, Monsieur le Préfet, je vous prie de

vouloir bien ordonner décharge de la patente maintenue au rôle sous l'article   de la présente année.

Veuillez agréer, Monsieur le Préfet, l'assurance de mon respect.

(Signer.)

Pièces à joindre :
1° La feuille d'avertissement de patente ;
2° La quittance des termes échus.
Délai de la réclamation : dans les trois mois de la publication du rôle.

27. — *Décès d'un patentable après le 1er janvier.*

Le   18   .

Monsieur le Préfet (ou Sous-Préfet),

J'ai l'honneur de vous exposer que mon (*père, frère, fils, mari ou oncle*), qui exerçait à   la profession de   , est décédé à la date du   , et que toutes les affaires relatives à sa profession ont cessé dans le mois de   .

En conséquence, Monsieur le Préfet, je vous prie de vouloir bien me faire accorder dégrèvement de la patente inscrite au rôle sous l'article   de la présente année.

Veuillez agréer, Monsieur le Préfet, l'assurance de mon respect.

(Signer.)

Pièces à joindre :
1° La feuille d'avertissement de patente ;
2° La quittance des termes échus.
Délai de la réclamation : dans les trois mois qui suivent le décès.

28. — *Cessation de profession avant le 1er janvier.*

Le   18 .

Monsieur le Préfet (ou Sous-Préfet),

J'ai l'honneur de vous exposer que j'ai cessé ma profession de   avant le 1er janvier de cette année, et que je n'exerce plus aujourd'hui aucune profession ni industrie.

En conséquence, Monsieur le Préfet, je viens vous prier de vouloir bien faire ordonner décharge de la patente pour laquelle je suis inscrit au rôle de cette présente année.

Veuillez agréer, Monsieur le Préfet, l'assurance de mon respect.

(Signer.)

Pièces à joindre.

1° La feuille d'avertissement de la patente;

2° La quittance des termes échus.

Délai de la réclamation : dans les trois mois de la publication du rôle.

29. — *Cession d'établissement postérieurement au*
1er janvier.

Le   18 .

Monsieur le Préfet (ou Sous-Préfet),

J'ai l'honneur de vous exposer que j'ai cédé mon établissement à   (*Indiquer les noms et prénoms du cessionnaire*), à la date du   , et qu'en conséquence, depuis le   , je n'exerce plus aucune profession.

En conséquence, Monsieur le Préfet, je viens vous prier

de faire transférer à mon successeur les droits de patente à la date que je viens d'avoir l'honneur de vous indiquer.

Veuillez agréer, Monsieur le Préfet, l'assurance de mon respect.

(Signer.)

Pièces à joindre :
1° La feuille d'avertissement de la patente ;
2° La quittance des termes échus.
Délai de la réclamation : dans les trois mois de la cession de la profession.

30. — *Cas où, en raison du travail, le nombre d'ouvriers varie chez un patentable imposé au droit fixe.*

Le   18 .

Monsieur le Préfet (ou Sous-Préfet),

J'ai l'honneur de vous exposer qu'exploitant (*ou fabricant de*), je suis à tort imposé pour   ouvriers (*ou métiers*) ; car si quelquefois il m'arrive d'occuper le nombre qui m'est imputé, il m'arrive le plus souvent de n'en employer que   ; d'où il résulte que la moyenne d'ouvriers (*ou métiers*) que j'occupe par an n'est nullement le chiffre qui m'est imputé comme imposition.

En conséquence, Monsieur le Préfet, je vous prie de vouloir bien me faire obtenir réduction sur le droit fixe de ma patente.

Veuillez agréer, Monsieur le Préfet, l'assurance de mon respect.

(Signer.)

Pièces à joindre :
1° La feuille d'avertissement de la patente ;
2° La quittance des termes échus.
Délai de la réclamation : dans les trois mois de la publication du rôle.

19

31. — *Exagération de valeur locative.*

Le   18   .

Monsieur le Préfet (ou Sous-Préfet),

J'ai l'honneur de vous exposer que le loyer que j'occupe n'étant que de 500 fr., c'est à tort que l'on m'a attribué une valeur locative de 650 fr. pour servir de base au droit proportionnel de ma patente.

Comme preuve justificative de mon dire, voici ci-joint la copie de mon bail.

En conséquence, Monsieur le Préfet, je viens vous prier de vouloir bien me faire obtenir réduction sur les droits de ma patente.

Veuillez agréer, Monsieur le Préfet, l'assurance de mon respect.

(Signer.)

Pièces à joindre :
1° La feuille d'avertissement de la patente;
2° La quittance des termes échus.
Délai de la réclamation : dans les trois mois de la publication du rôle.

Demandes en remise ou modération sur contribution des patentes.

32. — *Non-réussite ou pertes éprouvées dans le commerce.*

Le   18   .

Monsieur le Préfet (ou Sous-Préfet),

J'ai l'honneur de vous exposer que le commerce que j'ai entrepris le (*Préciser l'époque où l'on a commencé, ainsi que la branche de commerce*) a trompé toutes mes prévisions et réduit à néant toutes mes espérances.

Bien loin de réaliser les bénéfices que je croyais avoir le droit d'espérer, j'ai, au contraire, subi, coup sur coup, des pertes importantes, et l'étendue de ma non-réussite est telle que je ne pourrai peut-être pas continuer cette profession.

C'est cette fâcheuse position, Monsieur le Préfet, qui fait que je m'adresse à vous, afin qu'il vous plaise de me faire accorder une remise totale, ou tout au moins un dégrèvement partiel des droits de patente auxquels je suis imposé.

Veuillez agréer, Monsieur le Préfet, l'assurance de mon profond respect.

(Signer.)

Pièces à fournir :

1º La feuille d'avertissement ;

2º La quittance des sommes payées.

Délai de réclamation : il n'y en a pas ; on doit l'adresser le plus tôt que l'on peut et, bien entendu, dans l'exercice ayant cours.

33. — *Chômage fortuit d'usines et pertes en résultant.*

Le   18 .

Monsieur le Préfet (ou Sous-Préfet),

J'ai l'honneur de vous exposer que, par suite de (*Faire connaître la raison qui a occasionné fortuitement le chômage de l'usine, soit pour cause de maladie, soit pour stagnation complète dans cette sorte d'industrie*), l'usine de   (*Expliquer quel genre d'usine le pétitionnaire dirige*) que je dirige, n'a pas fonctionné depuis le   , et que le travail n'a repris que *(ou n'a pas encore repris)*. Ce retard a été cause de pertes bien sensibles que je ne puis de longtemps réparer.

Veuillez donc, Monsieur le Préfet, prendre en considération ma triste position et le peu de ressources de ma famille, et me faire accorder remise (*ou modération*) des droits de patente auxquels je suis imposé.

Veuillez agréer, Monsieur le Préfet, l'assurance de mon profond respect.

(Signer.)

Pièces à joindre :
1° La feuille d'avertissement;
2° La quittance des termes échus.
Délai de réclamation : Il n'y a pas de délai; il faut réclamer le plus tôt possible et, bien entendu, dans le cours de l'exercice.

Demandes en décharge ou réduction sur la taxe des prestations.

34. — *Changement de résidence avant le 1ᵉʳ janvier.*

Le   18 .

Monsieur le Préfet (ou Sous-Préfet),

J'ai l'honneur de vous exposer que c'est à tort que je suis imposé à la taxe des prestations dans la commune de   .

En effet, j'ai quitté cette commune le   de l'année dernière, et je n'y ai conservé aucune sorte d'établissement.

En conséquence, Monsieur le Préfet, je viens vous prier de me faire accorder décharge de cette taxe.

Veuillez agréer, Monsieur le Préfet, l'assurance de mon respect.

(Signer.)

Pièce à joindre : la feuille d'avertissement.
Délai de la réclamation : dans les trois premiers mois de l'année.

35. — *Prestataire âgé de plus de soixante ans.*

Le   18 .

Monsieur le Préfet (ou Sous-Préfet),

J'ai l'honneur de vous exposer que je suis âgé de plus de soixante ans, étant né le   à   , commune de   , arrondissement de   , département de   , ainsi que le prouve mon extrait de naissance ci-annexé.

En conséquence, Monsieur le Préfet, je viens vous prier de me faire décharger de cette taxe, à laquelle je suis indûment imposé.

Veuillez agréer, Monsieur le Préfet, l'assurance de mon respect.

(Signer.)

Pièces à joindre :
1° La feuille d'avertissement ;
2° Un extrait de l'acte de naissance ou un certificat du maire de la commune spécifiant la date et le lieu de la naissance.
Délai de réclamation : dans les trois premiers mois de l'année.

36. — *Contribuable n'employant que des hommes à la journée ou à la tâche, et étant indûment imposé pour un serviteur, alors qu'il est déjà lui-même inscrit au rôle des prestations.*

Le   18 .

Monsieur le Préfet (ou Sous-Préfet),

J'ai l'honneur de vous exposer que c'est à tort que je suis indûment imposé aux prestations pour un serviteur, car je n'emploie chez moi que des gens à la tâche ou à la journée, et je suis personnellement, en outre, imposé au rôle des prestations.

En conséquence, Monsieur le Préfet, je vous prie de vouloir bien me faire dégrever des   journées d'homme qui m'ont été attribuées à tort.

Veuillez agréer, Monsieur le Préfet, l'assurance de mon respect.

(Signer.)

Pièce à joindre : la feuille d'avertissement.

Délai de la réclamation : dans les trois premiers mois de l'année.

37. — *Cheval vendu* (ou tout autre animal imposable) *avant le 1ᵉʳ janvier.*

Le   18 .

Monsieur le Préfet (ou Sous-Préfet),

J'ai l'honneur de vous exposer que le cheval (*ou tout autre animal imposable*) pour lequel j'ai été imposé au rôle des prestations pour cette année n'est plus en ma possession depuis le   de l'année dernière.

Cet animal est mort (*ou a été vendu*) le

En conséquence, Monsieur le Préfet, je vous prie de vouloir bien me faire obtenir décharge de la somme de   , somme afférente à   journées de (*Indiquer l'animal*).

Veuillez agréer, Monsieur le Préfet, l'assurance de mon respect.

(Signer.)

Pièce à joindre : la feuille d'avertissement.

Délai de réclamation : dans les trois premiers mois de l'année.

Demandes en remise ou modération sur la taxe des prestations.

Cette catégorie de remise ou modération n'ayant trait qu'aux indigents, les contribuables qui se trouvent dans cette fâcheuse position peuvent tout simplement s'adresser au maire de leur commune.

Chiens.

Cette catégorie d'impôts ne comporte tout simplement que des décharges ou réductions.

38. — *Chien indûment imposé au rôle.*

Le   18 .

Monsieur le Préfet (ou Sous-Préfet),

J'ai l'honneur de vous exposer que c'est à tort que j'ai été imposé d'office à la taxe municipale pour un chien non déclaré, attendu que, ainsi que je puis en fournir la preuve, je n'en suis possesseur que depuis le 10 janvier dernier (*ou postérieurement au 1er janvier*).

En conséquence, Monsieur le Préfet, je vous prie de vouloir bien me faire décharger de la triple taxe à laquelle j'ai été indûment imposé.

(Signer.)

Pièces à joindre :

1º Feuille d'avertissement ;

2º Quittance des termes échus.

Délai de la réclamation : dans les trois mois de la publication du rôle.

39. — *Chien imposé à la taxe dans deux communes.*

Le   18   .

Monsieur le Préfet (ou Sous-Préfet),

J'ai l'honneur de vous exposer que je possède chiens gîtant habituellement dans la commune de
, où ils se trouvaient notamment à l'époque du 1ᵉʳ janvier dernier : commune où d'habitude je fais chasser (*ou garder des troupeaux*).

Malgré cela, j'ai été taxé pour ces mêmes chiens dans la commune de   , où se trouve ma résidence habituelle, et il y avait d'autant moins lieu de les y taxer, qu'ils n'y viennent qu'en passage (*ou accidentellement*).

En conséquence, Monsieur le Préfet, veuillez donc, je vous prie, me faire décharger de la triple taxe dont j'ai été frappé à tort dans la commune de   .

Veuillez agréer, Monsieur le Préfet, l'assurance de mon respect.

(Signer.)

Mêmes pièces et même délai qu'au n° 38.

40. — *Chien de deuxième catégorie imposé à la taxe de première.*

Le   18   .

Monsieur le Préfet (ou Sous-Préfet),

J'ai l'honneur de vous exposer que j'ai été taxé, par erreur et contrairement à ma déclaration, pour un chien de première catégorie, bien que celui que je possède ne soit réellement que de seconde. (*Exposer ici à quoi il sert et à quoi il est employé*).

En conséquence, Monsieur le Préfet, comme mon chien n'est positivement qu'un chien de garde et que je ne m'en sers pas pour la chasse, je vous prie de vouloir bien me faire accorder réduction de cette taxe à la somme de   , somme afférente aux chiens de deuxième catégorie.

Veuillez agréer, Monsieur le Préfet, l'assurance de mon respect.

(Signer.)

Mêmes pièces et même délai qu'au n° 38.

MODÈLES DIVERS.

41. — *Prestataire n'ayant eu connaissance de son imposition que longtemps après les délais.*

Le   18   .

Monsieur le Préfet (ou Sous-Préfet),

J'ai l'honneur de vous exposer que je n'habite plus la commune de   depuis le 15 novembre 1867 (*ou toute autre date*); que, néanmoins, je continue à être imposé au rôle des prestations de cette commune pour l'année 1868; que j'ai eu seulement connaissance de cette cotisation le 25 décembre 1868 par la contrainte qui m'a été signifiée cedit jour.

En conséquence, Monsieur le Préfet, je viens vous prier de vouloir bien me faire obtenir décharge de la somme de   , montant de la taxe en question.

Veuillez agréer, Monsieur le Préfet, l'assurance de mon respect.

(Signer.)

Pièces à joindre :
1° La feuille d'avertissement;
2° La quittance des termes échus par l'acquit de la contrainte
Délai de la réclamation : sitôt que l'on en a été avisé.

42. — *Profession non comprise parmi les professions assujéties à la taxe des poids et mesures.*

Le   18

Monsieur le Préfet (ou Sous-Préfet),

J'ai l'honneur de vous exposer que c'est à tort que je suis assujéti aux droits de vérification des poids et mesures, attendu que la profession que j'exerce n'est pas rangée dans la catégorie des professions que l'arrêté préfectoral, en date du   , (*chacune des mairies possède dans le recueil administratif les tableaux et l'arrêté préfectoral y annexé*), a soumis à cette sorte de contribution.

En conséquence, Monsieur le Préfet, en m'appuyant sur cet arrêté préfectoral, je vous prie de me faire accorder décharge de cette taxe.

Veuillez agréer, Monsieur le Préfet, l'assurance de mon respect.

(Signer.)

Pièces à joindre : néant.
Délai de réclamation : sitôt que l'avis a été envoyé.

43. — *Plantation de bois.*

Le   18

Monsieur le Préfet (ou Sous-Préfet),

J'ai l'honneur de vous exposer que, propriétaire à   des parcelles ci-dessous détaillées, parcelles portées à mon compte sur la matrice cadastrale de la commune de   , canton de   ,

N° de la section.	N° du plan	Du lieu dit.	Nature de la propriété	Contenance			Classe	Revenu	
A	26	La Marche	Terre	3 h.	5 a.	2 c.	1	3 f.	25 c.
B	31	Les Gaudières	Terre	5	3	6	1	4	95
C	45	La Barre	Terre	4	2	3	1	3	85
C	55	La Cornillière	Terre	7	7	1	2	5	70
C	62	L'Étang	Friche	8	3	2	4	3	15
D	72	La Lande	Friche	6	4	7	4	2	70
D	73	Les Fées	Friche	9	1	5	3	6	60
			Totaux.	44 h.	7 a.	6 c.			

j'ai l'intention de les planter toutes en bois, et que je fais commencer immédiatement cette plantation.

En conséquence, Monsieur le Préfet, j'ai l'honneur de vous demander :

1° Que les parcelles C 55, C 62, D 72, D 73, ne voient pas leur revenu cadastral s'accroître pendant les vingt premières années de la plantation, en vertu de la loi du 3 frimaire an VII, attendu que ces quatre parcelles sont en friche depuis plus de dix ans ;

2° Que remise me soit faite, pendant trente ans, de l'impôt établi sur les parcelles A 26, B 31, C 45, lesquelles parcelles sont des terrains en valeur ;

3° Que l'application de l'article 225 me soit faite pour la parcelle C 55, et qu'en conséquence cette parcelle soit exempte de tout impôt, puisqu'elle est située partie sur le sommet, partie sur le versant d'une montagne.

Certifié sincère et véritable.

A Tours, le 1ᵉʳ mai 1869.

(Signer.)

44. — *Modèle de requête au Conseil d'État.*

Le   18   .

Monsieur le Président du Conseil d'État,

J'ai l'honneur de recourir à votre justice, vous priant de faire annuler un arrêté en date du   , par lequel le conseil de préfecture du département d'Indre-et-Loire a rejeté la demande que j'avais formée à l'effet d'obtenir décharge de la contribution des patentes à laquelle j'ai été imposé en 1868, au rôle de la commune de , en qualité de marchand de chevaux et bestiaux.

Ce faisant, attendu que les chevaux et bestiaux vendus par moi ont été élevés, nourris et entretenus sur les terres que j'exploite, j'ai l'honneur de vous déclarer que je suis dans le cas d'exemption prévu par l'article 13 de la loi du 25 avril 1844 : en conséquence, je viens vous prier de me faire accorder décharge de l'imposition de cette contribution.

Je joins à cette présente requête la lettre d'avis qui m'a été adressée par l'administration et où sont énoncés les motifs de la décision rendue contrairement à mes intérêts.

Veuillez agréer, Monsieur le Président, l'assurance de mon profond respect.

(Signer.)

APPENDICE.

Cet Appendice a pour but, afin d'éviter des recherches parfois longues et difficiles, de faire connaître tous les différents articles de notre Code français ayant trait à ce présent ouvrage.

CONTRIBUTIONS DIRECTES.

3 frimaire an VII. — Loi relative à la répartition, à l'assiette et au recouvrement de la contribution foncière. (*Bulletin des lois*, 2ᵉ série; nᵒ 2197.)

4 frimaire an VII. — Loi portant établissement d'une contribution sur les portes et fenêtres. (*Bulletin des lois*, 2ᵉ série, nᵒ 2195.)

24 floréal an VIII. — Arrêté relatif aux réclamations en nature de contributions. (*Bulletin des lois*, 3ᵉ série, nᵒ 170.)

16 thermidor an VIII. — Arrêté contenant règlement sur le recouvrement des contributions directes et l'exercice de contraintes. (*Bulletin des lois*, 3ᵉ série, nᵒ 244.)

26 germinal an XI. — Loi relative au paiement des contributions assises sur les biens communaux. (*Bulletin des lois*, 3ᵉ série, nᵒ 2711.)

5 floréal an XI. — Loi relative à la contribution foncière des canaux de navigation. (*Bulletin des lois*, 3ᵉ série, nᵒ 2745.)

21 avril 1832. — Loi portant fixation du budget des recettes de l'exercice 1832. (*Bulletin des lois*, 9ᵉ série, nᵒ 169.)

28 juin 1833. — Loi portant fixation du budget des recettes de l'exercice 1834. (*Bulletin des lois*, 9ᵉ série, n° 240.)

20 juillet 1837. — Loi portant fixation du budget des recettes de l'exercice 1838. (*Bulletin des lois*, 9ᵉ série, n° 6961.)

14 juillet 1838. — Loi portant fixation des budgets des recettes de l'exercice 1839. (*Bulletin des lois*, 9ᵉ série, n° 7474.)

4 août 1844. — Loi portant fixation du budget des recettes de l'exercice 1845. (*Bulletin des lois*, 9ᵉ série, n° 11402.)

8 juillet 1852. — Loi portant fixation du budget général des dépenses et des recettes de l'exercice 1852. (*Bulletin des lois*, 10ᵉ serie, n° 4257.)

PATENTES.

25 avril 1844. — Loi sur les patentes. (*Bulletin des lois*, 9ᵉ série, n° 11262, art. 1, 2, 3, 4, 5, 6, 7, 8, 9, 10, 11, 12, 13, 14, 15, 16, 17, 18, 19, 20, 21, 22, 23, 24, 25, 26, 27, 28, 29, 30, 31, 32, 33, 34, 35.)

15 mars 1850. — Loi portant fixation du budget de l'exercice 1850. (*Bulletin des lois*, 10ᵉ série, n° 2128, art. 16, 17, 18, 19, 20, 21, 22, 23, 24.)

4 juin 1858. — Loi portant fixation du budget général des dépenses et des recettes de l'exercice 1859. (*Bulletin des lois*, 11ᵉ série, n° 5664, art. 8, 9, 10, 11, 12, 13.)

26 juillet 1860. — Loi portant fixation du budget de l'exercice 1861. (*Bulletin des lois*, 11ᵉ série, n° 7916, art. 19.)

2 juillet 1862. — Loi portant fixation du budget de l'exercice 1862. (*Bulletin des lois*, 11ᵉ série, n° 10324, art. 3.)

PRIVILÉGES.

Loi relative aux priviléges du trésor public pour le recouvrement des contributions directes (*Bulletin des lois*, 4e série, n° 3886, art. 1, 2, 3, 4.

Biens communaux.

Code Napoléon, livre II, titre 1er, n° 542.

Biens vacants.

Code Napoléon, livre II, titre 1er, n° 539.

Bois communaux.

Code forestier, titre VI, n°s 90, 91, 92, 93, 94, 100, 101, 106.

Cautionnement.

Code Napoléon, livre III, titre XIV.
(Décrété le 14 février 1804 (24 pluviôse an XII), promulgué le 24 du même mois (4 ventôse).
N°s 2011, 2012, 2015, 2017, 2018, 2025, 2026, 2034, 2040, 2041.

Chemins.

Code Napoléon, livre II, titre 1er, n° 538.

Communes.

Code de procédure civile, 2e partie, livre III, titre 1er, n° 1032.

Comptabilité.

Code de procédure civile, 1re partie, livre V, titre IV, n° 527.

Conception.

Code pénal, livre III, titre 1er, n° 175.

Caution.

Code Napoléon, livre III, titre xiv, n°s 2040, 2041.

Domaine public.

Code Napoléon, livre II, titre i^er, n° 538.

Domaines.

Code de procédure civile, 1re partie, livre II, titre ii, n° 69.

Domicile.

Code Napoléon, livre Ier, titre iv, n°s 103, 107, 117 ; Code de procédure civile, 1re partie, livre II, titre ii, n°s 59, 60, 69.

Droits domaniaux.

Code de procédure civile, 1re partie, livre II, titre ii, n° 69.

Droits successifs.

Code Napoléon, livre III, titre i^er (De l'acceptation et de la répudiation des successions), n°s 774, 775, 776, 777, 778, 779, 781, 782.

Envoi en possession.

Code Napoléon, livre III, titre ii, n°s 1009, 1014, 1015, 1024.

Etablissements d'utilité publique.

Code Napoléon, livre III, titre ii, n° 937.

Fermages.

Code Napoléon, livre III, titre xviii, § 2, n° 2102.

Fermier.

Code Napoléon, livre II, titre i^er, chapitre Ier, n° 524, et du même Code, livre III, titre xvi, n° 2062.

Frais de justice.

Code Napoléon, livre III, titre XVIII, n°s 2101, 2105, et Code de commerce, livre II, titre Ier, n° 191.

Gages.

Code Napoléon, livre III, titre XVII, n°s 2072, 2073, 2076.
Code de commerce, livre Ier, titre VI, n°s 91 et 92.
Code de commerce, livre III, titre Ier n° 551.

Hypothèques.

Code Napoléon, livre III, titre XVIII, n°s 2114, 2115, 2116, 2117, 2121, 2123, 2135.
Code Napoléon, livre Ier, titre XI, n° 509.
Code Napoléon, livre III, titre XVIII, chapitre VII, n° 2180.

Immeubles.

Code Napoléon, livre II, titre I, § I, n°s 517, 518, 519, 520, 521 et suivants.

Insaisissables (choses).

Code de procédure civile, 1re partie, livre V, titre VIII, n°s 592-593.

Matrice du rôle des contributions (copie de là).

Code de procédure civile, 1re partie, titre XII, § 4.

Meubles.

Code Napoléon, livre II, titre Ier, chapitre II, n°s 527, 528 et suivants.

Meubles meublants.

Code Napoléon, livre II, titre Ier, chapitre II, n° 534.

Mobilier.

Code Napoléon, livre II, titre Ier, chapitre II, n° 535.

Monnaie (fausse).

Code pénal, livre III, titre 1er, chapitre III, nos 132 et suivants.

Code pénal, livre IV, chapitre II, section 2, n° 475, § II.

Voyez aussi la loi du 22 avril 1790, article 7.

Moulins (à vent et à eau).

Code Napoléon, livre V, titre XI, chapitre 1er, nos 519 et 531.

Code de procédure civile, 1re partie, livre V, titre VIII, nos 593 et 620.

Obscurité (de la loi).

Code Napoléon, livre I, titre I, n° 4.

Paréatis.

Code de procédure civile, 1re partie, livre V, titre VI, n° 547.

Priviléges.

Code Napoléon, livre III, titre XVIII, chapitre II, nos 2095 et suivants.

Propriétés.

Code Napoléon, livre II, titre II, nos 544 et suivants.

Code Napoléon, livre III, nos 711 et suivants.

Qualité de Français.

Code Napoléon, livre I, titre I, nos 7, 8, 9 et suivants.

Code Napoléon, livre I, titre I, nos 17 et suivants.

Règlements (Inobservations et violations des).

Code pénal, livre III, titre I, n° 249.

Requête civile.

Code de procédure civile, 1ʳᵉ partie, livre IV, titre ɪɪ, nº 481.

Saisie-arrêt.

Code de procédure civile, 1ʳᵉ partie, livre V, titre ᴠɪɪ, nᵒˢ 557 et suivants.

Saisie-brandon.

Code de procédure civile, 1ʳᵉ partie, livre V, titre ɪx, nᵒˢ 626 et suivants.

Saisie-exécution.

Code de procédure civile, 1ʳᵉ partie, livre V, titre ᴠɪɪ, nᵒˢ 583 et suivants.

Sociétés commerciales.

Code de commerce, livre Iᵉʳ, titre ɪɪɪ, nᵒˢ 20 et suivants.

Soustraction de titres ou pièces.

Code pénal, livre III, titre ɪɪ, nº 408.

Travaux du gouvernement (entraves aux).

Code pénal, livre III, titre ɪɪ, nᵒˢ 438, 439.

Trésor public.

Code de procédure civile, 1ʳᵉ partie, livre II, titre ɪɪ, nº 62, § 2 et 3.

Code pénal, livre III, titre 1ᵉʳ, nᵒˢ 143, 145, 153 et suivants.

Usurpations.

Code pénal, livre III, titre ɪᵉʳ, § VII, nº 258.

Vol.

Code pénal, livre III, titre ɪɪ, nᵒˢ 379, 381, 383, 384, 385, 386, 393, 395, 396, 397, 398, 399, 400.

Fonds de non-valeurs. — 14 octobre 1791; 24 floréal an VIII; 13 floréal an X.

Réclamations. — 2 messidor an VII; 28 floréal an VIII; 26 mai 1831.

Bourses et chambres de commerce. — 28 ventôse an IX; 12 brumaire an XI; 23 juillet 1820.

Centimes communaux. — 13 floréal an X; 23 septembre 1814.

Fonds de non-valeurs de patentes. — 2 nivôse an XIII; 1er mai 1822.

Centimes facultatifs. — 2 ventôse an XIII; 28 avril 1816; 25 mars 1817.

Loi sur les mines. — Redevance fixe et proportionnelle; 21 avril 1810; 6 mai 1811.

Avertissements. — 25 mars 1817; 15 mai 1818.

Centimes facultatifs. — 15 mai 1818; 1er mai 1822.

Centimes cadastraux. — 31 juillet 1821; 2 août 1829.

Salaires des gardes-champêtres. — 21 mai 1832.

Centimes spéciaux pour l'instruction primaire. — 28 juin 1833; 17 août 1835; 18 juillet 1836.

Centimes pour chemins vicinaux. — 21 mai 1836; 18 juillet 1836.

Mise à exécution du système métrique. — 4 juillet 1837.

Centimes pour insuffisance des revenus communaux. — 18 juillet 1837.

Frais de perception des impositions communales. — 20 juillet 1837.

Frais de perception des impositions de bourses et chambres de commerce. — 14 juillet 1838.

Contribution foncière. — 3 frimaire an VII.

Obligations imposées aux conseils chargés de répartir l'impôt entre les arrondissements, les communes et les contribuables. — 2 messidor an VII.

Établissement des directions des contributions directes. — 3 frimaire an VIII.

Organisation administrative. — 28 pluviôse an VIII.

Les bois de l'État ne paieront pas de contributions. — 19 ventôse an IX.

Mode de paiement de la contribution foncière des biens communaux. — 26 germinal an XI.

Contribution foncière des canaux navigables. — 5 floréal an XI.

Cadastre parcellaire. — 15 septembre 1807.

Bâtiments publics non imposables. — 11 août 1808.

Contribution foncière des marais salins et salines. — 15 mai 1818.

Augmentation et diminution de matières imposables. — 17 juillet 1819.

Dispositions concernant le cadastre. — 31 juillet 1821.

Semis et plantations de bois sur le sommet et le penchant des montagnes et sur les dunes. — 21 mai 1827.

Dotation et domaine privé de la couronne. — 2 mars 1832.

Établissement de la contribution des portes et fenêtres. — 4 frimaire an VII.

Mode d'assiette et de perception de la contribution personnelle mobilière et somptuaire. — 3 nivose an VII.

Doublement de la taxe des portes et fenêtres. — 18 ventôse an VII.

Lieu de la principale habitation. — 21 ventôse an IX.

Répartition de la contribution des portes et fenêtres. — 13 floréal an X.

Contribution personnelle et mobilière des officiers d'État-major et autres à résidence fixe. — 28 thermidor an X.

Portes et fenêtres des manufactures. — 4 germinal an XI.

Remplacement des taxes somptuaire et mobilière par une perception sur les consommations. — 24 avril 1806.

Contribution personnelle et mobilière des officiers de terre et de mer, perçue par forme de retenue sur les appointements. — 21 juillet 1807.

Remplacement de la contribution personnelle et mobilière dans différentes villes à octroi. — 15 septembre 1807.

Remplacement de la contribution personnelle et mobilière. — 25 mars 1817.

Nouvelles bases de répartition de la contribution personnelle et mobilière entre les arrondissements et les communes. — 23 juillet 1820.

Cotisation des officiers sans troupe, recouvrée par forme de retenue. — 31 juillet 1821.

De la contribution personnelle et mobilière. — 21 avril 1832.

NOTES.

Entretien des digues et curage des rivières et canaux non navigables.

Une loi du 24 floréal an XI prescrit que les dépenses nécessitées par ces différents travaux sont mises à la charge des riverains.

L'article 9 de la loi du 21 juin 1865 dit que les propriétaires intéressés à ces différents travaux qui ne se réuniraient pas volontairement en *association syndicale libre*, peuvent être réunis d'office en association syndicale soit par décret, soit simplement par arrêté préfectoral.

Ces sortes d'associations syndicales sont régies par la loi ci-dessus précitée (21 juin 1865).

Les préfets font dresser sous leur surveillance les rôles de cette taxe et les rendent exécutoires. Leur recouvrement en est fait par le percepteur de la localité, comme s'il s'agissait de contributions directes.

En cas de contestation, le conseil de préfecture jugerait, ce qui n'empêcherait pas les intéressés de pouvoir recourir au conseil d'État s'ils se croyaient lésés dans leurs intérêts par les décisions que prendraient ces conseils.

Eaux minérales.

Les établissements d'eaux minérales naturelles ont été assujétis à certaines rétributions en vertu des arrêtés du 3 floréal an VII et du 6 nivose an XI.

Ces rétributions ont pour but de donner certains émoluments aux médecins inspecteurs désignés par le gouvernement.

Cette rétribution retombe dans la même catégorie que celle

des impôts ordinaires, quant aux recouvrements et aux réclamations.

Dessèchement.

Une loi du 16 septembre 1807, article 26, établit que les
propriétaires des terrains où s'exécutent des travaux de dessèchement sont frappés d'une contribution proportionnée à
la nature de leur propriété et à l'intérêt qu'ils y ont.

Cette contribution rentre dans la catégorie de toutes les
contributions directes.

FIN.

Tours. — Imp. E. MAZEREAU, rue Richelieu, 11.

TABLE

DES MATIÈRES

TABLE DES MATIÈRES.

D

I

J

L

M

O

P

R

Tours. — Imp. Mazereau, rue Richelieu, 11.